CAIWU
KUAIJI

财务会计

CAIWU KUAIJI

吴　晖　楼燕芬　徐金仙　主编

浙江工商大学出版社
ZHEJIANG GONGSHANG UNIVERSITY PRESS

图书在版编目(CIP)数据

财务会计 / 吴晖，楼燕芬，徐金仙主编. — 杭州：
浙江工商大学出版社，2014.8(2023.7 重印)
ISBN 978-7-5178-0574-8

Ⅰ. ①财… Ⅱ. ①吴… ②楼… ③徐… Ⅲ. ①财务会
计－研究生－教材 Ⅳ. ①F234.4

中国版本图书馆 CIP 数据核字(2014)第 153066 号

财务会计

吴　晖　楼燕芬　徐金仙　主编

责任编辑	黄拉拉
封面设计	王妤驰
责任印制	包建辉
出版发行	浙江工商大学出版社
	（杭州市教工路 198 号　邮政编码 310012）
	（E-mail：zjgsupress@163.com）
	（网址：http://www.zjgsupress.com）
	电话：0571-88904980，88831806(传真)
排　版	杭州朝曦图文设计有限公司
印　刷	广东虎彩云印刷有限公司绍兴分公司
开　本	787mm×1092mm　1/16
印　张	18.25
字　数	389 千
版印次	2014 年 8 月第 1 版　2023 年 7 月第 4 次印刷
书　号	ISBN 978-7-5178-0574-8
定　价	49.80 元

前言
Foreword

　　本书以最新企业会计准则为依据,全面系统地介绍财务会计的基本理论、基本原理和基本方法以及最新的会计实务,重点体现经济事项的会计影响,注重会计信息的阅读理解、分析和利用,注重对学生思维能力、创新能力的训练,培养学生分析问题和解决问题的能力。为了便于读者学习,本书各章前配有引导案例,各章后配有引导案例解析、案例分析题和思考题,将理论学习与实际应用相结合,帮助读者理解、掌握和运用所学知识。

　　本书共分十二章。第一章总论,主要阐述财务会计的基本理论;第二章主要阐述复式记账的基本原理;第三章至第十章主要阐述财务会计要素的确认和计量问题;第十一章主要阐述财务报表的构成及其编制方法;第十二章主要阐述财务报表的分析方法。

　　本书主要适用于高等院校 MBA"财务会计"课程教学需要,也可作为高等学校经济管理类专业在校学生学习"财务会计"课程的基础教材,还可以作为经济管理人员、在职会计人员的培训教材及参考书。

　　本书由浙江工商大学吴晖、楼燕芬、徐金仙担任主编,负责全书的总纂、修改和定稿。各章分工如下:第一、五、九章由吴晖执笔,第六、七、十、十一章由楼燕芬执笔,第二、三、四、八、十二章由徐金仙执笔。研究生梁舒雯、林敏、吴晓瑶、朱蔷、洛露萍同学参加了案例的收集、编写和校对工作。

　　本书在编写过程中,参阅了国内很多同类教材和著作,在此谨向相关作者致以诚挚的谢意。本书在编写过程中得到了浙江工商大学 MBA 学院有关领导和浙江工商大学出版社鲍观明先生的大力支持和帮助,谨此深表谢意。

　　受编者的时间和学识所限,书中难免会有疏漏和错误之处,敬请读者和同仁批评指正。

编 者

2014 年 5 月

目录
Content

第一章　总　论

【学习目标】
　　☆ 了解财务会计的基本特征和目标
　　☆ 掌握财务会计基本假设和会计基础
　　☆ 掌握财务会计信息质量要求
　　☆ 掌握财务会计要素的确认和计量

【引导案例】

　　程明自己开办了一家个人独资的广告公司。20×4 年春节期间,他和家人一起进行了一次泰国普吉岛十日游,费用总额为 15 万元人民币。旅游结束后,他将此次费用的相关单据交给公司会计人员,要求会计人员将其作为公司费用列账。

　　问题讨论:会计应该将这笔费用记在公司账上吗? 为什么?

第一节　财务会计概述

一、财务会计的概念及其作用

　　财务会计与管理会计是企业会计的两大分支。由于财务会计主要是向企业外部与企业有经济利益关系的单位和个人提供会计信息,所以,财务会计也被称为"对外报告会计"。

　　财务会计是以会计准则或会计制度为主要依据,运用簿记系统的专门方法,对企业已经发生的交易或事项进行确认、计量、记录,并以财务报告的形式提供企业财务状况、经营成果以及现金流量等方面的财务信息,以满足信息使用者决策需要的信息系统。

　　财务会计由于需要服务于外部信息使用者,在保护投资者及社会公众利益、维护市场经济秩序健康发展方面起着越来越重要的作用。具体来说,财务会计的作用主要体现在以下几个方面:

　　第一,财务会计有助于提供决策有用的信息,提高企业透明度,规范企业行为。财务会计通过其核算职能,提供有关企业财务状况、经营成果和现金流量方面的信息,是包括投资者和债权人在内的各方面进行决策的依据。

　　第二,财务会计有助于企业加强经营管理,提高经济效益,促进企业可持续发展。企业经营管理水平的高低直接影响着企业的经济效益、经营成果、竞争能力和发展前景,在一定程度上决定着企业的前途和命运。

　　第三,财务会计有助于考核企业管理层经济责任的履行情况。企业接受了包括国家在内的所有投资者和债权人的投资,就有责任按照其预定的发展目标和要求,合理利用资源,加强经营管理,提高经济效益,接受考核和评价。

二、财务会计的基本特征

财务会计与管理会计相比,有以下几方面特征:

第一,财务会计以企业外部与企业有经济利益关系的单位和个人作为主要的服务对象。财务会计虽然也向企业管理当局提供会计信息,但主要是向投资者、债权人等企业外部与企业有经济利益关系的单位和个人提供会计信息,使他们能够了解企业的财务状况、经营成果和现金流量等,以保障他们的切身利益。

第二,财务会计提供的信息主要是历史信息。财务会计主要是对企业已经发生的交易或事项予以确认、计量、记录和报告,这就使得财务会计报告中的数据都来自过去已经发生的交易和事项。

第三,财务会计有一套约定俗成的程序和方法。财务会计在以货币为主要计量单位反映企业已经发生的交易或事项的过程中,从原始凭证的审核与记账凭证的填制到账簿的登记和报表的编制,已经形成了一套比较科学的、统一的、定型的处理程序和方法。这种稳定的处理程序和方法有助于保证财务会计信息的质量,是财务会计信息取信于企业外部与企业有经济利益关系的单位和个人所必需的。

第四,财务会计受会计准则、会计制度的制约。在财务会计信息的提供者与使用者相分离的情况下,为了保证财务会计信息的真实、公允、相关和可比,需要对财务会计的处理程序和方法以及财务报告进行规范。按照国际惯例,财务会计的规范形式是公认会计准则;在我国,财务会计的规范形式主要是企业会计准则和会计制度。也就是说,财务会计的处理程序和方法以及财务报告必须符合会计准则、会计制度的规定。

第五,财务会计以财务报告作为对外提供信息的主要手段。财务会计是一种强制性的经济信息系统,必须按照有关规定定期向企业外部利益关系单位和个人报告关于整个企业的财务状况、经营成果和现金流量等方面的信息。财务会计生成的信息主要借助于财务报告传递给企业外部信息使用者。

三、财务会计的目标

财务会计作为一个经济信息系统,主要是通过定期编制财务会计报告,向会计信息使用者提供有用的信息。所以,财务会计的目标也称为财务报告目标。

我国《企业会计准则——基本准则》规定,财务报告的目标是向财务报告使用者提供与企业财务状况、经营成果和现金流量等有关的会计信息,反映企业管理层受托责任履行情况,有助于财务报告使用者做出经济决策。具体来说,我国财务会计目标主要包括以下两个方面:

1. 向财务报告使用者提供决策有用的信息

企业编制财务报告的主要目的是为了满足财务报告使用者的信息需要,有助于财务报告使用者做出经济决策。因此,向财务报告使用者提供对决策有用的信息是财务报告的基本目标。如果企业在财务报告中提供的会计信息与使用者的决策无关,没有使用价值,那么财务报告就失去了其编制的意义。财务报告所提供的会计信息应当如实反映企业所拥有或者控制的经济资源、对经济资源的要求权以及经济资源要求权的变化情况,如实反映企业的各项收入、费用、利得和损失的金额及其变动情况,如实反映企业各项经营活动、投资活动和筹资活动等所形成的现金流入和现金流出情况等,从而有助于现在的或者潜在的投资者、债权人以及其他使用者正确、合理地评价企业的资产质量、偿债能力、盈利能力和营运效率等,有助于使用者根据相关会计信息做出理性的投资和信贷决策,有助于使用者评估与投资和信贷有关的未来现金流量的金额、时间和风险等。

2. 反映企业管理层受托责任的履行情况

在现代公司制下,企业所有权和经营权相分离,企业管理层是受委托人之托经营管理企业及其各项资产,负有受托责任,即企业管理层所经营管理的企业各项资产基本上均为投资者投入的资本(或者留存收益作为再投资)或者向债权人借入的资金所形成的,企业管理层有责任妥善保管并合理、有效地运用这些资产。企业投资者和债权人等需要及时或者经常性地了解企业管理层保管、使用资产的情况,以便于评价企业管理层受托责任的履行情况和业绩情况,并决定是否需要调整投资或者信贷政策,是否需要加强企业内部控制和其他制度建设,是否需要更换管理层等。因此,财务报告应当反映企业管理层受托责任的履行情况,以有助于评价企业的经营管理责任和资源使用的有效性。

第二节　财务会计的基本假设与会计基础

一、财务会计的基本假设

财务会计的基本假设是企业会计确认、计量和报告的前提,是对会计核算所处时间、空间环境等所做的合理设定。财务会计的基本假设包括会计主体、持续经营、会计分期和货币计量。

(一) 会计主体

会计主体,是指会计工作为之服务的特定单位。在会计主体假设下,企业应当对其本身发生的交易或者事项进行会计处理,反映企业本身所从事的各项生产经营活动。确定会计主体是进行会计确认、计量和报告工作的基本前提。会计主体规定了企业会计确认、计量和报告的空间范围。

明确会计主体,才能划定会计所要处理的各项交易或事项的空间范围;才能将会计主体的交易或者事项与会计主体所有者的交易或者事项以及其他会计主体的交易或者事项区分开来,特别是要将会计主体与企业所有者区分开来。也就是说,会计是为特定企业的交易或事项进行核算的,而不是为企业的某些个人事务进行核算的。如果没有会计主体假设,把企业和所有者的交易或者事项以及其他会计主体的交易或者事项混淆在一起,那么,会计就不能为投资者、债权人等会计信息的使用者提供评价一个企业财务状况、经营成果和现金流量等的有用信息。

会计主体不同于法律主体,两者的区别包括:(1)一般来说,法律主体必然是会计主体。在实务中,一个法律主体,可以是一个会计主体,也可以是多个会计主体;多个法律主体也可以作为一个会计主体。比如,典型的法律主体——有限责任公司,就可以成为一个会计主体;又比如,在控股经营的情况下,一个母公司拥有若干个子公司,母子公司各自都是法律主体和会计主体。但是,为了反映企业集团整体的财务状况、经营成果和现金流量,就需要将这个企业集团作为一个会计主体,编制合并报表。(2)一个会计主体可以不是法律主体。比如,独资企业、合伙企业,它们不具有法人资格,但它们可以成为会计主体。另外,一个公司的分部或分支机构,如分公司、分店、分所、分行等也都不具有法人资格,但它们都可作为会计主体。

(二)持续经营

持续经营,是指在可以预见的将来,会计主体将会按当前的规模和状态继续经营下去,不会停业,也不会大规模削减业务。在持续经营前提下,会计确认、计量和报告应当以企业持续、正常的生产经营活动为前提。

持续经营假设是会计人员选择会计程序和会计处理方法的基础,也是保持会计程序和方法一致性和稳定性的前提。会计主体能够持续经营下去,就意味着会计主体能够按照既定的用途使用或处置资产,按照既定的合约条件清偿债务。就资产计价而言,持续经营下采用的方法与清算时的方法是不同的。比如,正在生产线上加工的产品,如果企业持续经营,它们可以按其在加工过程中耗费的实际成本计价;但是,如果企业现在就破产清算,这些没有完工的产品就只有按当前的清算价格计量,其成本多少就没有意义了。因此,有了持续经营假设,就可以对这些资产采用实际成本计价。由此可见,持续经营假设为会计核算提供了一个正常的基础,保持了会计信息的连续性。

持续经营假设并不意味着会计主体会永久存在。当会计主体终止经营时,以持续经营假设为前提的会计处理方法便不再适用,应调整为以清算为基础的会计处理方法。

(三)会计分期

会计分期,是指将一个企业持续经营的生产经营活动期间划分为若干连续的、长短相同的期间。会计分期的目的在于通过会计期间的划分,将持续经营的生产经营活动期间划分成连续的、相同的期间,据以结算盈亏,按期编制财务报告,从而及时向财务报告使用者提供有关企业财务状况、经营成果和现金流量等的信息。会计分期规定了会计核算的时间范围。

根据持续经营假设,一个企业将按当前的规模和状态持续经营下去,要想最终确定企业的生产经营成果,只能等到企业在若干年后歇业时核算一次盈亏。但是,无论是企业的生产经营决策还是投资者、债权人等的决策都需要及时的信息,不能等到歇业时。因此,就必须将企业持续经营的生产经营活动期间划分为若干连续的、长短相同的期间,分期确认、计量和报告企业的财务状况、经营成果和现金流量。因为有了会计分期，才有本期与非本期之分；因为有本期与非本期之分，会计上才有跨期摊提问题的产生。

在会计分期假设下，企业应当划分会计期间，分期结算账目和编制财务报告。会计期间分为年度和中期。以年度为会计期间通常称为"会计年度"。会计年度的起讫时间，各个国家的划分方式不尽相同，有的国家采用公历年度，有的国家则另设起止时间。我国以公历年度作为企业的会计年度。为了及时提供会计信息，还可以将会计年度再划分为半年度、季度和月度。半年度、季度和月度这些短于一个完整会计年度的报告期间，称为"会计中期"。

（四）货币计量

货币计量，是指会计主体在进行会计确认、计量和报告时以货币计量，反映会计主体的财务状况、经营成果和现金流量。

在会计的确认、计量和报告过程中选择货币作为基础进行计量，是由货币本身的属性决定的。货币是商品一般等价物，是衡量一般商品价值的共同尺度，具有价值尺度、流通手段、贮藏手段和支付手段等特点。其他计量单位，如重量、长度、容积、台、件等，都只能从一个侧面反映企业的生产经营情况，无法在量上进行汇总和比较，不便于会计计量和经营管理。因此，为全面反映企业的生产经营活动和有关交易、事项，会计确认、计量和报告选择货币作为计量单位。当然，统一采用货币计量也存在缺陷。例如，某些影响企业财务状况和经营成果的因素，如企业经营战略、研发能力、市场竞争力等，往往难以用货币来计量，但这些信息对于使用者决策也很重要。为此，企业可以在财务报告中补充披露有关非财务信息来弥补上述缺陷。

二、会计基础

企业应当以权责发生制为基础进行会计的确认、计量和报告。权责发生制，也称应收应付制，是一种以收款的权利或者付款的责任实际发生为依据来确认收入和费用的记账基础。权责发生制要求，凡是当期已经实现的收入和当期应当负担的费用，不论款项是否收到或支付，都作为当期的收入和费用处理；凡是不属于当期的收入和费用，即使款项已经收到或支付，也不作为当期的收入和费用处理。在实务中，企业交易或者事项的发生时间与相关货币收支时间有时并不完全一致。例如，款项已经收到，但销售并未实现；或者款项已经支付，但并不是为本期生产经营活动而发生的。为了更加真实、公允地反映特定会计期间的财务状况和经营成果，《企业会计准则》明确规定，企业在会计确认、计量和报告中应当以权责发生制为基础。

收付实现制，也称现金收付制，是与权责发生制相对应的一种会计基础。它是一种以款项的实际收付为依据来确认收入和费用的记账基础。收付实现制要求，凡是当期收到款项的收入和当期支付款项的费用，不论其是否应归属当期，都作为当期的收入和费用处理；凡是当期未曾收到款项的收入和未曾支付款项的费用，即使应归属当期，也不作为当期的收入和费用处理。目前，我国的行政单位会计采用收付实现制，事业单位会计除经营业务可以采用权责发生制外，其他大部分业务采用收付实现制。

第三节　财务会计信息的质量要求

财务会计信息的质量要求,是对企业财务报告中所提供的会计信息质量的基本要求,是使财务报告中所提供会计信息对使用者决策有用所应具备的基本特征,它包括可靠性、相关性、可理解性、可比性、实质重于形式、重要性、谨慎性和及时性等。

1. 可靠性

可靠性要求企业以实际发生的交易或者事项为依据进行会计确认、计量和报告,如实反映符合确认和计量要求的各项会计要素及其他相关信息,保证会计信息真实可靠、内容完整。

可靠性是会计信息最重要的一个质量要求。会计信息是投资人、债权人、政府有关部门及企业内部经营管理进行决策的依据。如果会计核算不能真实、客观地反映企业经济活动的实际情况,会计工作就失去了存在的意义;而且会误导投资者,干扰资本市场,导致会计秩序混乱。为了贯彻可靠性要求,企业应当做到:

(1) 以实际发生的交易或者事项为依据进行确认、计量,将符合会计要素定义及其确认条件的资产、负债、所有者权益、收入、费用和利润等如实反映在财务报表中,不得根据虚构的、没有发生的或者尚未发生的交易或者事项进行确认、计量和报告。

(2) 在符合重要性和成本效益原则的前提下,保证会计信息的完整性,其中包括编制的报表及其附注内容等应当保持完整,不能随意遗漏或者减少应予披露的信息,与使用者决策相关的有用信息都应当充分披露。

(3) 在财务报告中的会计信息应当是中立的、无偏的。如果企业在财务报告中为了达到事先设定的结果或效果,通过选择或列示有关会计信息以影响决策和判断的,这样的财务报告信息就不是中立的。

2. 相关性

相关性要求企业提供的会计信息与财务报告使用者的经济决策需要相关,有助于财务报告使用者对企业过去、现在或者未来的情况做出评价或者预测。

会计信息是否有用,是否具有价值,关键看其与使用者的决策需要是否相关,是否有助于决策或者提高决策水平。相关的会计信息应当能够有助于使用者评价企业过去的决策,证实或者修正过去的有关预测,因而具有反馈价值。相关的会计信息还应当具有预测价值,有助于使用者根据财务报告所提供的会计信息预测企业未来的财务状况、经营成果和现金流量。

会计信息质量的相关性,是以可靠性为基础的,两者之间是统一的,并不矛盾,不应将两者对立起来。也就是说,会计信息在可靠性前提下,尽可能地做到相关性,以满足投资者等财务报告使用者的决策需要。

3. 可理解性

可理解性要求企业提供的会计信息清晰明了,便于财务报告使用者理解和使用。

信息的可理解性也是相关性的前提条件。

在实际工作中,会计信息即使与决策相关,但是信息使用者无法正确理解这一信息的含义,则同样对决策没有帮助。因此,不具有可理解性的信息是无用的信息。

鉴于会计信息是一种专业性较强的信息产品,因此,在强调会计信息的可理解性要求的同时,还应假定使用者具有一定的有关企业生产经营活动和会计核算方面的知识,并且愿意付出努力去研究这些信息。对于某些复杂的信息,例如,交易本身较为复杂或者会计处理较为复杂,但其对使用者的经济决策是相关的,就应当在财务报告中予以披露,企业不能仅仅以该信息会使某些使用者难以理解而将其排除在财务报告所应披露的信息之外。

4. 可比性

企业提供的会计信息应当具有可比性。为了保证会计信息有助于决策,不同企业之间、同一企业不同时期之间的会计信息必须可比。

(1)从纵向考虑,同一企业对于不同时期之间的会计信息应具备可比性。因此,会计信息质量的可比性要求同一企业不同时期发生的相同或者相似的交易或者事项,应当采用一致的会计政策,不得随意变更。如果确需变更,有关会计政策变更的情况应当在附注中予以说明。

(2)从横向考虑,不同企业之间的会计信息应具备可比性。为了便于使用者评价不同企业的财务状况、经营成果的水平及其变动情况,从而有助于使用者做出科学合理的决策,会计信息质量的可比性还要求不同企业发生的相同或者相似的交易或者事项,应当采用规定的会计政策,确保会计信息口径一致、相互可比,即对于相同或者相似的交易或者事项,不同企业应当采用一致的会计政策,以使不同企业按照一致的确认、计量和报告基础提供有关会计信息。

5. 实质重于形式

实质重于形式要求企业按照交易或者事项的经济实质进行会计确认、计量和报告,不应仅以交易或者事项的法律形式为依据。这里的"实质"是指交易或事项的经济实质。这里的"形式"是指交易或事项的外在表现,既指其法律形式,又指法律形式之外的其他形式。

企业发生的交易或事项在多数情况下其经济实质和法律形式是一致的,但在有些情况下也会出现不一致。这种情况下,如果仅仅根据其法律形式为依据进行会计确认、计量和报告,就容易导致会计信息失真,不利于会计信息使用者决策。所以,会计信息要想反映其所应反映的交易或事项,就必须根据交易或事项的实质和经济现实来进行判断,而不能仅仅根据它们的法律形式。例如,企业以融资租赁方式租入固定资产,虽然从法律形式来讲,企业并不拥有其所有权,但是由于租赁合同中规定的租赁期都相当长,接近于该资产的使用寿命;租赁期结束时,承租企业有优先购买该资产的选择权;在租赁期内,承租企业有权支配该资产并从中受益等。从其经济实质来看,企业能够控制融资租入固定资产所创造的未来经济利益,所以,在进行会计确认、计量和报告时,应当将以融资租赁方式租入的固定资产视为企业的资产,反映在企业的资产负债表上。

6. 重要性

重要性要求企业提供的会计信息反映与企业财务状况、经营成果和现金流量有关的所有重要交易或者事项。

重要性的应用需要依据职业判断,企业应当根据所处的环境和实际情况,从项目的性质和金额大小两方面加以判断。凡是对会计信息使用者的决策有较大影响的交易或事项,应作为会计核算的重点;对不重要的经济业务,在不影响会计信息真实性和不至于误导财务报告使用者的前提下,可适当简化核算。

在会计核算工作中,对重要程度不同的会计事项采用不同的会计处理方法,一方面可以减少不必要的工作量,节约提供会计信息的成本;另一方面可以使提供的会计信息分清主次,突出重点,提高会计信息的相关性。

重要性的要求与会计信息成本与效益直接相关。如果对一切会计业务的处理,一律不分轻重采取完全相同的处理方法,必将耗费过多的人力、物力和财力,使会计信息的成本大于收益。在会计核算中坚持重要性,能够使会计核算在全面反映企业业务的基础上,保证重点,有助于加强对经济活动和经济决策有重大影响和有重要意义的关键性问题的核算,并简化不重要经济业务的核算,节约人力、物力和财力,提高工作效率。

7. 谨慎性

谨慎性要求企业对交易或者事项进行会计确认、计量和报告时保持应有的谨慎,不应高估资产或者收益、低估负债或者费用。

在市场经济环境下,企业的生产经营活动面临着许多风险和不确定性。如应收款项的可收回性、固定资产的使用寿命、售出存货可能发生的退货或者返修等。会计信息质量的谨慎性要求,需要企业在面临不确定性因素的情况下做出职业判断时,保持应有的谨慎,充分估计到各种风险和损失。

需要注意的是,谨慎性的应用并不允许企业设置秘密准备,如果企业故意低估资产或者收益,或者故意高估负债或者费用,将不符合会计信息的可靠性和相关性要求,损害会计信息质量,扭曲企业实际的财务状况和经营成果,从而对使用者的决策产生误导,这是企业会计准则所不允许的。

8. 及时性

及时性要求企业对已经发生的交易或者事项及时进行会计确认、计量和报告,不得提前或者延后。

会计信息的价值在于帮助使用者做出经济决策,因此具有时效性。即使是可靠、相关的会计信息,如果不及时提供,也就失去了时效性,对于使用者的效用就大大降低,甚至不再具有任何意义。在会计确认、计量和报告过程中贯彻及时性,一是要求及时收集会计信息,即在经济交易或者事项发生后,及时收集整理各种原始单据或者凭证;二是要求及时处理会计信息,即按照《企业会计准则》的规定,及时对经济交易或者事项进行确认或者计量,并编制出财务报告;三是要求及时传递会计信息,即按照国家规定的有关时限,及时地将编制的财务报告传递给财务报告使用者,便于其及时使用和决策。

第四节　财务会计要素及其确认与计量

一、财务会计要素

财务会计要素是按照交易或者事项的经济特征对财务会计对象所做的基本分类。我国《企业会计准则》规定的财务会计要素包括资产、负债、所有者权益、收入、费用、利润 6 项。其中,资产、负债、所有者权益为反映企业财务状况的要素,收入、费用、利润为反映企业经营成果的要素。

(一) 资　产

资产,是指企业过去的交易或者事项形成的、由企业拥有或者控制的、预期会给企业带来经济利益的资源。

根据资产的定义,资产具有以下几个方面的特征:

1. 资产是由企业过去的交易或者事项形成的资源

过去的交易或者事项包括购买、生产、建造行为或者其他交易或事项,只有过去的交易或事项才能产生资产,企业预期在未来发生的交易或者事项不形成资产。例如,企业有购买某存货的意愿或者计划,但是购买行为尚未发生,就不符合资产的定义,不能因此而确认存货资产。

2. 资产是由企业拥有或者控制的资源

资产作为一项资源,应当由企业拥有或者控制,具体是指企业享有某项资源的所有权,或者虽然不享有某项资源的所有权,但该资源能够被企业所控制,并能通过控制而获利。

企业享有资产的所有权,通常表明企业能够排他性地从资产中获取经济利益。通常在判断资产是否存在时,所有权是考虑的首要要素。但是有些情况下,资产虽然不为企业所拥有,即企业并不享有其所有权,但是企业控制了这些资产,这同样表明企业能够从该资产中获取经济利益,符合会计上对资产的定义。例如,企业以融资租赁方式租入一项固定资产,尽管企业并不拥有其所有权,但是由于企业控制了该资产的使用及其所能带来的经济利益,因此,应当将其作为企业的资产予以确认、计量和报告。反之,如果企业既不拥有也不控制资产所能带来的经济利益,那么就不能将其作为企业的资产予以确认。

3. 资产预期会给企业带来经济利益

资产预期会给企业带来经济利益,是指资产具有直接或者间接导致现金和现金等价物流入企业的潜力。这种潜力可以来自企业日常的生产经营活动,也可以来自企业非日常的生产经营活动;带来的经济利益可以是现金或者现金等价物,或者是可以转化为现金或者现金等价物的其他资产,或者表现为减少现金或者现金等价物流出。

资产预期能为企业带来经济利益是资产的重要特征。如果某一项目预期不能给企业带来经济利益,那么就不能将其确认为企业的资产。过去已经确认为资产的一项资源,如果不能再为企业带来经济利益,也就不能再确认为企业的资产。例如,计入待处理财产损益中的各项资产的毁损,因为其已经不能为企业带来经济利益,不符合资产的定义,因此就不应再在资产负债表中确认为一项资产。

会计上,将资产按其流动性分为流动资产和非流动资产。流动资产是指可以在一年或超过一年的一个营业周期内变现或耗用的资产,主要包括货币资金、交易性金融资产、应收及预付款项、存货等。非流动资产是指准备持有实际或使用时间在一年或超过一年的一个营业周期以上的资产,主要包括可供出售的金融资产、持有至到期投资、投资性房地产、长期股权投资、长期应收款、固定资产、无形资产等。

(二)负　债

负债,是指企业过去的交易或者事项形成的、预期会导致经济利益流出企业的现时义务。

根据负债的定义,负债具有以下几个方面的特征:

1. 负债是企业承担的现时义务

负债必须是企业承担的现时义务,它是负债的一个基本特征。现时义务是指企业在现行条件下已承担的义务。未来发生的交易或者事项形成的义务,不属于现时义务,不应当确认为负债。

现时义务可以是法定义务,也可以是推定义务。其中,法定义务是指具有约束力的合同或者法律、法规规定的义务,通常在法律意义上需要强制执行。例如,企业购买商品形成的应付账款、企业按照税法的规定应当交纳的税款等,均属于企业承担的法定义务。推定义务是指根据企业多年来的习惯做法、公开的承诺或者公开宣布的政策而导致企业将承担的责任,这些责任也使有关各方形成了企业将履行义务解脱责任的合理预期。例如,企业多年来制定有一项销售政策,即对于售出商品提供一定期限内的售后保修服务。在这种情况下,企业预期为售出商品提供的保修服务就属于推定义务,应当将其确认为一项负债。

2. 负债的清偿预期会导致经济利益流出企业

负债的清偿会导致经济利益流出企业也是负债的一个本质特征,只有企业在履行义务时会导致经济利益流出企业的,才符合负债的定义。清偿负债导致经济利益流出企业的形式多种多样。例如,用现金偿还或以实物资产偿还,以提供劳务偿还,部分转移资产、部分提供劳务偿还,将负债转为资本等。

3. 负债是由企业过去的交易或者事项形成的

负债应当由企业过去的交易或者事项所形成。过去的交易或者事项包括购买货物、使用劳务、接受银行贷款等。即只有过去发生的交易或者事项才形成负债,企业将在未来发生的承诺、签订的合同等交易或者事项,不形成负债。例如,企业已经向银行借入款项,即属于过去的交易或者事项所形成的负债。

会计上,将负债按其流动性分为流动负债和非流动负债。流动负债是指将在一年或者超过一年的一个营业周期内偿还的债务,包括短期借款、交易性金融负债、应付票据、应付账款、预收账款、应付职工薪酬、应付利息、应付股利、应交税费、预计负债、一年内到期的长期借款等。非流动负债是指偿还期在一年或者超过一年的一个营业周期以上的负债,包括长期借款、应付债券、长期应付款等。

（三）所有者权益

所有者权益,是指企业资产扣除负债后,由所有者享有的剩余权益。公司的所有者权益又称为股东权益。所有者权益反映了所有者对企业资产的剩余索取权,是企业资产中扣除债权人权益后应由所有者享有的部分。

企业所有者权益具有以下几个方面的特征:

（1）除非发生减资、清算,企业不需要偿还所有者权益。

（2）企业清算时,只有在清偿所有的负债后,所有者权益才返还给所有者。

（3）所有者凭借所有者权益能够参与企业税后利润分配。

所有者权益的来源主要包括所有者投入的资本、直接计入所有者权益的利得和损失、留存收益等,通常由实收资本(或股本)、资本公积、盈余公积和未分配利润构成。

所有者投入的资本,是指所有者投入企业的资本部分,它既包括构成企业注册资本或者股本部分的金额,也包括投入资本超过注册资本或者股本部分的金额,即资本溢价或者股本溢价,我国《企业会计准则》将这部分投入资本作为资本公积。

直接计入所有者权益的利得和损失,是指不应计入当期损益、会导致所有者权益发生增减变动的、与所有者投入资本或者向所有者分配利润无关的利得或者损失。其中,利得是指由企业非日常活动所形成的、会导致所有者权益增加的、与所有者投入资本无关的经济利益的流入,损失是指由企业非日常活动所发生的、会导致所有者权益减少的、与向所有者分配利润无关的经济利益的流出。

留存收益是企业历年实现的净利润留存于企业的部分,主要包括计提的盈余公积和未分配利润。

（四）收　入

收入,是指企业在日常活动中形成的、会导致所有者权益增加的、与所有者投入资本无关的经济利益的总流入。

根据收入的定义,收入具有以下几个方面的特征:

1. 收入应当是企业在日常活动中形成的

收入应当是企业在其日常活动中所形成的。日常活动,是指企业为完成其经营目标所从事的经常性活动以及与之相关的活动。例如,工业企业制造并销售产品、商业企业销售商品、保险公司签发保单、咨询公司提供咨询服务、软件企业为客户开发软件、安装公司提供安装服务、商业银行对外贷款、租赁公司出租资产等,均属于企业的日常活动。明确界定日常活动是为了将收入与利得相区分,因为企业非日常活动所形成的经济利益的流入不能确认为收入,而应当计入利得。

2. 收入应当最终会导致所有者权益的增加

与收入相关的经济利益的流入最终应当会导致所有者权益的增加,不会导致所有者权益增加的经济利益的流入不符合收入的定义,不应确认为收入。例如,某企业向银行借入款项 5 000 万元,尽管该借款导致了企业经济利益的流入,但是该流入并不会导致所有者权益的增加,反而使企业承担了一项现时义务。因此,企业对于因借入款项所导致的经济利益的增加,不应将其确认为收入,而应当确认为一项负债。

3. 收入是与所有者投入资本无关的经济利益的总流入

收入应当会导致经济利益的流入,该流入不包括所有者投入的资本。收入应当会导致经济利益的流入,从而导致资产的增加。例如,企业销售商品,必须要收到现金或者有权利将收到现金,才表明该交易符合收入的定义。但是,企业经济利益的流入有时是由所有者投入资本的增加所导致的,所有者投入资本的增加不应当确认为收入,应当将其直接确认为所有者权益。因此,与收入相关的经济利益的流入应当将所有者投入的资本排除在外。

按照企业所从事的日常活动的性质,收入可以分为销售商品收入、提供劳务收入和让渡资产使用权收入;按照企业所从事的日常活动在企业中的重要性,收入可以分为主营业务收入和其他业务收入。

(五) 费 用

费用,是指企业在日常活动中发生的、会导致所有者权益减少的、与向所有者分配利润无关的经济利益的总流出。

根据费用的定义,费用具有以下几个方面的特征:

1. 费用应当是企业在日常活动中发生的

费用应当是企业在其日常活动中所发生的,这些日常活动的界定与收入定义中涉及的日常活动相一致。日常活动中所产生的费用通常包括销售成本、管理费用等。将费用界定为日常活动中所形成的,目的是将其与损失相区分,因企业非日常活动所形成的经济利益的流出不能确认为费用,应当计入损失。

2. 费用导致经济利益的总流出与向所有者分配利润无关

费用的发生应当会导致经济利益的流出,从而导致资产的减少或者负债的增加(最终也会导致资产的减少)。其表现形式包括现金或者现金等价物的流出,存货、固定资产和无形资产等的流出或者消耗等。企业向所有者分配利润也会导致经济利益的流出,而该经济利益的流出属于所有者权益投资回报的分配,是所有者权益的抵减项目,因而不应确认为费用,应当将其排除在费用之外。

3. 费用会导致所有者权益的减少

与费用相关的经济利益的流出最终应当会导致所有者权益的减少,不会导致所有者权益减少的经济利益的流出不符合费用的定义,不应确认为费用。例如,某企业用银行存款 50 万元购买存货,该购买行为尽管使企业的经济利益流出了 50 万元,但并不会导致企业所有者权益的减少,而是使企业增加了另外一项资产。在这种情况下,就不应当将该经济利益的流出确认为费用。

按照费用与收入的关系,费用可以分为营业成本、期间费用、税金及附加等部分。营业成本包括主营业务成本和其他业务成本,期间费用包括管理费用、销售费用、财务费用,税金及附加主要包括营业税、消费税、资源税、土地增值税、城市维护建设税及其教育费附加等。

(六) 利 润

利润,是指企业在一定会计期间的经营成果,反映的是企业的经营业绩情况。利润通常是评价企业管理层业绩的一项重要指标,也是投资者、债权人等做出投资决策、信贷决策等的重要参考指标。

利润包括收入减去费用后的净额、直接计入当期利润的利得和损失等。其中,收入减去费用后的净额反映的是企业日常活动的业绩;直接计入当期利润的利得和损失反映的是企业非日常活动的业绩,是指应当计入当期损益、最终会引起所有者权益发生增减变动的、与所有者投入资本或者向所有者分配利润无关的利得或者损失。

按照利润构成,利润分为营业利润、利润总额和净利润三部分。

二、财务会计要素的确认与计量

(一) 财务会计要素的确认

财务会计的确认是指将交易或事项中的某一项目作为资产、负债、收入、费用等会计要素加以记录并列入财务报表的过程。财务会计的确认分为初始确认和再确认。初始确认是指在交易或事项发生时,决定将某一项目确定为资产、负债、收入、费用等会计要素加以记录;再确认是指将记录过程中已确认的项目列入财务报表并对外报出。

从具体的操作过程来看,财务会计的确认主要解决三个问题:一是某一事项是否需要确认,二是该事项应在何时确认,三是该事项应确认为什么会计要素。

某一项目能否作为会计要素加以记录并列入财务报表,除了要符合会计要素的定义以外,还应当满足以下两项基本确认条件:

1. 与该项目有关的经济利益很可能流入或流出企业

这里的"很可能"是指发生的可能性超过50%的概率。在实际工作中,如何判断一项资产是否很可能给企业带来经济利益,或一项负债是否很可能导致经济利益流出企业,需要会计人员进行职业判断。

2. 该项目的成本或价值能够可靠地计量

如果某一项目的成本或价值能够可靠地计量,并同时满足会计要素确认的其他条件,就能够在财务报表中加以确认;否则,企业不应加以确认。

(二) 财务会计要素的计量

会计计量问题是财务会计的核心问题,贯穿于财务会计从记录到报告的全过程。财务会计的确认,实际上是明确了某一事项属于什么会计要素问题;而财务会计的计量则是要进一步明确该事项归属某一会计要素的数量问题,体现了会计信息的定量化的特点。因此,为了产生并对外提供高质量的会计信息,可靠的计量具有十分重要的意义。

财务会计的计量是指为了将符合确认条件的会计要素登记入账,并列入财务报表而确定其金额的过程。财务会计的计量涉及会计计量单位和会计计量属性两个方面的问题。

会计计量单位是指对会计要素进行计量时所采用的尺度。计量尺度有实物计量尺度、时间计量尺度、货币计量尺度等。在商品经济社会中,以货币作为计量尺度成为会计计量的理想选择。当然,以货币作为计量尺度并不排斥在会计计量中同时运用实物或时间等计量尺度,但是会计计量应该以货币计量为主,实物、时间等只能作为货币计量的补充。

会计计量属性,是指用货币对会计要素进行计量时所采用的标准。在会计实务中,存在着可用于会计要素计量的多种属性。常用的会计计量属性有历史成本、重置成本、可变现净值、现值和公允价值等。

1. 历史成本

历史成本,又称为实际成本,就是取得或制造某项财产物资时所实际支付的现金或其他等价物。在历史成本计量下,资产按照其购置时支付的现金或者现金等价物的金额,或者按照购置资产时所付出的对价的公允价值计量。负债按照其因承担现时义务而实际收到的款项或者资产的金额,或者承担现时义务的合同金额,或者按照日常活动中为偿还负债预期需要支付的现金或者现金等价物的金额计量。

2. 重置成本

重置成本,又称现行成本,是指按照当前市场条件,重新取得同样一项资产所需支付的现金或现金等价物金额。在重置成本计量下,资产按照现在购买相同或者相似资产所需支付的现金或者现金等价物的金额计量。负债按照现在偿付该项债务所需支付的现金或者现金等价物的金额计量。

3. 可变现净值

可变现净值,是指在正常生产经营过程中,以资产预计售价减去进一步加工成本和预计销售费用以及相关税费后的净值。在可变现净值计量下,资产按照其正常对外销售所能收到现金或者现金等价物的金额扣减该资产至完工时估计将要发生的成本、估计的销售费用以及相关税费后的金额计量。可变现净值通常应用于存货资产减值情况下的后续计量。

4. 现 值

现值,是指对未来现金流量以恰当的折现率进行折现后的价值,是考虑货币时间价值的一种计量属性。在现值计量下,资产按照预计从其持续使用和最终处置中所取得的未来净现金流入量的折现金额计量。负债按照预计期限内需要偿还的未来净现金流出量的折现金额计量。

5. 公允价值

公允价值,是指市场参与者在计量日发生的有序交易中,出售一项资产所能收到或者转移一项负债所需支付的价格。

会计计量属性尽管包括历史成本、重置成本、可变现净值、现值和公允价值等,但是企业在对会计要素进行计量时,应当严格按照规定选择相应的计量属性。一般情况下,会计要素的计量应当采用历史成本计量属性。这是因为:(1)历史成本是实际发生的数据,具有客观性;(2)历史成本有可查核的原始凭证,具有可验证性;(3)历史成本数据容易取得。

鉴于应用重置成本、可变现净值、现值、公允价值等其他计量属性,往往需要依赖于估计,为了使所估计的金额在提高会计信息的相关性的同时,又不影响其可靠性,《企业会计准则》要求企业采用重置成本、可变现净值、现值和公允价值计量的,应当保证所确定的会计要素金额能够取得并可靠计量,否则不允许采用这些计量属性。

【引导案例解析】

会计不应将这笔费用作为公司费用记账。因为不符合会计主体假设,会计主体假设规定了会计所要处理的交易或事项的空间范围。会计主体假设的目的,就是要将会计主体本身的交易或者事项与会计主体所有者的交易或者事项以及其他会计主体的交易或者事项区分开来,特别是要将会计主体与企业所有者区分开来。虽然程明是这家公司的所有者,但企业会计核算不应包括程明个人的经济活动,本案例的会计主体是公司本身,只有与会计主体有关的会计信息才能记在公司账上。

【案例分析题 1】

对财务会计来说,21 世纪的开始,似乎就透示着不祥。先是 2001 年 11 月 18 日,美国能源巨头安然有限公司(Enron Corporation)曝光了超过 12 亿美元的假账;其后,2002 年 6 月,美国第二大长途电话公司世界通信(WORLDCOM)又公开承认它在 2000 年一年中,通过将大量的收益支出(本应费用化)转列为资本支出(资本化为资产),虚增了 38 亿美元的收入和 16 亿美元的利润,成为美国历史上利润造假的最大案件;时隔几天,2002 年 6 月 28 日,又传出了全球最大的复印机制造商,被认为全美最可信赖的 50 家公司之一的施乐(Xerox),从 1997 年起,在 4 年内,共虚报收入 60 亿美元,虚增利润 14 亿美元。与此同时,作为五大会计师事务所之一的安达信会计公司由于涉及安然和世界通信财务报表的审计,也宣告破产。

问题讨论:会计的本质是什么?

(案例来源:葛家澍.财务会计的本质、特点及其边界[J].会计研究,2003(3):3—7.)

【案例分析题 2】

侯羽乾:男,1957 年 1 月出生,时任宁夏圣雪绒股份有限公司(以下简称圣雪绒)董事长、总经理,住址:银川市金凤区蓝山名邸 11-3-201。

霍继红：女,1954年7月出生,时任宁夏圣雪绒国际企业集团有限公司(以下简称圣雪绒集团)董事长、圣雪绒监事会主席,住址：银川市兴庆区富宁街306号。

房进贤：男,1948年6月出生,时任圣雪绒副总经理、董事会秘书,住址：银川市教育巷5-4-201。

张航：女,1961年6月出生,时任圣雪绒董事、财务总监,住址：银川市兴庆区唐槐新村83-4-502。

经查明,圣雪绒自2001年至2005年一直存在着向控股股东圣雪绒集团提供资金的行为,且金额巨大,圣雪绒与圣雪绒集团间的关联方交易未按规定进行披露。

(1)2001年,圣雪绒向圣雪绒集团累计支付款项共212笔,合计金额60 042.35万元;圣雪绒集团向圣雪绒累计还款122笔,合计金额59 666.70万元。其中,圣雪绒向圣雪绒集团单笔支付款项300万元以上的共23笔,且未按规定及时披露。

(2)2002年,圣雪绒向圣雪绒集团累计支付款项165笔,合计金额39 721.48万元;圣雪绒集团向圣雪绒累计还款共111笔,合计金额38 486.18万元。其中,圣雪绒向圣雪绒集团单笔支付款项300万元以上的共28笔,且未按规定及时披露。

(3)2003年,圣雪绒向圣雪绒集团累计支付款项137笔,合计金额34 796.45万元;圣雪绒集团向圣雪绒累计还款共85笔,合计金额25 038.63万元。其中,圣雪绒向圣雪绒集团单笔支付款项300万元以上的共28笔,且未按规定及时披露。

(4)2004年,圣雪绒向圣雪绒集团累计支付款项107笔,合计金额25 551.76万元;圣雪绒集团向圣雪绒累计还款共57笔,合计金额14 178.19万元。其中,圣雪绒向圣雪绒集团单笔支付款项300万元以上的共17笔,且未按规定及时披露。

(5)2005年,圣雪绒向圣雪绒集团累计支付款项41笔,合计金额2 472.24万元;圣雪绒集团向圣雪绒累计还款共34笔,合计金额3 328.76万元。其中,圣雪绒向圣雪绒集团单笔支付款项300万元以上的共1笔,且未按规定及时披露。

问题讨论：

1. 相关责任人的以上事实损害了谁的利益?

2. 相关责任人的以上事实违反了哪些会计信息质量要求?

(案例来源：殷枫.会计学案例[M].上海：上海财经大学出版社,2010.)

【思考题】

1. 财务会计的基本特征有哪些?

2. 财务会计有哪几个假设?这些假设在财务会计实务中的作用是什么?

3. 财务会计信息应具备哪些质量特征?

4. 财务会计确认的条件是什么?

5. 财务会计计量基础有哪些?

第二章　复式记账与会计循环

【学习目标】

☆　掌握会计等式的概念以及经济业务对等式的影响的分析方法

☆　掌握会计对象、会计要素、会计科目和会计账户的区别

☆　掌握复式记账的原理及其借贷记账法的记账步骤

☆　熟悉会计循环的内容和步骤

☆　掌握财务报告的组成内容

【引导案例】

王平20×4年1月1日投资创办了盛蓝贸易有限公司，截至1月30日，盛蓝贸易有限公司收到投资者王平30万元投资款，全部存入银行。该月发生了下列几笔业务：

(1) 1月1日收到投资者王平300 000元的货币投资款，存入银行；

(2) 1月3日用银行存款支付工商注册费1 000元；

(3) 1月5日从银行提取现金3 000元；

(4) 1月5日用现金支付职工午餐费300元，办公用品费600元，职工办事出租车费300元；

(5) 1月7日用银行存款购买办公家具10 000元，电脑4 000元，打印机2 500元；

(6) 1月25日企业购进商品30 000元，支付了20 000元，还有10 000元赊欠未付。

问题讨论：将6笔业务以分录形式列示，并编制一张资产负债表，准备给当地税务局进行1月份税收零申报。

第一节　会计要素与会计等式

一、会计等式

前一章节已经介绍了会计的对象是反映和监督社会再生产过程的资金运动，会计要素——资产、负债、所有者权益、收入、费用和利润是用来表现社会再生产过程的资金运动的概念名称。这些会计要素之间形成的关系用公式表示为会计等式。

任何一个企业要开展生产经营活动都必须投入一定数额的资金，从资金的来源渠道看，企业的资金无非来源于企业所有者和债权人，站在企业的角度，归属于债权人的权益是企业的负债，归属于所有者的权益是所有者权益。负债和所有者权益又合称为权益；企业通过权益筹集到的资金在生产经营过程中变化成不同形态的物资，站在企业的角度，这些不同形态的物资就是企业的资产。可见，一个企业拥有的资产和权益，事

实上是资金——同一概念的两个不同侧面,是从两个不同的角度观察和分析的结果。故在资产和权益之间形成了一定的依属关系。即有一定数额的资产,就必定有对等数额的权益体现;反之,有一定数额的权益,也必定有对等数额的资产来表现。从数量上看,一个企业的资产总额与权益总额必定相等,用数学公式来表示即为会计等式。即

资产=权益

或　资产=负债+所有者权益

在一定期间里,企业开展生产经营活动要取得收入,同时,企业为了取得这些收入也必将发生各种各样的耗费,即费用。将一定期间取得的收入与相应发生的费用进行配比得到企业的利润。故企业在生产经营过程中又形成一定期间经营成果的平衡关系,即

收入-费用=利润

由于企业取得收入将会引起资产增加或负债减少,导致所有者权益随之增加;而费用会导致资产减少或负债增加,所有者权益随之减少。因此,可以把收入、费用结合到会计等式上去。扩展为如下:

资产=负债+所有者权益+(收入-费用)

=负债+所有者权益+利润

上述公式反映了资产、负债、所有者权益、收入、费用和利润各会计要素之间的相互关系,会计上也称为会计等式的扩展式。

在会计期末,企业利润按照法定程序经过分配后,此时会计等式的扩展式又恢复到最基本的会计等式形式,即

资产=负债+所有者权益

会计等式不仅在某个时刻保持相等,事实上在任何业务发生之后仍会保持相等,也称它为会计恒等式。在分析会计业务、复式记账、报表编制中均会用会计等式的恒等关系来检查账目登记的正确性。

二、经济业务对会计等式的影响

经济业务也称会计事项,是指企业在日常的生产经营过程中每天发生的涉及资金增减变化的经济活动。如企业用银行存款 50 万元购买设备;从银行提取现金 2 万元;用现金 2 万元发放工资等。

【例 2-1】 甲公司于 20×4 年 1 月 1 日的资产、负债、所有者权益构成情况如下:

表 2-1

资产负债表

20×4 年 1 月 1 日　　　　　　　　　　　　　　　　单位:元

资　产	金　额	负债及所有者权益	金　额
库存现金	30 000	应付账款	100 000
银行存款	250 000	实收资本	500 000

资　产	金　额	负债及所有者权益	金　额
应收账款	20 000		
原材料	50 000		
固定资产	250 000		
合　计	600 000	合　计	600 000

业务一：企业收到投资者蓝天公司投入的资本金 200 000 元存入银行。

这笔业务使甲公司资产中的银行存款增加 200 000 元，同时也使甲公司所有者权益中的实收资本增加 200 000 元。这笔业务用等式表示如下：

$$资产总额\quad 资产\quad =\quad 负债\quad +\quad 所有者权益\quad 权益总额$$
$$80\,万\quad 60\,万+20\,万\quad =\quad 10\,万\quad +\quad 50\,万+20\,万\quad 80\,万$$

业务二：以银行存款支付所欠某公司货款 20 000 元。

这笔业务使甲公司资产中的银行存款减少 2 万元，同时负债中的应付账款也减少 2 万元。

$$资产总额\quad 资产\quad =\quad 负债\quad +\quad 所有者权益\quad 权益总额$$
$$78\,万\quad 80\,万-2\,万\quad =\quad 10\,万-2\,万\quad +\quad 70\,万\quad 78\,万$$

业务三：购入一台设备，价款 50 000 元，以银行存款支付。

这笔业务使甲公司资产中的固定资产增加 5 万元，同时使资产中的银行存款减少 5 万元，资产总额不变。

$$资产总额\quad 资产\quad =\quad 负债\quad +\quad 所有者权益\quad 权益总额$$
$$78\,万\quad 78\,万+5\,万-5\,万\quad =\quad 8\,万\quad +\quad 70\,万\quad 78\,万$$

业务四：甲公司所欠某公司应付账款 10 000 元，经双方协商，转作该公司对甲公司的投资额，有关手续已办妥。

这项业务使甲公司所有者权益中的实收资本增加 1 万元，同时使负债中的应付账款减少 1 万元。

$$资产总额\quad 资产\quad =\quad 负债\quad +\quad 所有者权益\quad 权益总额$$
$$78\,万\quad 78\,万\quad =\quad 8\,万-1\,万\quad +\quad 70\,万+1\,万\quad 78\,万$$

企业发生的经济业务复杂繁多，在此不一一列举。但无论发生哪种业务，就其对企业资产和权益的影响来看，不外乎下述四种类型：

第一，经济业务的发生，引起企业资产和权益同时等额增加。

第二，经济业务的发生，引起企业资产和权益同时等额减少。

第三，经济业务的发生，引起企业资产内部相关项目此增彼减，增减金额相等。

第四，经济业务的发生，引起企业权益内部相关项目此增彼减，增减金额相等。

可见，以上所举这些业务均没有超出上述四种类型。事实上，任何经济业务的发生都不会超出上述四种类型。无非有的业务发生后，引起等式一边要素增减变化；有的引起等式两边要素变化，对等式的影响结果为：

若业务发生后只涉及会计等式一边要素变化的，对会计等式两边的总额无影响，会

计等式相等关系没有改变;

若业务发生后涉及会计等式两边要素变化的,对会计等式两边的总额引起同等金额同增或同减,会计等式两边总额仍然相等,会计等式的相等关系没有改变。

故会计等式始终是相等的,会计等式是恒等式,这是会计设置账户、复式记账和编制财务报表的理论基础。

第二节　会计科目与会计账户

一、会计科目

会计科目是对会计要素的具体内容作进一步分类核算的项目。如库存现金、银行存款、原材料、实收资本等。

(一)会计科目按经济内容和用途分类

会计科目按经济内容和用途分为资产类、负债类、所有者权益类、成本类、损益类。具体科目见表2-2。

(二)会计科目按反映经济业务指标的详略程度分类

会计科目按反映经济业务指标的详略程度分为总账科目、明细科目。总账科目通常是对某一会计要素的具体内容进行总括分类而形成的项目,提供总括的金额指标的科目。明细科目通常是在总账科目的基础上进行进一步的分类,提供详细、具体的数量、金额等指标的科目。

总分类科目通常由国家财政部门统一制定,专门列了会计科目表,常用的会计科目摘编见表2-2。

表 2-2

会计科目表

顺序号	编号	会计科目名称	顺序号	编号	会计科目名称
资产类			18	1221	其他应收款
1	1001	库存现金	19	1231	坏账准备
2	1002	银行存款	26	1401	材料采购
5	1012	其他货币资金	27	1402	在途物资
8	1101	交易性金融资产	28	1403	原材料
10	1121	应收票据	29	1404	材料成本差异
11	1122	应收账款	30	1405	库存商品
12	1123	预付账款	31	1406	发出商品
13	1131	应收股利	32	1407	商品进销差价
14	1132	应收利息	33	1408	委托加工物资

续　表

顺序号	编　号	会计科目名称	顺序号	编　号	会计科目名称
34	1411	周转材料	81	2203	预收账款
35	1421	消耗性生物资产	82	2211	应付职工薪酬
39	1461	融资租赁资产	83	2221	应交税费
40	1471	存货跌价准备	84	2231	应付利息
41	1501	持有至到期投资	85	2232	应付股利
42	1502	持有至到期投资减值准备	86	2241	其他应付款
43	1503	可供出售金融资产	94	2501	长期借款
44	1511	长期股权投资	95	2502	应付债券
45	1512	长期股权投资减值准备	100	2701	长期应付款
46	1521	投资性房地产	102	2711	专项应付款
47	1531	长期应收款	103	2801	预计负债
50	1601	固定资产	104	2901	递延所得税负债
51	1602	累计折旧			**所有者权益类**
52	1603	固定资产减值准备	110	4001	实收资本
53	1604	在建工程	111	4002	资本公积
54	1605	工程物资	112	4101	盈余公积
55	1606	固定资产清理	114	4103	本年利润
57	1621	生产性生物资产	115	4104	利润分配
58	1622	生产性生物资产累计折旧	116	4201	库存股
62	1701	无形资产			**成本类**
63	1702	累计摊销	117	5001	生产成本
64	1703	无形资产减值准备	118	5101	制造费用
65	1711	商誉	119	5201	劳务成本
66	1801	长期待摊费用	120	5301	研发支出
67	1811	递延所得税资产			**损益类**
69	1901	待处理财产损溢	124	6001	主营业务收入
		负债类	129	6051	其他业务收入
70	2001	短期借款	131	6101	公允价值变动损益
77	2101	交易性金融负债	132	6111	投资收益
79	2201	应付票据	136	6301	营业外收入
80	2202	应付账款	137	6401	主营业务成本

顺序号	编 号	会计科目名称	顺序号	编 号	会计科目名称
138	6402	其他业务成本	151	6603	财务费用
139	6403	税金及附加	153	6701	资产减值损失
149	6601	销售费用	154	6711	营业外支出
150	6602	管理费用	155	6801	所得税费用

二、会计账户

(一)会计账户的定义

会计账户是根据会计科目开设的,具有一定的结构和格式,用来连续、系统、分类记录和反映各会计要素具体内容增减变动情况及其结果的载体。

(二)账户的基本结构和指标

账户的基本结构分为两部分:一部分登记资金的增加额,一部分登记资金的减少额。简化格式见表 2-3。实际工作中的账户格式见表 2-4。包括账户名称(即会计科目)、日期、凭证号数、摘要、金额等。

表 2-3

借方	账户名称	贷方

表 2-4

账户名称

	年	凭证号数	摘 要	借方	贷方	借或贷	余额

会计账户提供的四个指标:

(1)本期增加发生额,指将一定时期内在账户中记录的增加金额进行合计。

(2)本期减少发生额,指将一定时期内在账户中记录的减少金额进行合计。

(3)期末余额,指一定时期内在账户中记录的增减发生额相抵后的差额,称为账户的余额。

(4)期初余额,是指上个报告期遗留下来的余额。账户的四个指标的关系为:

$$期末余额=期初余额+本期增加发生额-本期减少发生额$$

见表 2-5：

表 2-5

借方		库存现金	贷方	
期初余额	1 000	1.7		3 000
1.5	5 000	1.25		1 500
1.20	2 000			
本期增加额合计	7 000	本期减少额合计		4 500
期末余额	3 500			

综上所述，会计要素是反映会计对象内容的概念名称；会计科目是按会计要素的经济特征进一步分类的项目名称；会计账户是用来登记资金运动的具体格式或载体。会计要素、会计科目和会计账户与会计对象之间的关系见图 2-1。

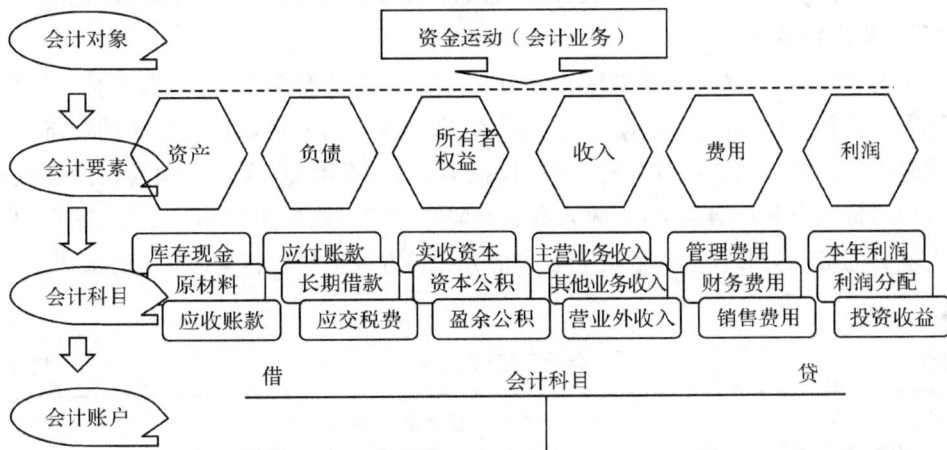

图 2-1

第三节　复式记账法

一、复式记账法

复式记账法是指对发生的每一项经济业务，都以相等的金额，同时在相互联系的两个或两个以上的账户中进行登记的一种记账方法。

复式记账法的特征为：（1）对每一项经济业务都要在相互联系的两个账户中进行记录，全面、系统地反映每一项经济业务引起的资金运动的来龙去脉；（2）由于对每项经济业务都以相等的金额在相互联系的两个账户中进行记录，可以使用会计等式检查账户记录的正确性。

在我国，复式记账法曾经出现过收付记账法、借贷记账法、增减记账法三种。随着会计国际化的发展，收付记账法、增减记账法已被取消，目前我国采用的是借贷记账法。因此，本节以借贷记账法来阐述复式记账法的原理。

二、借贷记账法

借贷记账法是以"借"和"贷"作为记账符号的一种复式记账方法。其记账原理主要包括其理论依据、记账符号、账户结构、记账规则、会计分录及试算平衡等内容。

(一)借贷记账法的理论依据

借贷记账法的理论依据是会计等式,在借贷记账法下,进行会计业务的分析、会计业务记录正确性的检查、会计报表的编制和检查都会使用会计等式的平衡原理来检验,所以,会计等式贯穿整个借贷记账法的流程中,成为借贷记账法的理论依据。

(二)借贷记账法的记账符号

借贷记账法以"借"和"贷"作为记账符号。但"借"和"贷"纯粹是记账符号,与它字面的最初含义没有任何联系。其功能主要有:(1)可以通过"借"和"贷"记账符号划分账户的基本结构;(2)在不同性质的账户,可以通过"借"和"贷"记账符号,表示不同的经济内容;(3)可以通过"借"和"贷"记账符号所体现的借贷方余额指明账户的性质。

(三)账户结构

在借贷记账法下,账户的基本结构分为左右两方,左方称为"借方",右方称为"贷方"。但究竟哪一方登记增加的金额,哪一方登记减少的金额,则要视账户所反映的经济内容及其性质来决定。账户按结构分为资产类、权益类、成本费用类、收入利润类。由于成本费用类账户与资产类账户结构类似,收入利润类账户与权益类账户类似。所以,账户的结构实质上就分为资产类和权益类两类。账户借方和贷方登记的内容见表2-6所示。

表2-6

借方		会计科目(账户名称)	贷方	
资产账户期初余额	×××	权益账户期初余额		×××
资产增加额、成本费用增加额	×××	资产减少额、成本费用转销额		×××
权益减少额、收入利润转销额	×××	权益增加额、收入利润增加额		×××
本期发生额合计	×××	本期发生额合计		×××
资产账户期末余额	×××	权益账户期末余额		×××

此外,在借贷记账法下,还可以根据企业经营管理的需要设置一些"双重性质账户",即具有资产和负债双重性质的账户。该类账户的余额可能在借方,也可能在贷方,但不可能同时出现借方余额和贷方余额。一般根据双重性质账户期末余额的方向,来确定账户的性质。如果余额在借方,就代表资产类账户;如果余额在贷方,就代表负债类账户。

(四)记账规则与会计分录

记账规则即记账的规律,主要指通过使用借贷记账法的记账步骤对企业发生的所有经济业务进行登记的过程中所发现和总结的共性规律。借贷记账法的记账规则是:有借必有贷,借贷必相等。

会计分录是指对每笔经济业务确定其应借记、应贷记的账户名称及其金额的一种记录。

借贷记账法的记账主要按下列两个步骤进行:

　　首先,对企业所发生的经济业务进行分析,分析其涉及的会计科目、金额和"借""贷"方向,并编制会计分录。

　　其次,再将上述的分析登记到账户中去。

　　【例2-2】　以甲公司发生的经济业务为例,介绍在借贷记账法下账户登记的方法以及记账的规律。

　　(1) 甲公司收到投资者投入的资本金200 000元存入银行。

　　步骤一:分析业务涉及的会计科目、金额和方向,并编制会计分录。

　　银行存款+200 000　借方;实收资本+200 000　贷方

　　　借:银行存款　　　　　　　　　　　　　　　　　　　　　　　200 000

　　　　贷:实收资本　　　　　　　　　　　　　　　　　　　　　　　200 000

　　步骤二:将上述的分析登记到账户中去。

表2-7

借方	银行存款	贷方
(1) 200 000		

表2-8

借方	实收资本	贷方
	(1) 200 000	

　　(2) 以银行存款支付所欠某公司货款20 000元。

　　步骤一:分析业务涉及的会计科目、金额和方向,并编制会计分录。

　　银行存款 -20 000　贷方;应付账款-20 000　借方

　　　借:应付账款　　　　　　　　　　　　　　　　　　　　　　　20 000

　　　　贷:银行存款　　　　　　　　　　　　　　　　　　　　　　　20 000

　　步骤二:将上述的分析登记到账户中去。

表2-9

借方	银行存款	贷方
	(2) 20 000	

表2-10

借方	应付账款	贷方
(2) 20 000		

（3）购入一台设备，价款 50 000 元，以银行存款支付。

步骤一：分析业务涉及的会计科目、金额和方向，并编制会计分录。

固定资产 ＋50 000　借方；银行存款 －50 000　贷方

借：固定资产 50 000

　　贷：银行存款 50 000

步骤二：将上述的分析登记到账户中去。

表 2-11

借方	固定资产	贷方
（3）50 000		

表 2-12

借方	银行存款	贷方
	（3）50 000	

（4）甲公司所欠某公司应付账款 10 000 元，经双方协商，转作该公司对甲公司的投资额，有关手续已办妥。

步骤一：分析业务涉及的会计科目、金额和方向，并编制会计分录。

应付账款 －10 000　借方；实收资本 ＋10 000　贷方

借：应付账款 10 000

　　贷：实收资本 10 000

步骤二：将上述的分析登记到账户中去。

表 2-13

借方	应付账款	贷方
（4）10 000		

表 2-14

借方	实收资本	贷方
	（4）10 000	

通过以上四个例子（包含了会计业务对会计等式影响的所有类型）可以得出，它们共同的规律包括：

（1）任何一笔经济业务发生后，都必然同时涉及两个或两个以上相互联系的账户。

（2）所记入的两个或两个以上的账户可以是属于同一类的，也可以是属于不同类的,但记入账户时必然是一个账户记在借方,另一个账户记在贷方,并且借方的金额等于贷方的金额。

将这些规律加以概括则为"有借必有贷,借贷必相等",即借贷记账法的记账规则。

涉及两个以上账户的例子也符合借贷记账法的记账规则。

(5)企业收回应收账款8 000元,其中1 000元以现金收回,7 000元以银行存款收回。

步骤一:分析业务涉及的会计科目、金额和方向,并编制会计分录。

银行存款 +7 000 借方;库存现金+1 000 借方;应收账款-8 000 贷方

借:银行存款	7 000
库存现金	1 000
贷:应收账款	8 000

步骤二:将上述的分析登记到账户中去。

表 2-15

借方	银行存款	贷方
(5)7 000		

表 2-16

借方	库存现金	贷方
(5)1 000		

表 2-17

借方	应收账款	贷方
		(5)8 000

在每个分录中,账户之间形成了应借应贷关系,这种关系被称为"账户对应关系"。存在着对应关系的账户则互称为"对应账户"。

在会计分录中,账户之间存在一借一贷关系的分录为简单的会计分录;账户之间存在着一借多贷、一贷多借或多借多贷关系的分录则为复合的会计分录。

(五)试算平衡

试算平衡,就是利用账户本期发生额和余额各自存在的等量关系,来检查和验证账户记录是否正确的一种方法。试算平衡的原理主要使用"发生额试算平衡公式"和"余额试算平衡公式"进行检验。

发生额试算平衡公式:

全部账户本期借方发生额合计=全部账户本期贷方发生额合计

余额试算平衡公式：

全部账户借方期初余额合计＝全部账户贷方期初余额合计

全部账户借方期末余额合计＝全部账户贷方期末余额合计

根据"有借必有贷，借贷必相等"的记账规则进行业务登记的，如果对每一笔经济业务编制的会计分录和过账都未发生错误，那么，一个会计期间的全部经济业务过入账户后，全部账户的借方发生额合计数和贷方发生额合计数也必然是相等的。故得出"发生额试算平衡"公式。

根据会计恒等式原理，企业在任何时刻"资产数额＝负债数额＋所有者权益数额"。因此，企业无论在会计期末还是会计期初，"全部资产账户的期末（初）借方余额合计必然等于全部负债类、所有者权益类账户的期末（初）贷方余额合计"。由于资产类账户的余额通常在借方，负债类、所有者权益类账户的余额通常在贷方，故得出"余额试算平衡"公式。

试算平衡在具体的实务工作中是通过编制"总分类账户发生额及余额试算平衡表"进行的，见表 2-18。

表 2-18

总分类账户发生额及余额试算平衡表

年　　月　　日

账户名称	期初余额		本期发生额		期末余额	
	借方	贷方	借方	贷方	借方	贷方
合计						

【例 2-3】 甲公司是乙集团投资 300 000 元开办的子公司，在 20×4 年 1 月 1 日的资产、负债和所有者权益各项目的期初余额为：库存现金 20 000 元，银行存款 150 000 元，应收账款 80 000 元，固定资产 50 000 元。短期借款 100 000 元，实收资本 200 000 元。

该公司在 20×4 年 1 月发生下列业务：

（1）1 月 1 日乙集团代甲公司归还到期的短期借款 100 000 元，作为增加投资；

（2）1 月 3 日甲公司赊账购买了库存商品 30 000 元，商品已验收入库；

（3）1 月 15 日甲公司用银行存款预付了广告公司服务费 60 000 元，广告公司为甲公司服务期限截止日为 2 月 15 日；

（4）1 月 20 日甲公司收回应收账款 30 000 元存入银行；

（5）1 月 30 日甲公司销售商品取得主营业务收入 50 000 元，存入银行。

要求：按照借贷记账法的记账步骤进行会计核算。

步骤一：开设账户，根据上述业务编制分录、过账并进行结账。

月初开设账户：就是将账户的名称和期初余额登记在账户上。

平时编制会计分录：

(1) 借：短期借款   100 000

   贷：实收资本   100 000

(2) 借：库存商品   30 000

   贷：应付账款   30 000

(3) 借：预付账款   60 000

   贷：银行存款   60 000

(4) 借：银行存款   30 000

   贷：应收账款   30 000

(5) 借：银行存款   50 000

   贷：主营业务收入   50 000

编完分录及时过账：将上述分录中的科目金额登记到账户中去。

月末结账：月末将账户的本期发生额及期末余额计算出来。

表 2-19

借方	库存现金	贷方
期初余额 20 000		
本期发生额：0		本期发生额：0
期末余额：20 000		

表 2-20

借方	银行存款	贷方
期初余额 150 000		
(4) 30 000		(3) 60 000
(5) 50 000		
本期发生额：80 000		本期发生额：60 000
期末余额：170 000		

表 2-21

借方	应收账款	贷方
期初余额 80 000		
		(4) 30 000
本期发生额：0		本期发生额：30 000
期末余额：50 000		

表 2-22

借方	固定资产	贷方
期初余额 50 000		
本期发生额：0	本期发生额：0	
期末余额：50 000		

表 2-23

借方	短期借款	贷方
	期初余额 100 000	
(1) 100 000		
本期发生额：100 000	本期发生额：0	
	期末余额：0	

表 2-24

借方	实收资本	贷方
	期初余额 200 000	
	(1) 100 000	
本期发生额：0	本期发生额：100 000	
	期末余额：300 000	

表 2-25

借方	库存商品	贷方
(2) 30 000		
本期发生额：30 000	本期发生额：0	
期末余额：30 000		

表 2-26

借方	应付账款	贷方
	(2) 30 000	
本期发生额：0	本期发生额：30 000	
	期末余额：30 000	

表 2-27

借方	预付账款	贷方
(3) 60 000		
本期发生额：60 000	本期发生额：0	
期末余额：60 000		

表 2-28

借方	主营业务收入	贷方
	(5) 50 000	
本期发生额：0	本期发生额：50 000	
	期末余额：50 000	

步骤二：月末进行试算平衡。

试算平衡：就是将有关账户的期初余额、本期借方发生额、本期贷方发生额和期末余额登记到"总分类账户发生额及余额试算平衡表"中，并进行合计得以验证。

表 2-29

总分类账户本期发生额及余额试算平衡表

20×4 年 1 月 31 日　　　　　　　　　　单位：元

账户名称	期初余额		本期发生额		期末余额	
	借方	贷方	借方	贷方	借方	贷方
库存现金	20 000		0	0	20 000	
银行存款	150 000		80 000	60 000	170 000	
应收账款	80 000		0	30 000	50 000	
预付账款			60 000		60 000	
库存商品			30 000	0	30 000	
固定资产	50 000		0	0	50 000	
短期借款		100 000	100 000	0		0
应付账款				30 000		30 000
实收资本		200 000	0	100 000		300 000
主营业务收入				50 000		50 000
合计	300 000	300 000	270 000	270 000	380 000	380 000

第四节　会计循环

一、会计循环

在会计实务中，进行会计处理需要有各种具体的程序与方法，它们在不同的会计期间内按一定的步骤依次继起，循环往复，并周而复始，这种会计工作的程序与步骤被称为会计循环。

通过以上所述可知，复式记账的原理要求企业进行会计核算的步骤为：(1) 开设账户；(2) 根据经济业务编制分录；(3) 根据会计分录过入账户；(4) 月末结出本期发生额和期末余额，并进行试算平衡；(5) 编制会计报表。然而，在实际会计工作中，会计循环表现出下列步骤：(1) 原始凭证的收集和审核；(2) 记账凭证的编制和审核；(3) 会计账簿的登记与核对;(4)结账和会计报表的编制。尽管理论上的会计核算步骤和实际会计工作中表现出记账载体表面上是不同的。事实上,实际会计工作中的会计循环就是依据复式记账的原理来进行的,只是表现形式不同而已。它们两者之间的关系见图2-2。

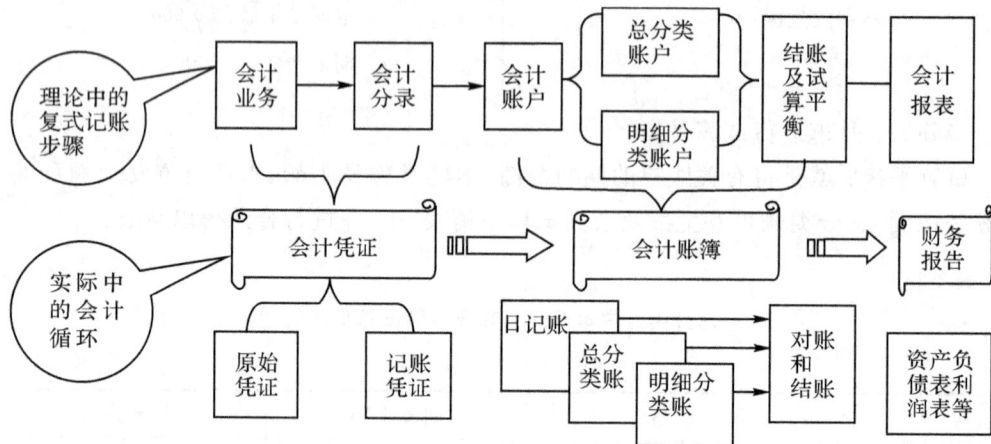

图 2-2

二、会计循环的主要内容

会计循环的主要内容包括会计凭证、会计账簿、会计报表和账务处理程序。

(一)会计凭证

会计凭证是记录经济业务的发生和完成情况,明确经济责任,作为记账依据的书面证明。会计凭证分为原始凭证和记账凭证。

1. 原始凭证

(1)原始凭证的定义和内容。

原始凭证是记录经济业务的发生或完成情况,明确经济责任,作为记账依据的原始书面文件。其作用是体现经济业务的发生和完成情况。原始凭证往往在经济业务发生时或完成时取得或填制,可以是交易发生时或发生后从对方单位取得或是本单位填制。原始凭证通常是具有法律效力的证明文件,自己任意造假是要承担法律责任的。

在实际工作中,常用的原始凭证包括普通发票、增值税专用发票、现金支票、转账支票、银行本票、银行汇票、收据、工资单、收料单、领料单、产品入库单、产品出库单、工资结算单、差旅费报销单、借款单等。如增值税专用发票见表2-30。

原始凭证的内容主要包括原始凭证的名称、接受凭证单位的名称、经济业务发生或完成的时间及凭证的编号、经济业务的主要内容(包括对经济业务的简要说明—摘要、用途、数量、单价)、经济业务所涉及的大小写金额和填制凭证单位及经手人的签名盖章。

原始凭证是经济业务发生或完成时的证明文件,一般由经手业务的人填制。填制时注意真实性、完整性、准确性和及时性。

(2)原始凭证的审核。

原始凭证审核包括真实性、合法性和合理性的审核。

其一,真实性的审核。首先包括对凭证的内容、金额、数量、接受凭证单位是否符合实际,对方单位签章是否真实,有无伪造的嫌疑等情况的审核。其次,对有联次的凭证,要求审核其联次是否相符。比如,购买方购入存货所收到的增值税发票应该有两联,一联是记账联,用于购进记账核算,另一联是抵扣联,作为增值税的税务抵扣凭据。会计在审核过程中,除验证内容、金额、数量等问题之外,还要注意联次不符的情况。再次,审核有无对凭证的污染、抹擦、刀刮、挖补,粘贴、化学销字或用涂改液修改等情况。

其二,合法性和合理性的审核。合法性是指会计凭证的内容是否符合国家的法令与规范,是否符合会计准则、企业会计制度等要求。比如,在国家财政资金的使用中,有无遵循专款专用的原则,是否将计划内资金用在计划外项目,若本单位有行政收费的项目,应审核该项目的收费本身及金额大小的合法性。再比如,在企业成本核算的凭证审核中,有无多记成本、费用,少记收入、利润等情况;在费用的报销中,是否有虚报或盗用其他人名的情况,是否有挪用公款、私分公共财产等情况。合理性是指在遵循国家法律规范的前提下,是否符合企业的基本生存与发展的需要原则,即成本—效益原则,以最小的成本获取最大经济利益的原则。比如,对与水、电、煤等生产资源过度耗费凭证的审核,对其他不符合上述原则的费用凭证的审核等。

审核人员必须按照国家统一的会计制度的规定对原始凭证进行审核,对不真实、不合法的原始凭证有权不予接受,并向单位负责人报告,对记载不准确、不完整的原始凭证予以退回,并要求按国家统一的企业会计制度的规定进行更正和补充。

表 2-30

33 00033145 　　　　　　**××增值税专用发票**　　　　　No.0 0001234

发票联

开票日期　　　　　　　　　　　　　年　月　日

购货单位	名　称		税务登记号							
	地址、电话		开户银行账号							
货物或应税劳务名称	规格型号	计量单位	数量	单价	金　额			税率(%)	金　额	
合　计										
计价合计	万　仟　佰　拾　元　角　分　　¥									
备　注										
销货单位	名　称		税务登记号							
	地址、电话		开户银行账号							

销货单位(章):　　　　收款人:　　　　复核:　　　　开票人:

第二联:发票联购化方记账凭证

2. 记账凭证

（1）记账凭证的定义和内容。

记账凭证是会计人员根据审核无误的原始凭证编制的，用以分类反映会计要素增减变化，确定会计分录，作为登记会计账簿依据的书面证明文件。记账凭证是反映经济业务的内容所涉及的会计科目、记账方向及记账金额的，其作用是编制会计分录。格式见表2-31。

记账凭证的基本内容应包括：记账凭证的名称，填制凭证单位的名称，填制凭证的日期，凭证编号及附件张数，经济业务的内容摘要，应借、应贷的科目名称，借贷方向及金额（会计分录内容），有关人员的签名盖章。

记账凭证的填制由会计人员根据审核无误的原始凭证来进行编制。

表2-31

记账凭证

第 _1_ 号

2012 年 8 月 15 日

附件 _1_ 张

摘要	总账科目	明细科目	借方金额								记账符号	贷方金额								记账符号
			十	万	千	百	十	元	角	分		十	万	千	百	十	元	角	分	
一车间领料	生产成本	胚布		9	7	0	0	0	0	0										
	原材料	12支纱											9	7	0	0	0	0	0	
合　计			¥	9	7	0	0	0	0	0		¥	9	7	0	0	0	0	0	

会计主管　　　　　记账　　　　　稽核　　　　　制证

（2）记账凭证的审核。

记账凭证编制完毕进行审核。审核重点主要围绕会计分录的真实性、准确性、完整性。

其一，真实性审核。在于审核记账凭证的内容是否与审核无误的原始凭证的内容保持一致，若有差异，需查找原因，及时更正。

其二，完整性审核。是审核登记的项目是否齐全，包括时间、编号、附件、摘要、账户、金额、签章等项目是否漏填，若发生漏填，及时补填。

其三，准确性审核。在于审核所登记的项目的文字有无出错，金额尤其是合计金额有无计算错误，若发现差错，及时按规定的方法更正，或重新编制一张正确的记账凭证，替换原凭证。

（二）会计账簿

1. 账簿的定义和种类

会计账簿（简称账簿）是指由具有一定格式的账页组成的，以会计凭证为依据，全面、系统、连续地记录各项经济业务的簿籍。

账簿按用途分为序时账簿、分类账簿和备查账簿三种,见图 2-3。

(1) 序时账簿。

序时账簿又称日记账,是指按照经济业务发生的时间先后顺序逐日逐笔登记的账簿。实际工作中主要有现金日记账和银行存款日记账。

现金日记账是按时间顺序逐日逐笔反映现金增减结存情况的账簿,是由出纳人员根据审核无误的反映现金增减业务的记账凭证,按经济业务发生时间的先后顺序,逐日逐笔进行登记的。每日终了,应分别计算现金收入和支出的合计数,结出余额,并同时与库存现金实有数核对,做到"日清日结"。如账款不符,应查明原因,做出处理。

图 2-3

银行存款日记账,是由出纳人员根据审核无误的反映银行存款增减业务的记账凭证,按经济业务发生时间的先后顺序,逐日逐笔进行登记的账簿。每日终了,应分别计算银行存款收入、付出的合计数和余额,并且要定期与开户银行的对账单进行核对。格式与内容见表 2-32。

表 2-32

银行存款日记账

20××年		凭证字号	摘　要	结算凭证		对方科目	收入	支出	余额
月	日			种类	号数				
4	1		月初余额						243 580
	1	银收1#	收回欠货款			应收账款	20 000		
	1	银付1#	提现	现金支票	138	库存现金		52 000	
	1	银付2#	购买材料	转账支票	210	在途物资		15 000	
	1	银付3#	还购货欠款			应付账款		20 000	
	1	银付4#	支付电费			管理费用		3 000	
	1	银付5#	交纳税金	转账支票	211	应交税费		6 800	
	1		本日合计				20 000	96 800	166 780
			⋮						
	31		本日合计				72 000	39 000	314 580
	31		本月合计				356 000	285 000	314 580

(2) 分类账簿。

分类账簿是对经济业务进行分类登记的账簿。按其反映内容的详细程度分为总分类账和明细分类账。

总分类账简称总账,是按照总分类科目开设账页,分类登记全部经济业务的账簿。

它通常根据会计科目表的会计科目设置账户,提供企业资金的总括情况的指标,并为编制会计报表提供依据。因此,任何单位都应设置总分类账簿。其登记由会计人员根据记账凭证、科目汇总表或汇总记账凭证进行登记。其格式和内容见表2-33。

表2-33

总分类账(三栏式)

会计科目:应付账款　　　　　　　　　　　　　　　　　　　　　　　　　　　第　页

20××年		凭证号数	摘　要	借方	贷方	借或贷	余额
月	日						
4	1		期初余额			贷	38 000
	5	转字6#	向蓝天公司赊购材料		22 000	贷	60 000
	6	银付8#	向长江公司支付欠款	15 000		贷	45 000
	8	转字15#	向红星公司赊购材料		30 000	贷	75 000
	30		本月发生额及余额	500 000	486 000	贷	24 000

　　明细分类账简称明细账,是按照二级科目或明细科目开设账页,分类、连续地登记经济业务的簿记。明细账主要是为了满足经营管理的需要,提供有关经济活动更详细的资料,是在总账下根据管理要求设置相应的明细账。所以,明细账对于加强财产物资的收发和保管、资金的管理和使用、收入的取得、费用的开支、往来款项的清算等方面的监督发挥着重要作用。每一个企业都应根据经济管理的需要,在设置总分类账的基础上设置若干明细分类账,如材料明细账、库存商品明细账、固定资产明细账、债权债务明细账、收入明细账、费用明细账等。如材料明细账,其格式和内容见表2-34。

表2-34

原材料明细账(数量金额式)

类别:原料及主要材料　　　　　　　　　　　　　　　　　　　　　计量单位:吨
编号:021　　　　　　　　　　　　　　　　　　　　　　　　　　存放地点:5号仓库
材料名称:A材料　　　　　　　　　　　　　　　　　　　　　　　金额单位:元

20××年		凭证号数	摘　要	收入			发出			结存		
月	日			数量	单价	金额	数量	单价	金额	数量	单价	金额
4	1		期初余额							30	1 000	30 000
			向甲公司购料	20	1 000	20 000				50	1 000	50 000
			向乙公司购料	10	1 000	10 000				60	1 000	60 000
			生产领用				40	1 000	40 000	20	1 000	20 000
	30		本期发生额及余额	30	1 000	30 000	40	1 000	40 000	20	1 000	20 000

（3）备查账簿。

备查账簿是一种对日记账和分类账中未能记载或记载不全的事项进行补充登记的辅助账簿，如"租入固定资产登记簿""受托加工材料登记簿"等。备查账簿一般没有固定的格式，企业可以根据所需要记载的内容来规定其格式，而且备查账簿的记录不列入本单位的财务会计报告。

2. 对账、结账

（1）对账。

对账是指对账簿记录所进行的核对工作。为了保证账簿记录提供的会计资料真实、正确、可靠，记完账后必须定期进行对账工作，做到账证相符、账账相符、账实相符。

账证核对，是指将各种会计账簿（总账、明细账以及现金和银行存款日记账等）记录与有关的会计凭证（记账凭证及其所附的原始凭证）进行核对。

账账核对，是指将各种账簿之间的有关数字进行核对。这种核对至少每月末进行一次，核对内容主要包括：

其一，全部总分类账户本月借方发生额合计数与贷方发生额合计数、期末借方余额合计数与期末贷方余额合计数核对相符；

其二，总分类账各账户期末余额与其所属各有关明细分类账户期末余额合计数核对相符；

其三，现金日记账、银行存款日记账的期末余额分别与总分类账的"库存现金"账户、"银行存款"账户期末余额核对相符；

其四，会计部门的各种财产物资明细账余额与财产物资保管或使用部门的有关明细账余额核对相符。

账实核对，是指各种财产物资、债权债务等账面余额与其实有数额相核对。这项工作一般是通过财产清查进行的，核对的具体内容包括：

其一，现金日记账账面余额与库存现金实有数额相核对；

其二，银行存款日记账账面发生额和期末余额定期与银行对账单相核对；

其三，各种财产物资明细分类账账面余额与财产物资实存数额相核对；

其四，各种债权、债务明细分类账账面余额与有关债务、债权单位的账面记录相核对。

（2）结账。

结账是指在将本期内所发生的经济业务全部登记入账的基础上，按照规定的方法对该期内的账簿记录进行小结，结算出各账户本期发生额合计和期末余额，并将余额结转下期或者转入新账簿内的账务工作。

各个单位的经济活动是连续不断进行的，通过结账，可以定期总结各个会计期间（月、季、年）的经济活动情况及其结果，并为编制会计报表及时提供资料。结账的程序通常按下列步骤进行：

首先,结账前,必须将本期内发生的各项经济业务全部登记入账。若发生漏记、错记,应及时补记、更正,既不能提前结账,也不能延迟结账。

其次,实行权责发生制的单位,应按照权责发生制的要求,进行账项调整的账务处理;并在此基础上,进行其他有关转账业务的账务处理,以计算确定本期的成本、费用、收入和财务成果。

最后,计算、登记各账户的本期发生额和期末余额。对于收入和费用类账户,会计期末应将其余额结平,据以计算确定本期的盈利或亏损,将经营成果在账面上揭示出来,为编制利润表提供依据。对于资产、负债和所有者权益类账户,会计期末应分别结出其总分类账户和明细分类账户的本期发生额及期末余额,并将期末余额结转为下期的期初余额,以分清上下期的会计记录,并为编制资产负债表提供依据。

(三)财务报告

财务报告,是指企业对外提供的反映企业某一特定日期的财务状况和某一会计期间的经营成果、现金流量等会计信息的文件。编制财务报告是会计循环最后一个阶段的工作,是企业进行会计核算的最终成果,也是企业对外传递财务会计信息的主要工具,是企业与会计信息使用者之间的桥梁和纽带。

财务报告包括财务报表及其附注和其他应当在财务报告中披露的相关信息和资料。见图 2-4。

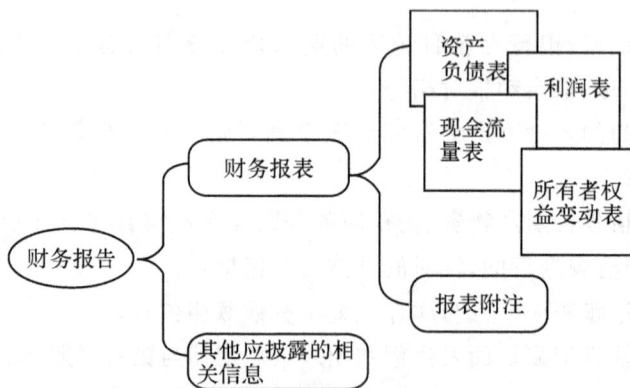

图 2-4

1. 财务报表

财务报表是企业财务报告的主干部分,它是以企业日常的会计核算资料为依据,按照规定的格式和要求定期编制并对外提供的。按照我国《企业会计准则》的规定,企业的财务报表至少应当包括资产负债表、利润表、现金流量表、所有者权益(股东权益)变动表等报表(具体内容详见第十一章)。

2. 财务报表附注

财务报表附注是财务报表的重要组成部分,是对资产负债、利润表、现金流量表和所有者权益变动表等报表中列示项目的文字描述或明细资料,以及对未能在这些项目中列示项目的进一步说明。附注与资产负债表、利润表、现金流量表和所有者权益变动表等报表具有同等的重要性,报表使用者了解企业的财务状况、经营成果和现金流量,应当全面阅读附注(具体内容详见第十一章)。

【引导案例解析】

表 2-35

(1) 借:银行存款	300 000	(2) 借:长期待摊费用	1 000
贷:实收资本	300 000	贷:银行存款	1 000
(3) 借:库存现金	3 000	(4) 借:长期待摊费用	1 200
贷:银行存款	3 000	贷:库存现金	1 200
(5) 借:固定资产	16 500	(6) 借:库存商品	30 000
贷:银行存款	16 500	贷:银行存款	20 000
		应付账款	10 000

表 2-36

盛蓝贸易有限公司

资产负债表

20×4 年 1 月 31 日

资产:		负债:	
库存现金	1 800	应付账款	10 000
银行存款	259 500		
库存商品	30 000		
固定资产	16 500	所有者权益:	
长期待摊费用	2 200	实收资本	300 000
资产总计:	310 000	权益总计:	310 000

【案例分析题 1】

方豪网络公司的原业主正想出售该公司,由于时间关系,没有及时编制财务报表,只提供了该公司 2006 年的试算平衡表(见表 2-37)。

表 2-37

会计科目	借方余额	贷方余额
银行存款	40 000	
应收账款	167 500	
预付账款	30 000	
固定资产	1 400 000	
累计折旧		300 000
长期待摊费用——房屋租金	50 000	

续 表

会计科目	借方余额	贷方余额
应付账款		135 000
应交税费		47 400
长期借款		200 000
实收资本		500 000
主营业务收入		1 300 000
劳务成本	700 000	
财务费用	12 000	
销售费用	30 000	
管理费用	10 000	
税金及附加	42 900	
合计	2 482 400	2 482 400

现在,你的朋友正想购买该公司,他求助于你,希望你能帮助他解释这些信息,并帮助他决策。他最希望了解的是该公司的资产、负债的情况及利润形成情况。

问题讨论:

1. 分析该公司的经营业绩,帮助你朋友分析该公司是否值得投资经营;

2. 帮助你朋友分析该公司的资产、负债的情况,分析购买该公司的合理价格;

3. 在你朋友做出决策前,你准备向你朋友提出什么建议?

(案例来源:罗金明,祝锡萍. 新编会计学[M]. 杭州:浙江大学出版社,2011.)

【案例分析题 2】

＊ST 长控"市盈率"开新准则玩笑

股改停牌达 4 月之久的＊ST 长控(股票代码:600137),昨日解禁后连续上涨,从股改停牌前的 7.18 元上涨到 68.16 元,盘中最高涨幅达 1 083%。下午上交所要求＊ST 长控临时停牌。

股价暴涨一方面缘于新会计准则。＊ST 长控日前发布一季度业绩预增公告,公司债务重组收益将计入公司当期损益,导致今年一季度将实现净利润 2.84 亿元,如果按照目前 6 071.13 万股总股本计算,每股收益高达 4.67 元。暴涨另一方面则缘于"市盈率"对新会计准则的不适应。市场早已习惯用可参照的市盈率乘每股收益,以给股票定价。但新会计准则允许＊ST 长控计入当期营业外收入的债务重组收益,属于偶发性经济业务,公司也不可能有对应的现金入账,理论上并不应被参照市盈率相乘来确定股价。

从持续经营的角度说,＊ST 长控今后的价值,更多地将由新东家浪莎控股所注入"浪莎内衣"的质量决定。浪莎控股曾承诺,＊ST 长控 2008 年净利润不低于 1 400.25

万元,2009 年不低于 1 750.31 万元。按目前股本计算,2009 年公司每股收益仅仅约 0.29 元。按 30 倍市盈率计算,股价不到 9 元。然而,市场沿用惯性思维,大概用 15 倍市盈率乘了一次性的 4.56 元,可说是开了新会计准则的一个玩笑。

问题讨论:

1. 企业的营业利润组成项目有哪些?

2. 营业外收益与营业利润的本质区别是什么?

3. 文中提到"＊ST 长控计入当期营业外收入的债务重组收益,属于偶发性经济业务,公司也不可能有对应的现金入账,理论上并不应被参照市盈率相乘来确定股价"。为什么?

(案例来源:周婷.＊ST 长控"市盈率"开新准则玩笑[N].中国证券报,2007-04-14.)

【思考题】

1. 简述会计对象、会计要素、会计科目和会计账户的联系与区别。

2. 简述复式记账的特点。

3. 简述借贷记账法的记账步骤与会计循环的步骤。

4. 简述原始凭证与记账凭证的作用。

5. 简述总账与明细账的区别与联系。

第三章　货币资金与应收款项

【学习目标】
　　☆ 熟悉货币资金的组成项目
　　☆ 熟悉出纳、会计的现金盘点目的，掌握库存现金的开支范围
　　☆ 熟悉银行存款的结算方式，掌握银行存款调节表编制的目的和方法
　　☆ 熟悉其他货币资金的核算内容
　　☆ 掌握应收项目的会计核算

【引导案例】
　　某企业为了取得某个大客户的试样订单，20×4 年 10 月 5 日急需购买一批设备，需要资金 100 万元，企业购买时账面货币资金共计只有 46.3 万元。企业的实力无法从银行借到款项，该企业老板一时也无法从其他自然人处筹措到资金，但又觉得抓住这次试样订单机会非常重要，很有可能会给企业带来转折性的变化。财务人员提醒老板，企业手上有一张 20×4 年 8 月 5 日鸿泰公司开给该企业的银行承兑票据，面值 100 万元，利率 6%，期限半年。20×4 年 10 月银行给出的贴现率是 9%。

　　问题讨论：该企业如何解决这笔设备款？

第一节　货币资金

一、货币资金

　　货币资金是企业资产的重要组成部分，是企业资产中流动性较强的一种资产。任何企业要进行生产经营活动都必须拥有货币资金，持有货币资金是进行生产经营活动的基本条件。根据货币资金的存放地点及其用途的不同，货币资金分为库存现金、银行存款及其他货币资金。

二、库存现金

　　库存现金是指存放在企业财务部门、由出纳人员管理的货币资金，包括人民币现金和外币现金。库存现金是流动性最强的一种货币性资产。

（一）库存现金的管理

　　库存现金通常最具有通用性，随时可以用于进行各种经济业务的结算，随时可以转换成其他资产，也最容易被他人挪用和侵占。因此，要建立完善的库存现金管理制度，确保库存现金的安全。现金的管理重点在于控制现金的使用范围和对现金的定期和不定期盘点。

1. **库存现金的使用范围**

根据国家现金管理制度和结算制度的规定,企业收支的各种款项必须按照国务院颁发的《现金管理暂行条例》的规定办理,在规定的范围内使用现金。允许企业使用现金结算的范围有:(1)职工工资、津贴;(2)个人劳务报酬;(3)根据国家规定颁发给个人的科学技术、文化艺术、体育等各种奖金;(4)各种劳保、福利费用以及国家规定的对个人的其他支出;(5)向个人收购农副产品和其他物资的价款;(6)出差人员必须随身携带的差旅费;(7)零星支出;(8)中国人民银行确定需要支付现金的其他支出。

属于上述现金结算范围的支出,企业可以根据需要向银行提取现金支付,不属于上述现金结算范围的款项支付一律通过银行进行转账结算。此外,企业还必须执行下列规定:

(1)不得挪用现金和不符合财务手续的原始凭证(俗称"白条")抵库。

(2)不得公款私存,将单位收入的现金存入个人储蓄账户。

(3)不得私设小金库,企业一切现金收入都必须入账,不得保留账外现金。

(4)不准私人借用公款。

(5)不准编造、谎报用途套取现金。

(6)不准用银行账户代其他单位、个人收入或支出现金。

(7)企业不得坐支现金(坐支现金是指企业用经营业务收入的现金直接支付自身的支出)。

2. **库存现金的盘点**

企业的现金由出纳保管,每天进行日记账的核算并且要进行账实核对,以便保证自己保管的现金无误。企业的会计除了进行现金总账的核算外,也应当不定期地对出纳保管的现金进行盘点,确保现金账面余额与实际库存现金余额相符。

(二)库存现金的核算

现金的核算包括日记账的核算和总账的核算。现金日记账的核算在第二章已介绍过,在此不再复述。总账的核算企业应设置"库存现金"账户进行相应的会计处理。收到现金时,借记"库存现金"账户,贷记有关账户;支出现金时,借记有关账户,贷记"库存现金"账户。

【例3-1】 3月16日,甲公司职工李红预借8000元现金,出差备用。3月20日,李红外出开会回来,向财务科报销往返机票3180元,出租车费320元,会务费2800元。财务科支付给李红等额的现金。甲公司会计处理如下:

(1)3月16日,本企业职工李红预借8000元现金,会计分录为:

借:其他应收款   8 000
    贷:库存现金   8 000

(2)3月20日,李红报销出差费用,会计分录为:

借:管理费用   6 300
    贷:库存现金   6 300

【例 3-2】 3 月 20 日，企业出售多余材料，收到 800 元现金。甲公司会计处理如下：

借：库存现金   800

   贷：其他业务收入   800

由于现金收付业务十分频繁，出纳人员收付现金时容易发生差错，以及库存现金丢失等原因，会造成库存现金的短缺或溢余。企业每日终了结算现金收支、财产清查等发现的现金短缺或溢余，应当先设置计入"待处理财产损溢"账户，等到责任查明，再计入损益财户。如为现金短缺，先借记"待处理财产损溢"科目，贷记"库存现金"科目。然后，等到原因查明，属于应由责任人赔偿的部分，借记"其他应收款"科目，按实际短缺的金额扣除应由责任人赔偿的部分后的金额，借记"管理费用"科目，贷记"待处理财产损溢"科目；如为现金溢余，应按实际溢余的金额，借记"库存现金"科目，贷记"待处理财产损溢"。等到原因查明，属于应支付给有关人员或单位的，借记"待处理财产损溢"科目，贷记"其他应付款"科目，现金溢余金额超过应付给有关单位或人员的部分，贷记"营业外收入"科目。

【例 3-3】 甲公司现金清查中发现短缺 150 元，经查 50 元属于出纳员王某的责任，应由其赔偿，其余部分原因不明，予以核销。甲公司会计处理如下：

借：待处理财产损溢   150

   贷：库存现金   150

借：其他应收款   50

   管理费用   100

   贷：待处理财产损溢   150

【例 3-4】 乙企业在现金清查中发现现金溢余 200 元，经查明 160 元系少付给甲公司的款项，40 元无法查明原因。乙企业会计处理如下：

借：库存现金   200

   贷：待处理财产损溢   200

借：待处理财产损溢   200

   贷：其他应付款——甲公司   160

   营业外收入   40

三、银行存款

银行存款是指企业存放于银行或其他金融机构的货币资金。按照国家有关规定，凡是独立核算的企业都必须在当地银行开立账户，企业在银行开立账户后，除按规定的限额保留库存现金外，超过限额的现金必须存入银行。除了在规定的范围可以直接用现金支付的款项外，在经营过程中发生的一切货币收支业务，都必须通过银行转账结算，由银行将结算款项从付款单位的开户存款账户中划拨到收款单位的存款账户中。

（一）银行结算方式

银行存款的收付应严格执行银行结算制度的规定。企业在办理支付结算时，必须使用按中国人民银行统一规定印制的票据凭证和统一规定的结算凭证。按现行银行结算办法规定,银行结算主要包括支票、银行本票、银行汇票、商业汇票、委托收款、汇兑和托收承付等结算方式。

(1) 支票。支票是由出票人签发的、委托办理支票存款业务的银行在见票时无条件支付确定的金额给收款人或者持票人的票据。支票分为转账支票、现金支票。支票适用于单位和个人在同城的各种款项结算。支票无金额起点限制,提示付款期限自出票日起 10 日内。企业必须在银行科目余额内,按规定向收款人签发支票,不准签发空头支票。对签发空头支票或与预留印鉴不符的支票,银行除退票外,并按票面金额处以5%但不低于 1 000 元的罚款;持票人有权要求出票人赔偿支票金额 2% 的赔偿金。企业可以选择预留银行印鉴或约定使用支付密码,作为银行审核支付支票金额的条件。

(2) 银行本票。银行本票是申请人将款项交存银行,由银行签发给其据以办理转账结算或支取现金的票据,不予挂失,应视同现金保存。单位和个人在同一票据交换区域需要支付的各种款项,均可使用银行本票。银行本票分为不定额本票和定额本票两种。不定额本票无金额起点限制。定额本票面额为 1 000 元、5 000 元、10 000 元和 50 000元。银行本票的提示付款期限自出票日起最长不得超过 2 个月。在有效付款期内,银行见票付款。持票人超过付款期限提示付款的,银行不予受理。

(3) 银行汇票。银行汇票是汇款人将款项交存银行,由出票银行签发的,由其在见票时按照实际结算金额无条件支付给收款人或者持票人的票据。单位和个人各种款项的结算,均可使用银行汇票。银行汇票的提示付款期限为自出票日起 1 个月,逾期的汇票银行将不予受理。

(4) 商业汇票。商业汇票是出票人签发、委托付款人在指定日期无条件支付确定的金额给收款人或者持票人的票据。在银行开立存款账户的法人以及其他组织之间,具有真实的交易关系或债权债务关系,不论在同城或异地均可使用商业汇票。商业汇票的付款期限由交易双方商定,但最长不超过 6 个月。

商业汇票按承兑人的不同,可以分为商业承兑汇票和银行承兑汇票。商业承兑汇票是指由付款人签发并承兑,或由收款人签发交由付款人承兑的汇票;银行承兑汇票是指由在承兑银行开立存款账户的存款人签发,由承兑银行承兑的票据。

(5) 汇兑。汇兑是指汇款人委托银行将款项汇给外地收款人的一种结算方式。它适用于异地各单位之间的商品交易、资金调拨、劳务供应、清理交易旧欠等款项的结算。汇兑分为信汇和电汇两种形式,由汇款人选择使用。信汇是指汇款人委托银行通过邮寄方式将款项划给收款人。电汇是指汇款人通过电报将款项划给收款人。汇兑结算方式不受金额起点的限制,便于汇款单位主动向异地收款单位付款。划拨款项时收付款双方不一定要事先订立经济合同,也不局限于商品交易款项汇划,因此具有简便灵活的特点。

(6) 委托收款。委托收款是指收款人向银行提供收款依据,委托银行向付款单位收取款项的一种结算方式。它适用于在银行或其他金融机构开立科目的单位和个体经济户进行商品交易、劳务供应款项(如水电费、电话费、邮电费)的结算。委托收款结算方式有邮寄和电报划回两种。其适用范围广,在同城和异地均可使用,方便灵活,并且不受金额起点限制。

(7)托收承付。托收承付是收款单位根据经济合同发货后,委托银行向异地付款单位收取款项,付款单位根据经济合同核对单证或验货后,向银行承认付款的一种结算方式。它适用于异地企业之间订有经济合同的商品交易及因商品交易而产生的劳务供应等款项的结算。托收承付结算每笔的金额起点为 10 000 元,新华书店系统每笔结算的金额起点为 1 000 元。托收承付分为托收和承付两个阶段。托收是指收款人根据购销合同发货后委托银行向付款人收取款项的行为;承付是指由付款人向银行承认付款的行为。付款期分为验单付款(3 天)和验货付款(10 天)两种,付款日遇休假日顺延。

(二)银行存款的会计处理

为了掌握银行存款的收支和结存情况,银行存款的核算包括日记账的核算和总账的核算。"银行存款日记账",是由出纳按照银行存款收付业务发生的先后顺序逐笔序时登记,每日终了应结出余额,并定期地将"银行存款日记账"与"银行对账单"核对。若有差额,应编制"银行存款余额调节表"调节相符。若有外币业务的企业,还应在"银行存款"科目下分别设置人民币和各种外币进行"银行存款日记账"核算。

银行存款的会计处理,主要涉及银行存款收支业务和银行存款余额的调节。

1. 银行存款收支的会计处理

企业在不同的结算方式下,应当根据有关的原始凭证编制银行存款的收付款凭证,并进行相应的账务处理。

企业将款项存入银行等金融机构时,借记"银行存款"科目,贷记"库存现金"等相关科目;提取或支付在银行等金融机构中的存款时,借记"库存现金"等相关科目,贷记"银行存款"科目。企业在银行的其他存款,如外埠存款、银行本票存款、银行汇票存款、信用证存款等,在"其他货币资金"科目核算,不通过"银行存款"科目进行会计处理。

2. 银行存款余额的调节

为了检查企业银行存款记录的正确性,查明银行存款的实际余额,企业应当定期将"银行存款日记账"与"银行对账单"核对。如果同一时间银行对账单上的存款余额与企业银行存款日记账上的余额不一致,可能的原因有二:其一是企业和银行一方或双方记账错误,其二是存在未达账项。

未达账项是指企业或银行一方已取得结算凭证并已登记入账,而另一方尚未取得结算凭证而未登记入账的事项。未达账项主要是因为企业和银行收到结算凭证的时间不一致所产生的。企业和银行之间可能会发生以下四个方面的未达账项:

一是银行已经收款入账,而企业尚未收到银行的收款通知因而未收款入账的款项,如委托银行收款等。

二是银行已经付款入账,而企业尚未收到银行的付款通知因而未付款入账的款项,如借款利息的扣付、托收无承付等。

三是企业已经收款入账,而银行尚未办理完转账手续因而未收款入账的款项,如收到外单位的转账支票等。

四是企业已经付款入账,而银行尚未办理完转账手续因而未付款入账的款项,如企业已开出支票而持票人尚未向银行提现或转账等。

要消除未达账项就必须编制"银行存款余额调节表"。

银行存款余额调节表的编制方法一般是在双方账面余额的基础上,分别补记对方已记而本方未记账的账项金额,然后验证调节后的双方账目是否相符。其计算公式如下:

银行对账单存款余额＋企业已收而银行未收账项－企业已付而银行未付账项＝企业账面存款余额＋银行已收而企业未收账项－银行已付而企业未付账项

【例 3-5】　甲公司 20×4 年 12 月 31 日收到其开户银行转来的对账单一张,对账单的余额为 127 815 元,企业的银行存款日记账余额为 124 050 元。经核对,发现以下未达账项:

(1) 企业已将收到的支票送存银行,金额 2 850 元,但银行尚未入账;

(2) 银行收到托收的货款 4 500 元,企业尚未收到入账通知;

(3) 银行划付的水电费 135 元,企业尚未收到付款通知;

(4) 企业已开出支票但持票人尚未到银行办理兑付手续,金额 2 250 元。

根据以上未达账项,编制银行存款余额调节表,见表 3-1。

表 3-1

银行存款余额调节表

20×4 年 12 月 31 日　　　　　　　　　　　　　　　　　　单位:元

项　目	金　额	项　目	金　额
企业银行存款日记账余额	124 050	银行对账单余额	127 815
加:银收企未收	4 500	加:企收银未收	2 850
减:银付企未付	135	减:企付银未付	2 250
调节后余额	128 415	调节后余额	128 415

四、其他货币资金

其他货币资金包括外埠存款、银行汇票存款、银行本票存款、信用卡存款、信用证保证金存款和存出投资款。这些货币资金的存款地点和用途与库存现金和银行存款是不同的,所以外埠存款、银行汇票存款、银行本票存款、信用证保证金存款、信用卡存款、存出投资款等,这些资金在会计核算上统称为"其他货币资金"。

企业应当设置"其他货币资金"账户核算企业所有其他货币资金,并分别对"外埠存款""银行汇票存款""银行本票存款""信用卡存款""信用证保证金存款"和"存出投资款"等进行明细核算。企业增加其他货币资金时,借记"其他货币资金",贷记"银行存款";减少其他货币资金时,借记相关科目,贷记"其他货币资金"。

【例3-6】 甲公司到银行申请办理银行汇票,将款项 60 000 元交存银行取得汇票。根据银行盖章的"银行汇票委托书"存根联,甲公司会计处理如下:

借:其他货币资金——银行汇票存款 60 000
  贷:银行存款 60 000

甲公司用银行汇票存款支付材料款 58 500 元,已收到销货方开具的增值税专用发票,其中货款 50 000 元,增值税 8 500 元。甲公司会计处理如下:

借:原材料 50 000
  应交税费——应交增值税(进项税额) 8 500
  贷:其他货币资金——银行汇票存款 58 500

采购结束后,该企业收到开户银行转来的银行汇票存款余额 1 500 元。根据银行的入账通知等单据编制如下会计分录:

借:银行存款 1 500
  贷:其他货币资金——银行汇票存款 1 500

第二节 应收款项

一、应收款项概述

企业的应收款项范围很广,凡是应当收取但尚未收取的款项都可以称为应收款项,如应收票据、应收账款、预付款项、应收股利、应收利息和其他应收款。应收款项是企业的主要流动资产之一,其管理状况直接影响着企业的资产质量和资产营运能力。

应收款项按照其产生的原因,可以分为商业应收款项和非商业应收款项。商业应收款项是指企业在正常生产经营过程中赊销货物或劳务所形成的在未来收取款项的权利,包括应收票据和应收账款。非商业应收款项是指企业在销售商品和提供劳务以外的其他经济活动中形成的向其他单位或个人收取款项的权利,包括应收利息、应收股利和其他应收款。本节主要介绍应收票据、应收账款、预付账款和其他应收款。

二、应收票据

(一)应收票据的概念

应收票据作为一种债权凭证,是指企业因销售商品、产品、提供劳务等而收到的,还没有到期的,尚未兑现的商业汇票。根据我国现行法律的规定,商业汇票的期限不得超过 6 个月,因而我国的商业汇票是一种流动资产。

应收票据按承兑人不同分为商业承兑汇票和银行承兑汇票。按是否带息,应收票据分为带息应收票据和不带息应收票据两种。带息票据是指票面上注明利率及付款日期的票据,不带息票据是指票据到期时按面值支付,票面上未注明利率的票据。此外,商业汇票具有较强的流通性,持票人可以贴现、背书或抵押,有利于企业的资金调度。

(二)应收票据的核算

企业应设置"应收票据"科目进行会计核算。该科目属于资产类科目,借方发生额反映企业因销售商品、提供劳务等收到的商业汇票,贷方发生额反映到期收回的商业汇票或未到期向银行申请贴现的商业汇票以及已背书转让给其他单位的商业汇票,期末借方余额反映企业尚未收回的应收票据的金额。

1. 不带息票据的核算

不带息票据的到期值等于应收票据的面值。收到票据时,按其面值,借记"应收票据"科目,贷记"主营业务收入""应收账款"等科目。到期收回时,按实收金额(即面值),借记"银行存款"科目,贷记"应收票据"科目。商业承兑汇票到期,承兑人违约拒付或无力偿还票款,收款企业应将到期应收票据按账面余额转入"应收账款"科目。

【例 3-7】　甲公司 20×4 年 2 月 1 日收到乙公司签发并承兑的期限 3 个月、面值为 80 000 元的不带息商业汇票一张,以抵偿所欠货款。

根据上述资料,甲公司会计处理如下:

(1) 收到票据时,

借:应收票据	80 000
贷:应收账款	80 000

(2) 3 个月后,商业汇票到期,收到银行收款通知时,

借:银行存款	80 000
贷:应收票据	80 000

2. 带息票据的核算

带息票据的到期值为票据面值与到期利息之和,即

$$票据到期值=票据面值+票据到期利息$$

$$票据到期利息=票据面值×利率×期限$$

在计算票据利息时,需要确定票据到期日,可分为两种情况:如果以月为单位,则以到期月份的同一天为票据的到期日;如果以日为单位,应从出票日起按实际天数计算,习惯上出票日和到期日只能算其中一天。例如:3 月 1 日出票的期限为 3 个月的票据,到期日为 6 月 1 日;如果期限为 90 天,则到期日为 5 月 30 日。

由于我国商业汇票的期限较短,企业收到的带息商业汇票仍按其面值入账。会计期末应按期计提利息,作为利息收入,冲减财务费用,并增加应收利息的账户。如果利息金额不大,根据重要性原则也可不预提,票据到期时,实际收回金额(票据到期值)与应收票据账面价值(票据面值)之间的差额(票据到期利息)冲减财务费用。

【例 3-8】　承【例 3-7】,假定甲公司收到的商业汇票为票面利率 5% 的带息票据,其他情况不变,则票据到期时实际收回 81 000 元。甲公司会计处理如下:

借:银行存款	81 000
贷:应收票据	80 000
财务费用	1 000

3. 应收票据贴现的核算

商业汇票是一种远期票据,在未到期前,不能从承兑人方面取得资金。但是,企业如果急需资金,可以按规定向银行背书转让,办理贴现。贴现是指票据持有人在票据到

期前,为取得货币资金,向银行申请贴付一定利息,把票据转让给银行的一种信用活动。

根据贴现商业汇票的到期值和贴现息,可以计算出商业汇票的贴现净额。相关计算公式如下:

贴现净额＝票据到期值－贴现息

贴现息是根据商业汇票到期值、银行制定的贴现率和贴现期计算的,其公式为:

贴现息＝票据到期值×贴现率×贴现期

贴现期是指贴现日至到期日的时间间隔,贴现日和到期日只能二者取其一。

【例3-9】 甲公司将持有的一张面值100 000元的商业汇票向银行贴现。该票据不带息,期限2个月,出票日7月1日。企业于8月1日向银行贴现,银行贴现率为6%。由于是不带息票据,其到期值即面值100 000元,贴现期为1个月,则:

贴现息＝100 000×6%×1÷12＝500(元)

贴现净额＝100 000－500＝99 500(元)

当甲公司将贴现所得存入银行时,则会计处理如下:

借:银行存款   99 500
　财务费用   500
　贷:应收票据   100 000

假定该票据为带息票据,票面利率4%,其他情况不变,则:

票据到期利息＝100 000×4%×2÷12＝666.67(元)

票据到期值＝100 000＋666.67＝100 666.67(元)

贴现息＝100 666.67×6%×1÷12＝503.33(元)

贴现净额＝100 666.67－503.33＝100 163.34(元)

假定甲公司未按期计提利息,则收到贴现款时,会计处理如下:

借:银行存款   100 163.34
　贷:应收票据   100 000
　　财务费用   163.34

实际上,票据贴现是融通资金的一种信贷形式。企业通过将未到期票据贴现,提前取得货币资金,从而可以加快企业的资金周转速度,提高企业资金使用效率。但同时,票据贴现也可能会导致或有负债的出现。即若商业承兑票据到期,对方无力支付,则贴现银行会向贴现该票据的企业追索款项,从而形成企业新的负债或资产的减少。

三、应收账款

(一)应收账款的确认与计量

应收账款是指企业因销售商品或产品、提供劳务而应向购货单位或接受劳务单位收取的款项。应收账款有其特定的范围:第一,应收账款是指因销售活动或提供劳务活动形成的债权,主要包括企业销售商品或产品、提供劳务等应向购货单位或接受劳务单位收取的价款及代购货单位垫付的运杂费,不包括应收职工欠款、应收债务人的利息等其他应收款;第二,应收账款是指流动资产性质的债权,不包括长期债权;第三,应收账款是指本企业应收客户的款项,不包括本企业付出的各类存出保证金,如投标保证金和包装物保证金等。

应收账款应于销售商品、提供劳务时予以确认。企业发生应收账款时，应按实际发生的交易金额确定应收账款的入账价值，包括发票金额（含价款和增值税额）和代购货单位垫付的运杂费。

（二）应收账款的核算

为了反映应收账款的增减变动情况，企业应设置"应收账款"科目进行核算。该科目借方登记企业应向购货单位或接受劳务单位收取的款项，包括应收取的价款、增值税、代购货单位垫付的运杂费等；贷方登记已收回的款项、改用商业汇票结算的应收账款、已确认为坏账的应收账款、以债务重组方式收回的债权等；期末余额在借方，表示尚未收回的应收账款。

【例 3-10】 20×4 年 7 月 2 日，甲企业赊销一批商品给乙企业，按价目表上标明的价格计算，其售价金额为 200 000 元，由于是批量销售，甲企业给予乙企业 10% 的商业折扣，折扣金额为 20 000 元，适用的增值税率为 17%。甲企业会计处理如下：

（1）销售商品时，

借：应收账款	210 600
贷：主营业务收入	180 000
应交税费——应交增值税（销项税额）	30 600

（2）收回应收账款时，

借：银行存款	210 600
贷：应收账款	210 600

四、预付账款

（一）预付账款的确认与计量

预付账款是指企业按照购货合同或劳务合同规定，预先支付给供应方或提供劳务方的款项。预付账款应在向购货单位支付款项时予以确认，按照实际预付的金额作为入账价值。

（二）预付账款的核算

为了加强对预付账款的管理，企业一般应单独设置"预付账款"科目进行核算。该科目的借方登记企业向供应单位预付、补付的款项；贷方登记企业收到所购物资的应付金额及退回的多余款项。期末余额如在借方，表示企业实际预付的款项；期末如为贷方余额，表示企业尚未补付的款项。该科目应按供货单位设置明细账，进行明细分类核算。预付账款不多的企业，也可以将预付的款项直接记入"应付账款"科目的借方，不单独设置"预付账款"科目。但在编制资产负债表时，需要将"预付账款"和"应付账款"的金额分开列示。

企业按照合同规定预付货款时，按预付金额借记"预付账款"账户，贷记"银行存款"账户。企业收到所购货物时，根据发票账单所列明的应计入购入物资成本的金额借记"原材料""库存商品"等账户，按增值税专用发票上注明的增值税额借记"应交税费——

应交增值税(进项税额)"账户,按应付金额贷记"预付账款"账户。补付货款时,应借记"预付账款"账户,贷记"银行存款"账户。退回多付的货款时,应借记"银行存款"账户,贷记"预付账款"账户。

【例 3-11】 20×4 年 5 月 10 日,甲公司根据购货合同向乙公司预付材料款 20 000元。5 月 25 日收到所购材料,增值税专用发票上注明商品的价款为 100 000 元,增值税额为 17 000 元。5 月 30 日向甲公司补付价税款 97 000 元。

根据上述资料,甲公司的会计处理如下:

(1)5 月 10 日预付货款时,

借:预付账款——乙公司		20 000
贷:银行存款		20 000

(2)5 月 25 日收到材料时,

借:原材料		100 000
应交税费——应交增值税(进项税额)		17 000
贷:预付账款——乙公司		117 000

(3)5 月 30 日支付剩余款项时,

借:预付账款——乙公司		97 000
贷:银行存款		97 000

五、其他应收款

其他应收款是指企业除了应收票据、应收账款、预付账款等以外的其他各种应收、暂付款,主要包括:应收的各种赔款、罚款,应收出租包装物的租金,应向职工收取的各种垫付款项的其他各项应收、暂付款项。

企业发生各种其他应收款时,按应收金额借记"其他应收款"科目,贷记"库存现金""银行存款"等科目。收回其他应收款时,借记"库存现金""银行存款"等科目,贷记"其他应收款"科目。

六、应收款项的减值

(一)应收款项减值的确认

按照《企业会计准则》的规定,企业应当在资产负债表日对应收款项的账面价值进行检查,有客观证据表明该应收款项发生减值的,应当将该应收款项的账面价值减记至预计未来现金流量现值,减记的金额确认减值损失,计提坏账准备。

表明应收款项发生减值的客观证据是指应收款项初始确认后实际发生的、对该应收款项的预计未来现金流量有影响,且企业能够对该影响进行可靠计量的事项。应收款项发生减值的证据,包括下列各项:

(1)债务人发生严重财务困难;

(2)债务人违反了合同条款,如偿付利息或本金发生违约或逾期等;

(3)债权人出于经济或法律等方面的因素考虑,对发生财务困难的债务人做出让步;

（4）债务人可能倒闭或进行其他债务重组；

（5）无法辨认一组应收款项中的某项资产的现金流量是否已经减少，但根据公开的数据对其进行总体评价后发现，该组应收款项自初始确认以来的预计未来现金流量确已减少且可计量；

（6）其他表明应收款项发生减值的客观证据。

（二）应收款项减值的会计处理

企业应当设置"坏账准备"科目，核算应收款项的坏账准备计提、转销等情况。借方登记实际发生的坏账损失金额和冲减的坏账准备金额，贷方登记当期计提的坏账准备金额，期末贷方余额，反映企业已计提但尚未转销的坏账准备。

资产负债表日，应收款项发生减值的，按应减记的金额，借记"资产减值损失"科目，贷记"坏账准备"科目。本期应计提的坏账准备大于其账面余额的，应按其差额计提；应计提的坏账准备小于其账面余额的差额做相反的会计分录。

对于确实无法收回的应收款项，按管理权限报经批准后作为坏账，转销应收款项，借记"坏账准备"科目，贷记"应收账款""应收票据""预付账款"等科目。

对于已确认并转销的应收款项以后又收回的，应按实际收回的金额，借记"应收账款""应收票据""预付账款"等科目，贷记"坏账准备"科目；同时借记"银行存款"科目，贷记"应收账款""应收票据""预付账款"等科目。

对于已确认并转销的应收款项以后又收回的，也可以按照实际收回的金额，借记"银行存款"科目，贷记本科目。

在对应收款项进行减值测试时，可以对单项应收款项或应收款项组合进行测试从而确定应收款项的减值损失。主要有两种方法："余额百分比法"和"账龄分析法"。

1. 余额百分比法

余额百分比法是按照期末应收账款余额的一定百分比估计坏账损失的方法。坏账百分比由企业根据以往的资料或经验自行确定。在余额百分比法下，企业应在每个会计期末根据本期末应收账款的余额和相应的坏账率估计出期末坏账准备账户应有的余额，它与调整前坏账准备账户已有的余额的差额，就是当期应提的坏账准备金额。

采用余额百分比法计提坏账准备的计算公式如下：

（1）首次计提坏账准备的计算公式：

　　当期应计提的坏账准备＝期末应收账款余额×坏账准备计提百分比

（2）以后计提坏账准备的计算公式：

　　当期应计提的坏账准备＝当期按应收账款计算应计提的坏账准备金额＋（或－）坏账准备

账户借方余额（或贷方余额）

【例 3-12】　甲公司 20×4 年年末应收账款余额为 1 000 000 元，企业根据风险特征估计坏账准备的提取比例为应收账款余额的 0.4%。20×5 年发生坏账 5 000 元，该年末应收账款余额为 900 000 元。20×6 年出现了 20×5 年冲销的账款中有 2 000 元本年度又收回。甲公司的会计处理如下：

（1）20×4年应提坏账准备时，

借：资产减值损失 4 000

贷：坏账准备 4 000

（2）20×5年发生坏账损失时，

借：坏账准备 5 000

贷：应收账款 5 000

（3）20×5年年末计提坏账准备时，

借：资产减值损失 4 600

贷：坏账准备 4 600

（4）20×6年收回已冲销的应收账款时，

借：应收账款 2 000

贷：坏账准备 2 000

借：银行存款 2 000

贷：应收账款 2 000

2．账龄分析法

账龄分析法是根据应收账款的账龄的长短来估计坏账损失的方法。账龄是指客户所欠款项的时间长度。通常而言，应收账款的账龄越长，发生坏账的可能性越大。为此，将企业的应收账款按账龄长短进行分组，分别确定不同的计提百分比来估算坏账损失，使坏账损失的计算结果更符合客观情况。

【例3-13】 20×4年年末乙公司的应收账款账龄及估计坏账损失如下表。

表3-2

应收账款账龄分析表

单位：元

应收账款账龄	应收账款金额	估计损失（％）	估计损失金额
1年以内	200 000	1％	2 000
1至2年	100 000	3％	3 000
2至3年	60 000	5％	3 000
3年以上	40 000	10％	4 000
合计	400 000		12 000

假设乙公司20×4年年初坏账准备账户余额为贷方1 000元，计算出20×4年乙公司应计提的坏账准备以及20×4年末坏账准备科目余额。

20×4年年末坏账准备账户余额应为12 000元，20×4年年初已有坏账准备贷方余额1 000元，因此在20×4年应计提坏账准备12 000－1 000＝11 000（元）。

借：资产减值损失 11 000

贷：坏账准备 11 000

在实务工作中，企业应定期或至少于年度终了对应收款项进行检查，分析各项应收款项的可收回性,预计可能发生的坏账损失。对预计可能发生的坏账损失,应计提坏账准备。坏账准备的计提方法由企业自行确定。企业应当制定计提坏账准备的政策,明确计提坏账准备的范围、提取方法、账龄的划分和提取比例,按照管理权限,经股东大会或董事会,或经理(厂长)会议或类似机构批准,按照法律、行政法规的规定报有关各方备案。坏账准备计提方法一经确定,不得随意变更。如确需变更,应按会计估计变更的程序和方法进行处理,并在会计报表附注中予以说明。

应收项目通常在报表上按照应收票据、应收账款、预付款项、应收股利、应收利息和其他应收款项目次序,根据其期末余额披露。但应收账款项目若有资产减值损失,通常是按"应收账款"期末余额扣除"坏账准备"余额后的净额披露,即报表上表示的是企业期末可能收回的应收账款净值。

【引导案例解析】

该企业解决设备款的资金问题方法有二:

其一,若设备供应商同意,企业可以将鸿泰公司签发的应收票据背书后,转让给设备供应商抵作设备款,余款用银行存款结清;

其二,该企业也可以将鸿泰公司签发的应收票据背书后,向银行贴现。可以从银行获取贴现款项为:票据到期值=100+100×6‰×6÷12=103(万元)

票据贴现款=103-103×9‰×4÷12=99.91(万元)

该企业将这笔贴现款99.91万元加上银行存款凑足100万元支付给设备供应商。

这两种方法解决设备款的资金问题均是可行的,都不会影响企业正常的营运资金。

【案例分析题1】

蓝田股份自1996年上市以来,一直是中国资本市场上的财务"绩优股",其总资产规模从上市前的2.66亿元发展到2000年年末的28.38亿元,增长了近10倍。上市后净资产收益率始终维持在极高的水平,1998—2000年三年更是高达28.9‰、29.3‰和19.8‰,其每股收益分别为0.82元、1.15元和0.97元,位于沪深两地上市公司前列。但是,刘姝威2001年10月发表的《应立即停止对蓝田股份发放贷款》一文却引发了轰动全国的"蓝田事件"。通过财务分析,刘姝威指出蓝田的业绩是造假的业绩。"蓝田事件"的最终结果是其股价从20元左右一路跌到5元后摘牌,其董事长瞿兆玉获刑3年。蓝田股份基本上是由中小投资者持股的,由于该股到三板市场后仅剩几毛钱,这些中小投资者血本无归。综合已有的资料,可以发现蓝田股份业绩造假的线索主要有:

(1)应收账款占销售收入的比例畸低,极不合理。公司2000年的销售收入为18.4亿元,但应收账款仅857.2万元;类似地,公司2001年中期的销售收入为8.2亿元,但应收账款仅有3 159万元。无法想象,在现代信用经济条件下,数额如此巨大的销售,不必通过代理商(通过代理商必然会产生相当规模的应收账款),而全部都是通过"现金交易结算"的方式进行。

(2)良好的现金流表现与日益增加的融资行为相互矛盾。如果蓝田股份的庞大销售都是通过现金交易来实现的话,这么良好的现金流表现必然意味着其自有资金是非常充裕的。但是,2001年中报显示,蓝田股份的流动资金借款增加了1.93亿元,增幅达200%,这令人非常费解。

问题讨论:该企业的货币资金管理存在什么问题? 企业的流动资金来源于哪? 为什么?

(案例来源:柯原.证券投资分析讲义及案例[EB/OL]. http://read.cucdc.com/cw/37850/58846.html.)

【案例分析题2】

某公司第一年年末应收账款余额为1 000 000元,"坏账准备"账户无余额。坏账提取比率为3‰,第二年发生了坏账损失6 000元,其中甲公司5 000元,乙公司1 000元,年末应收账款余额为1 200 000元。第三年已冲销的上年甲公司应收账款5 000元又收回,存入银行,年末应收账款余额为1 300 000元。

要求:编写三年里(从第一年年末到第三年年末)全部有关会计分录。

一名学员做出如下回答:

第一年年末,

借:资产减值损失	3 000	
贷:坏账准备		3 000

第二年发生坏账时,

借:坏账准备	6 000	
贷:应收账款——甲公司		5 000
——乙公司		1 000

第二年年末,

借:资产减值损失	3 600	
贷:坏账准备		3 600

第三年已冲销的上年甲公司应收账款又收回时,

借:坏账准备	5 000	
贷:应收账款——甲公司		5 000

第三年年末,

借:资产减值损失	3 900	
贷:坏账准备		3 900

问题讨论:请你分析后指出错误并修正错误。

【思考题】

1. 货币资金的主要特点表现在哪些方面?

2. 银行结算方式有哪些? 其各自特点如何? 企业应如何选择使用?

3. 应收账款与预付账款有何区别?

4. 其他应收款与应收账款有何区别?

5. 估计应收款项的减值损失的方法有哪些? 其主要区别如何?

第四章 存 货

【学习目标】
    ☆ 掌握存货的概念及分类、存货核算的意义
    ☆ 掌握外购存货的会计核算
    ☆ 掌握发出存货的会计核算
    ☆ 掌握存货成本与可变现净值孰低法的会计核算

【引导案例】

    伊健公司拟全盘收购宏达公司,双方在议价时,宏达公司经理强调其公司近年来销售毛利和销售毛利率是逐年上升的,并认为企业经营处于良好循环,是非常有利的经营因素。宏达公司过去三年的销售毛利情况如下:

表 4-1

单元:元

	2010 年	2011 年	2012 年
销售额	400 000	450 000	480 000
销售成本	300 000	324 000	336 000
销售毛利	100 000	126 000	144 000
销售毛利率	25%	28%	30%

    伊健公司聘请了勤业会计师事务所对宏达公司过去三年的财务报告及会计记录的公允性进行了审计,勤业会计师事务所审计后发现,除了下列事项有错误外,其他各项记录暂无不妥。(1) 2010 年的期末存货低估了 20 000 元;(2) 2012 年的期末存货高估了 40 000 元,公司采用定期盘存制确定存货,上述错误伊健公司在勤业会计师事务所调查审计之前并未发现。

    问题讨论:根据以上资料及勤业会计师事务所的审计结果,你认同宏达公司经理的说法——宏达公司销售毛利率逐年上升,经营处于良好循环吗? 为什么?

第一节 存货概述

一、存货的概念

    存货是指企业在日常活动中持有以备出售的产成品或商品、处在生产过程中的在产品、在生产过程或提供劳务过程中耗用的材料和物料等。

可见,存货是既存在于销售阶段又存在于生产阶段而储存的有形资产。在销售阶段,存货是企业为销售而储存的商品、产成品、半成品、在产品等;在生产阶段,存货是为生产产品耗用的原材料、包装物、低值易耗品等。因此,一项资产是否属于存货,主要取决于企业的性质及该项资产的持有目的。例如,一般企业为生产经营而拥有的机器设备是企业的固定资产,而生产销售设备的企业拥有的机器设备是作为产品、商品用来出售的,则应将其作为存货;企业自用的房屋建筑物应作为固定资产,而开发、销售房屋建筑物的房地产开发企业应将其作为存货。

二、存货的分类

(一)按行业划分

不同行业的企业,存货的构成也不尽相同。服务性企业的经济业务主要是提供劳务,其存货主要是办公用品、家具用具;商品流通企业的经济业务主要是购销商品,其存货主要是待售的商品,也包括少量的周转材料;制造企业的经济业务主要是生产和销售产品,其存货包括各种将在生产经营过程中耗用的原材料、周转材料、在产品,待售的产成品、半成品等。

(二)按用途划分

1. 原材料

原材料是指企业在生产过程中经加工改变其形态或性质并构成产品主要实体的各种原料及主要材料、辅助材料、外购半成品、修理用备件、包装材料、燃料等。但必须注意,若企业购进的原材料是为建造固定资产等各项工程而储备的,由于该材料是用于建造固定资产等各项工程,不符合存货的定义,应作为企业的工程物资进行核算。

2. 在产品

在产品是指企业正在制造尚未完工的生产物,包括正在各个生产工序加工的产品和已加工完毕但尚未检验或已检验但尚未办理入库手续的产品。

3. 半成品

半成品是指经过一定生产过程并已验收合格交付半成品仓库保管,但尚未制造完工成为产成品,仍需进一步加工的中间产品。

4. 产成品

产成品是指企业已经完成全部生产过程并验收入库,可以按照合同规定的条件送交订货单位,或者可以作为商品对外销售的产品。企业接受外来原材料加工制造的代制品和为外单位加工修理的代修品,制造和修理完成验收入库后,应视同企业的产成品。

5. 商 品

商品是指商品流通企业外购或委托加工完成验收入库用于销售的各种物品。

6. 周转材料

周转材料是指企业能够多次使用、逐渐转移其价值但仍保持原有形态、不确认为固定资产的材料,包括包装物、低值易耗品等。

包装物是指为了包装本企业商品、产品而储备的各种包装容器,如桶、箱、瓶、坛、袋等,其主要作用是盛装、装潢产品或商品。低值易耗品是指不能作为固定资产的各种用具物品,如工具、管理用具、玻璃器皿、劳动保护用品,以及在经营过程中周转使用的容器等。

三、存货的范围及其对报表的影响

(一)存货核算对报表的影响

存货是企业重要的流动资产项目。对存货确认和计量的正确与否,会直接影响到会计报表的正确性。首先,由于存货是资产负债表中流动资产的组成项目,存货确认计量的正确与否直接会影响到资产负债表的正确性;其次,本期的销售成本(或数量)等于期初存货成本(或数量)加上本期购入存货成本(或数量)减去期末存货成本(或数量)计算得到,而对于本期销售成本的确认计量正确与否直接会影响到利润表。因此,存货虽然名目繁多,价格繁杂,但实务中每个单位都非常重视其确认计量的正确性。因此,对存货的会计核算中,重点在于其数量确认和金额计价的正确性。

(二)存货的确认

在会计核算中要将某项资产作为存货加以确认,除了要符合存货的定义,还必须同时满足两项条件:其一,与该存货有关的经济利益很可能流入企业;其二,该存货的成本能够可靠地计量。由于存货是企业的资产必须预期会给企业带来经济利益。因此,只有这些存货的成本能够可靠地计量(不存在买卖双方发生价格的争议),而且存货的风险和报酬是有明确归属的,才能够保证存货有关的经济利益能流入企业,才会给企业带来经济利益。所以,在会计实务中,确认存货的范围是以存货的所有权归属为标志来进行判断的。只要存货的所有权属于某企业,不管存货处于何种途径(存放在企业仓库、正在运输途中、在外企业代销等),都应该以该企业的存货在该企业的报表中披露。反之,若存货的所有权已经不属于某企业了,就不能作为该企业的存货确认,在该企业的报表中就不能以存货披露。如企业根据销售合同已经售出甲商品,即使甲商品尚未运离本企业。由于甲商品的所有权已经转移,其所包含的经济利益已不能流入本企业,因而不能再作为企业的存货进行核算。又如委托代销商品,由于其所有权并未转移至受托企业,因而委托代销的商品仍然是委托企业存货的一部分。

(三)存货的计量

存货在报表上披露的范围确认了,但存货在账簿和报表上的金额如何计量?存货的金额计量包括存货数量的确定和存货成本的确定,存货数量的确定根据不同的盘存制度,有不同的确定方法。存货成本的确定一般包括存货取得成本的确定、存货发出成本的确定、期末存货成本和可变现净值孰低的确定以及存货清查后成本的确定等。

第二节　存货的盘存制度

在不同的盘存制度下,存货数量的确定方法是不一致的。存货的盘存制度主要有定期盘存制和永续盘存制。

一、定期盘存制

定期盘存制是指期末通过实地盘点确定各项财产物资的实物数量，并据以计算其结存成本和本期销售或耗用成本的一种核算方法。采用这种方法，平时只在会计账簿中登记各项财产物资的增加数，不登记减少数；存货数量是月末通过实地盘点来确定实际结存数，然后倒挤推算出本月的减少数，再据以登记有关的账簿。因而这种盘存制度又称为"实地盘存制"，计算公式如下：

本期减少数＝账面期初结存数＋本期收入数－期末实际结存数

实地盘存制的优点是核算工作比较简单，工作量较小，期末财产物资不会出现账实不符的情况。其缺点是核算手续不严密，不能通过账簿记录随时反映和监督各项财产物资的收、发和存情况，不利于加强对财产物资的管理和控制；而且由于"以存计销"（或"以存计耗"），工作中如出现差错，发生贪污、盗窃、丢失、毁损等情况，都会全部隐藏在本期的发出数内，使得销售成本不实。这种盘存制度不利于财产物资的管理，不利于财产物资的安全与完整。

二、永续盘存制

永续盘存制是根据账簿记录，计算期末各项财产物资账面结存数的一种核算方法。采用这种方法，对各项财产物资的增加和减少，平时都要在账簿中连续加以记录，并随时计算出账面结存数。存货的数量随时可以通过账面确定，所以永续盘存制也称为"账面盘存制"。其计算公式如下：

账面期末结存数＝账面期初结存数＋本期收入数－本期减少数

永续盘存制的优点是核算手续严密，能够通过账面记录及时反映各项财产物资的增减变动和结余情况，有利于加强对财产物资的管理，保护财产物资的安全与完整。其缺点是核算工作量大，而且也有可能出现账实不符的情况。因此，采用"永续盘存制"的企业，也需要对各项财产物资定期进行盘点清查，以查明账实是否相符，以及账实不符的原因。

通过以上两种盘存制度的比较，永续盘存制比定期盘存制更为科学完善，更能保护财产物资的安全与完整。所以，我国会计准则规定企业使用永续盘存制进行存货核算。

第三节　存货取得成本的确定

一、外购存货

（一）外购存货取得成本的确定

企业取得存货应当按照当时的实际成本进行计量。企业存货的取得主要是通过外购和自制两个途径。企业外购存货主要包括原材料和商品。外购存货的成本即存货的采购成本，指企业物资从采购到入库前所发生的全部支出，包括购买价款、相关税费、运输费、装卸费、保险费以及其他可归属于存货采购成本的费用。其中，购买价款是指企业购入存货的发票账单上列明的价款，但不包括按规定可以抵扣的增值税额；相关税费是指企业购买存货发生的消费税、资源税（已包括在购买价款中）和不能抵扣的增值税进项税额等;其他可以直接归属于存货采购成本的费用,指上述采购成本中以外的在存货采购过程中发生的仓储费、包装费、运输途中的合理损耗、入库前的挑选整理费用等。

上述存货采购成本的费用,能分清负担对象的,应直接计入该存货的采购成本;不能分清负担对象的,应选择合理的分配方法(可以按所购存货的重量或购买价款比例分配),分配计入有关存货的采购成本。

商品流通企业在采购商品过程中发生的运输费、装卸费、保险费以及其他可归属于存货采购成本的费用等,应当计入存货的采购成本。企业采购商品的进货费用金额较小的,可以在发生时直接计入当期损益。

某企业购入材料,其中甲材料 100 千克,单价 200 元/千克;乙材料 200 千克,单价 400 元/千克;此外,运输两种材料还发生运杂费 600 元。假定运杂费按材料的重量比例分配,其他费用为零。甲、乙材料的采购成本计算如下:

表 4-2

项 目	甲材料	乙材料
买价	100×200＝20 000	200×400＝80 000
运杂费分配率	600÷(100＋200)＝2(元/千克)	
运杂费	100×2＝200	200×2＝400
采购总成本	20 200	80 400
材料单位采购成本	202(元/千克)	402(元/千克)

(二) 外购存货取得的会计处理

企业购入材料、商品,按应计入材料、商品采购成本的金额,借记"在途物资"科目,按实际支付或应支付的金额,贷记"银行存款""应付账款"或"应付票据"等科目。涉及增值税进项税额的,还应进行相应的处理。所购原材料、商品到达验收入库,借记"原材料"或"库存商品"科目,贷记"在途物资"科目。

【例 4-1】甲公司 20×4 年 1 月向乙公司购入 A 材料 2 000 千克,每千克单价 200 元;B 材料 1 000 千克,每千克单价 100 元,价款共计 500 000 元,增值税税额 85 000 元,款项已由银行存款支付,材料尚未运到企业。甲公司会计处理如下:

借:在途物资——A 材料 400 000
　　　　　　　B 材料 100 000
　应交税费——应交增值税(进项税额) 85 000
　　贷:银行存款 585 000

如果该项业务的价款不是以银行存款支付,而是暂欠或通过开出商业汇票抵付,则应贷记"应付账款"或"应付票据账户"。其会计处理如下:

借:在途物资——A 材料 400 000
　　　　　　　——B 材料 100 000
　应交税费——应交增值税(进项税额) 85 000
　　贷:应付账款(或应付票据)——乙公司 585 000

【例 4-2】 上述 A,B 材料运达企业,验收入库。同时,采购部门交来该批材料的运输费单据计 6 000 元,当即以银行存款支付。会计部门根据以往惯例按重量比例分配运杂费,并按实际成本进行结转。

借:在途物资——A 材料	4 000
——B 材料	2 000
贷:银行存款	6 000
借:原材料——A 材料	404 000
——B 材料	102 000
贷:在途物资——A 材料	404 000
——B 材料	102 000

二、加工取得的存货

(一)加工取得存货的成本

企业通过进一步加工取得的存货,主要包括产成品、在产品、半成品、委托加工物资等,其成本由采购成本、加工成本构成。存货加工成本,由直接材料、直接人工和制造费用构成,其中直接材料是指直接用于产品生产耗费的材料费用;直接人工是指企业在生产产品过程中,直接从事产品生产的工人的职工薪酬。制造费用是指企业为生产产品和提供劳务而发生的各项间接费用,具体包括生产部门(如生产车间)管理人员的职工薪酬、折旧费、办公费、水电费、机物料消耗、劳动保护费、季节性和修理期间的停工损失等。制造费用月末一般可按产品的工时比例或生产工人的工资比例分配计入各产品成本。

甲企业生产 A,B 产品,期初在产品成本资料如下:

表 4-3

单位:元

在产品名称	直接材料	直接人工	制造费用	合计
A 产品	22 000	18 000	10 000	50 000
B 产品	14 000	10 000	6 000	30 000
合计	36 000	28 000	16 000	80 000

本月发生的生产费用为:

表 4-4

单位:元

项目	直接材料	直接人工
A 产品	175 000	55 000
B 产品	80 000	15 000

制造费用共计 140 000 元。月末 A,B 产品投入的生产费用全部完工形成 1 000 件 A 产品,500 件 B 产品。

假定制造费用按产品的人工费用比例分配,A,B 产品的总成本和单位成本的计算过程如下:

表 4-5

成本项目		A 产品	B 产品
直接材料		22 000＋175 000＝197 000	14 000＋80 000＝94 000
直接人工		18 000＋55 000＝73 000	10 000＋15 000＝25 000
间接费用	期初余额	10 000	6 000
	间接费用的分配率	140 000÷(55 000＋15 000)＝2(元/件)	
	本月投入	55 000×2＝110 000	15 000×2＝30 000
完工产品的总成本		390 000	155 000
完工产品的单位成本		390(元/件)	310(元/件)

（二）加工取得存货的会计处理

企业应当设置"生产成本""制造费用"等账户进行相关会计处理。企业发生的各项直接生产成本，借记"生产成本"科目，贷记"原材料""库存现金""银行存款"以及"应付职工薪酬"等科目。企业发生的各项间接生产费用，借记"制造费用"科目，贷记"原材料""库存现金""银行存款"以及"应付职工薪酬"等科目。各生产车间应负担的制造费用，借记"生产成本"科目，贷记"制造费用"科目。产品完工入库时，借记"库存商品"，贷记"生产成本"科目。

【例 4-3】 甲企业生产车间分别以 A,B 两种材料生产甲、乙两种产品。20×4 年 6 月，投入 A 材料 160 000 元生产甲产品，投入 B 材料 100 000 元生产乙产品。当月，生产甲产品发生直接人工费用 40 000 元，生产乙产品发生直接人工费用 20 000 元。该生产车间当月发生的制造费用总额为 60 000 元。当月投入生产的甲、乙两种产品均于当月完工，并验收入库。该企业生产车间的制造费用按直接人工费用比例进行分配。

甲产品应分摊的制造费用＝60 000×[40 000÷(40 000＋20 000)]＝40 000(元)

乙产品应分摊的制造费用＝60 000×[20 000÷(40 000＋20 000)]＝20 000(元)

甲产品的成本＝160 000＋40 000＋40 000＝240 000(元)

乙产品的成本＝100 000＋20 000＋20 000＝140 000(元)

根据上述计算结果，甲企业会计处理如下：

借：生产成本——甲产品		160 000
——乙产品		100 000
贷：原材料——A 材料		160 000
——B 材料		100 000
借：生产成本——甲产品		40 000
——乙产品		20 000
贷：应付职工薪酬		60 000
借：生产成本——甲产品		40 000
——乙产品		20 000
贷：制造费用		60 000
借：库存商品——甲产品		240 000

——乙产品	140 000
贷：生产成本	380 000

三、投资者投入的存货

投资者投入存货的成本，应当按照投资合同或协议约定的价值确定，但合同或协议约定价值不公允的除外。在投资合同或协议约定价值不公允的情况下，按照该项存货的公允价值作为其入账价值。有关会计处理，参见第九章的相关内容。

四、委托加工的存货

委托加工的存货，其成本由委托加工过程中实际耗用的原材料或者半成品的成本、加工费、运输费、装卸费等以及按规定应计入成本的税金构成。

发出加工物资时，借记"委托加工物资"账户，贷记"原材料""库存商品"等账户；支付加工费、运杂费和增值税时，按实际支付的金额，借记"委托加工物资""应交税费——应交增值税（进项税额）"账户，贷记"银行存款"等账户。

收回加工完成的物资时，按其实际成本，借记"原材料""周转材料""库存商品"等账户，贷记"委托加工物资"账户。

第四节　存货发出成本的确定

一、发出存货成本的计量方法

企业在发出存货时，发出存货的成本如何确定？我国《企业会计准则》规定，可以采用先进先出法、移动加权平均法、月末一次加权平均法、个别计价法等方法确定。

（一）先进先出法

先进先出法是建立在先入库的存货先发出（销售或耗用）的实物流动假设基础上来计量发出存货和结存存货的方法。采用这种方法，先入库的存货成本在后入库的存货成本之前转出，据此确定发出存货和结存存货的成本。

【例 4-4】　甲公司采用先进先出法确定发出存货和期末结存存货的成本。甲公司6月份 A 商品的收入、发出和结存的资料如表 4-6 所示（金额单位：元）。

表 4-6

计量单位：千克

日期	收入			发出			结存		
	数量	单价	金额	数量	单价	金额	数量	单价	金额
6.1							900	2	1 800
6.8	600	2.2	1 320				1 500		
6.12				1 200			300		
6.15	900	2.3	2 070				1 200		
6.20				600			600		
6.28	600	2.5	1 500				1 200		

根据表 4-6 甲公司的购销情况,使用先进先出法的计算结果如表 4-7 所示(金额单位:元)。

表 4-7

存货明细账

商品名称及规格:A 商品　　　　　　　　　　　　　　　　　　计量单位:千克

| 20×1年 | | 凭证编号 | 摘要 | 收入 | | | 发出 | | | 结存 | | |
月	日			数量	单价	金额	数量	单价	金额	数量	单价	金额
3	1	略	期初余额							900	2.00	1 800
	8		购入	600	2.20	1 320				900 600	2.00 2.20	1 800 1 320
	12		销售				900 300	2.00 2.20	1 800 660	300	2.20	660
	15		购入	900	2.30	2 070				300 900	2.20 2.3	660 2 070
	20		销售				300 300	2.2 2.3	660 690	600	2.3	1 380
	28		购入	600	2.50	1 500				600 600	2.3 2.5	1 380 1 500
	31		本月发生额及余额	2 100		4 890	1 800		3 810	600 600	2.3 2.5	1 380 1 500

在先进先出法下,发出存货的成本是按较早入库的存货单位成本确定的,而期末存货的成本是按最近入库的存货单位成本确定,因而期末结存存货的成本比较接近该存货的现行市场价值。但是,先进先出法计算工作量较大,特别是存货收发频繁的企业更是如此。而且,在物价波动较大的情况下,该方法会对企业当期利润的确定产生较大的影响。当物价上涨时,可能会高估企业当期的利润;反之,可能会低估企业当期的利润。

(二)月末一次加权平均法

月末一次加权平均法是指以月初结存存货的数量和本月收入存货的数量为权数,计算出本月存货的加权平均单位成本,以此为基础确定本月发出存货成本和月末结存存货成本的一种方法。计算公式如下:

月末一次加权平均单位成本=(月初结存存货成本+本月收入存货成本)÷(月初结存存货数量+本月收入存货数量)

月末结存存货成本=月末结存存货数量×月末一次加权平均单位成本

本月发出存货成本=月初结存存货成本+本月收入存货成本−月末结存存货成本

【例 4-5】 沿用【例 4-4】的资料,假定甲公司采用月末一次加权平均法确定发出存货和月末结存存货的成本。

本月发出 A 商品和月末结 A 商品的成本计算如下：

加权平均单位成本＝(1 800＋1 320＋2 070＋1 500)÷(900＋600＋900＋600)＝2.23(元)

本月发出 A 商品的成本＝1 800×2.23＝4 014(元)

月末结存 A 商品的成本＝1 200×2.23＝2 676(元)

考虑到计算出的加权平均单位成本不一定是整数，往往要小数点后四舍五入，为了保持账面数字之间的平衡关系，一般采用倒挤成本法计算发出存货的成本，即

月末结存存货的成本＝月末结存存货的数量×加权平均单位成本

本月发出存货的成本＝月初结存存货的成本＋本月收入存货的成本－月末结存存货的成本

采用月末一次加权平均法，只在月末一次计算加权平均单位成本并确定本月发出存货成本和月末结存存货成本，简便易行。但是，这种方法平时无法从账面上提供发出存货和结存存货的单价和金额，不利于存货的管理。

(三) 移动加权平均法

移动加权平均法是指每批存货入库后，即以原有库存存货的数量和本批收入存货的数量为权数，计算出存货的加权平均单位成本，以此为基础确定下次进货前各批发出存货成本和结存存货成本的一种方法。

【例 4-6】 沿用【例 4-4】的资料，假定甲公司采用移动加权平均法确定发出存货和结存存货的成本，具体计算如表 4-8 所示(金额单位：元)。

表 4-8

存货明细账

商品名称及规格：A 商品　　　　　　　　　　　　　　　　计量单位：千克

| 20×1年 | | 凭证编号 | 摘要 | 收入 | | | 发出 | | | 结存 | | |
月	日			数量	单价	金额	数量	单价	金额	数量	单价	金额
3	1	略	期初余额							900	2.00	1 800
	8		购入	600	2.20	1 320				1 500	2.08	3 120
	12		销售				1 200	2.08	2 496	300	2.08	624
	15		购入	900	2.30	2 070				1 200	2.245	2 694
	20		销售				600	2.245	1 347	600	2.245	1 347
	28		购入	600	2.50	1 500				1 200	2.372 5	2 847
	31		本月发生额及余额	2 100		4 890	1 800		3 843	1 200	2.372 5	2 847

采用移动加权平均法可以使管理当局及时了解存货的结存情况，有利于存货的管理。而且，由于加权平均的范围较小，使计算出的平均单位成本以及发出和结存的存货成本比较客观。但是，每次收发时都要计算一次加权平均单位成本，计算工作量比较大，存货收发比较频繁的企业不适用。

(四) 个别计价法

个别计价法是逐一辨认各批次发出存货和期末结存存货所属的收入批别，分别按其

收入时所确定的单位成本作为确定各批次发出存货成本和期末结存存货成本的方法。

【例 4-7】 沿用【例 4-4】的资料，假定期末存货 1 200 千克，通过盘点确认，其中 500 千克属于期初存货，300 千克属于第一批购入，300 千克属于第二批购入，100 千克属于第三批购入。则期末存货成本＝500×2.00＋300×2.2＋300×2.3＋100×2.5＝2 600(元)；本期发出成本＝(1 800＋4 890)－2 600＝4 090(元)。个别计价法按照存货的实物流动方式确定发出存货的成本和结存存货的成本，计算结果合理、准确。但是，采用这种方法的前提是需要对发出和结存存货的批次进行具体认定，一般适用于不能替代使用的存货以及为特定项目专门购入或制造的存货。

通过【例 4-4】的资料可见，上述存货成本的计量是采用 A 商品为例使用发出存货的不同计价方法来计算的结果。这种 A 商品的计量方法也适用原材料的计量，即在存货购入、发出情况相同的条件下，采用不同的发出存货计价方法，计算出来的期末存货、本期发出成本的结果是不一样的。沿用【例 4-4】的资料，假定甲公司 6 月份 A 商品 1 800 千克销售取得的收入为 5 000 元，分别采用先进先出法、移动加权平均法、月末一次加权平均法、个别计价法的计算结果比较如下：

表 4-9

单位：元

项 目	先进先出法	月末一次加权平均法	移动加权平均法	个别计价法
期末存货成本	2 880	2 676	2 847	2 600
本期销售收入	5 000	5 000	5 000	5 000
本期销售成本	3 810	4 014	3 843	4 090
毛利	1 190	986	1 157	910

可见，企业发出存货采用不同的存货计价方法，计算出的期末存货成本、本期销售成本、毛利是不同的。我国会计准则允许企业对发出存货采用先进先出法、移动加权平均法、月末一次加权平均法、个别计价法计量，企业可以在上述计量方法中自由选择，但一旦选定某种计量方法，就不可以随意变动。

(五) 简易计价方法

由于商业批发企业经营的商品品种繁多，若按每种商品计算并结转商品销售成本，工作量较为繁重；同样，商业零售企业商品的品种、型号、规格繁多，收发频繁，也难以采用其他方法来计算确定发出存货成本和结存存货成本。因此，在我国商品流通企业往往会采用简易计价方法来计量商品的期末存货成本和本期销售成本，具体有毛利率法和售价成本法。

1. **毛利率法**

毛利率法是根据本期销售净额乘以上期实际毛利率或本期计划毛利率匡算本期销售毛利，据以计算发出存货和期末结存存货成本的一种方法。在我国商品流通企业特别是商业批发企业，其同类商品的毛利率大致相同，采用毛利率法按商品大类计算并结转商品销售成本也比较接近实际。计算步骤如下。

（1）根据本期销售净额和上期实际毛利率或本期计划毛利率匡算本期销售毛利：

本期销售净额＝本期商品销售收入－本期销售退回与折让

本期销售毛利＝本期销售净额×上期实际毛利率或本期计划毛利率

（2）计算本期销售成本：

本期销售成本＝本期销售净额－本期销售毛利

（3）计算期末结存存货成本：

期末结存存货成本＝期初结存存货成本＋本期收入存货成本－本期销售成本

【例4-8】 20×4年5月，甲公司B类商品月初结存100 000元，本月购进700 000元，本月销售收入净额500 000元，上季度B类商品的毛利率为20％。

B类商品本月销售成本和月末结存存货成本计算如下：

本月B类商品销售净额＝500 000(元)

本月B类商品销售毛利＝500 000×20％＝100 000(元)

本月B类商品销售成本＝500 000－100 000＝400 000(元)

月末B类商品结存成本＝100 000＋700 000－400 000＝400 000(元)

需要指出的是，由于上期的实际毛利率或本期的计划毛利率与本期的实际毛利率不可能一致，毛利率法的计算结果只能是一个近似值。因此，这种方法只能在每个季度的前两个月采用，最后一个月应采用月末一次加权平均法等方法计算期末结存存货的成本和本月销售成本。这样，季度的前两个月的销售成本和期末结存存货成本是估计数，而整个季度的发出存货成本和期末结存存货成本仍然是实际数。

2. 售价成本法

售价成本法是指用售价成本率乘以期末存货的售价总额计算期末存货成本，并据以计算本期发出存货成本的一种方法。售价成本法主要适用于商业零售企业，由于商业零售企业的商品都要标明零售价格，为售价成本法的实施提供了基础。售价成本法在商业零售企业也被称为零售价格法。计算步骤如下。

（1）计算期末存货售价总额：

期末存货售价总额＝期初存货售价总额＋本期收入存货售价总额－本期已销存货售价总额

（2）计算售价成本率：

售价成本率＝(期初存货成本＋本期收入存货成本)÷(期初存货售价总额＋本期收入存货售价总额)×100％

（3）计算期末存货成本：

期末存货成本＝期末存货售价总额×售价成本率

（4）计算本期销售成本：

本期销售成本＝期初存货成本＋本期收入存货成本－期末存货成本

【例4-9】 20×4年5月，甲商场期初结存商品的成本总额为500 000元，售价总额为700 000元；本期购入商品的成本总额为4 000 000元，售价总额为6 200 000元；本期销售收入为5 400 000元。

本期商品销售成本和期末结存商品成本的计算如下：

期末结存商品的售价总额＝700 000＋6 200 000－5 400 000＝1 500 000(元)

售价成本率＝(500 000＋4 000 000)÷(700 000＋6 200 000)×100%＝65.21%

期末存货成本＝1 500 000×65.21%＝978 150(元)

本期销售成本＝500 000＋4 000 000－978 150＝3 521 850(元)

二、发出存货的会计处理

(一) 发出原材料

企业发出原材料可能用于生产经营、在建工程或福利部门、对外销售或捐赠。原材料发出的会计处理应当根据发出原材料的不同用途分别进行。

【例 4-10】 20×4 年 10 月,甲企业材料仓库共发出原材料 430 000 元,其中,基本生产车间生产产品领用 200 000 元,一般性耗用领用 30 000 元,行政管理部门领用 60 000元,产品销售部门领用 20 000 元,建造房屋领用 120 000 元。

甲企业的会计处理如下：

借：生产成本	200 000
制造费用	30 000
管理费用	60 000
销售费用	20 000
在建工程	120 000
贷：原材料	430 000

(二) 发出库存商品

企业发出库存商品可能用于在建工程或福利部门、对外销售或捐赠。企业发出库存商品的会计处理应当根据发出商品的不同用途分别进行。

【例 4-11】 甲公司 20×4 年 10 月 1 日销售一批产品,属于企业的主营业务,销售金额为 500 000 元,增值税率为 17%。这批产品的实际成本为 300 000 元。甲公司已经开出了相关销售发票,货款尚未收到。

甲公司的会计处理如下：

借：应收账款	585 000
贷：主营业务收入	500 000
应交税费——应交增值税(销项税额)	85 000
借：主营业务成本	300 000
贷：库存商品	300 000

(三) 发出低值易耗品、包装物

低值易耗品在企业生产经营过程中可以重复使用,并且在使用过程中基本保持原来的实物形态,其价值随着使用而逐渐损耗。因此,低值易耗品的成本应当采用适当的摊销方法计入各期损益。我国《企业会计准则》规定,企业应当采用一次摊销法或者五五摊销法对低值易耗品进行摊销。企业发出包装物,一般可用于生产,随同商品出售和出租、出借使用。企业发出包装物的用途不同会计处理也是不同的。

1. 生产领用包装物

企业生产部门领用的用于包装产品的包装物,构成产品的组成部分。因此,应将包装物的成本计入产品生产成本。生产领用包装物时,按其实际成本,借记"生产成本"账户,贷记"周转材料"账户。

2. 随同商品出售包装物

随同商品出售包装物应分两种情况进行会计处理:

(1)随同商品出售不单独计价的包装物,在包装物发出时,按其实际成本,借记"销售费用"账户,贷记"周转材料"账户。

(2)随同商品出售单独计价的包装物,应单独反映其销售收入,相应地应单独结转其销售成本。因此,在包装物发出时,按已收或应收的货款,借记"银行存款""应收账款"等账户,按实现的营业收入,贷记"其他业务收入"账户,按增值税销项税额,贷记"应交税费——应交增值税(销项税额)"账户。同时,按包装物的实际成本,借记"其他业务成本"账户,贷记"周转材料"账户。

3. 出租、出借包装物

出租包装物是一种有偿让渡资产使用权的行为,收取的租金应确认为其他业务收入,相应地包装物出租期间发生的价值损耗应确认为其他业务成本。出借包装物是商品销售过程中发生的无偿让渡资产使用权的行为,包装物出借期间发生的价值损耗应确认为销售费用。由于出租、出借包装物可以重复使用,并且在使用过程中基本保持原来的实物形态,其价值随着使用而逐渐损耗。因此,出租、出借包装物的成本应当采用适当的摊销方法计入各期损益。我国《企业会计准则》规定,企业应当采用一次摊销法或者五五摊销法对出租、出借包装物进行摊销。

【例 4-12】 甲企业对低值易耗品采用五五摊销法摊销。20×4 年 5 月,基本生产车间领用工具一批,实际成本 100 000 元。20×1 年 10 月,该批工具不能继续使用予以报废,收回残料 3 000 元。

甲企业的会计处理如下:

(1)领用低值易耗品时,

借:周转材料——在用		100 000
贷:周转材料——在库		100 000
借:制造费用		50 000
贷:周转材料——摊销		50 000

(2)低值易耗品报废时,

借:制造费用		50 000
贷:周转材料——摊销		50 000
借:周转材料——摊销		100 000
贷:周转材料——在用		100 000
借:原材料		3 000
贷:制造费用		3 000

第五节 期末存货的计量

一、期末存货的计量原则

我国会计准则规定,资产负债表日,存货应当按照成本与可变现净值孰低计量。存货成本高于其可变现净值的,应当计提存货跌价准备,计入当期损益。

"成本"是指期末存货的实际成本;"可变现净值"是指在企业日常活动中,以存货的估计售价减去至完工估计将要发生的成本、估计的销售费用以及相关税费后的金额。

企业预计的销售存货现金流量,并不完全等于存货的可变现净值。存货在销售过程中可能发生的销售费用和相关税费,以及为达到预定可销售状态还可能发生的加工成本等相关支出,构成现金流入的抵减项目。企业预计的销售存货现金流量,扣除这些抵减项目后,才能确定存货的可变现净值。

二、存货减值迹象的判断

存货存在下列情形之一的,通常表明存货的可变现净值低于成本:

(1) 该存货的市场价格持续下跌,并且在可预见的未来无回升的希望;

(2) 企业使用该项原材料生产的产品的成本大于产品的销售价格;

(3) 企业因产品更新换代,原有库存原材料已不适应新产品的需要,而该原材料的市场价格又低于其账面成本;

(4) 因企业所提供的商品或劳务过时或消费者偏好改变而使市场的需求发生变化,导致市场价格逐渐下跌;

(5) 其他足以证明该项存货实质上已经发生减值的情形。

存货存在下列情形之一的,通常表明存货的可变现净值为零:

(1) 已霉烂变质的存货;

(2) 已过期且无转让价值的存货;

(3) 生产中已不再需要,并且已无使用价值和转让价值的存货;

(4) 其他足以证明已无使用价值和转让价值的存货。

三、存货跌价准备的计提方法

在资产负债表日,对于发生减值的存货,其跌价准备的计提方法有以下三种:按照单个存货项目、类别存货项目、所有项目合并计提存货跌价准备。

按照单个存货项目计提存货跌价准备,是指企业应当按照单个存货项目计提存货跌价准备,即资产负债表日,企业将每个存货项目的成本与其可变现净值逐一进行比较,按较低者计量存货,对其中可变现净值低于成本的,两者的差额即为应计提的存货跌价准备。

对于数量繁多、单价较低的存货,可以按存货类别计提存货跌价准备,即按存货类别的成本总额与可变现净值总额进行比较,每个类别均按较低者确定期末价值,并且按可变现净值总额低于成本总额的差额计提存货跌价准备。

在某些情况下,与在同一地区生产和销售的产品系列相关、具有相同或类似最终用途或目的,且难以与其他项目分开计量的存货,可以合并计提存货跌价准备。在这种情况下,企业可以对存货合并计提存货跌价准备。

四、期末存货计量的会计处理

资产负债表日,企业首先应比较存货的成本与可变现净值,确定期末存货的减值金额,然后将期末存货的减值金额与"存货跌价准备"账户的现有余额进行比较,如果期末存货的减值金额大于"存货跌价准备"账户的现有余额,应按二者之差补提存货跌价准备,借记"资产减值损失"账户,贷记"存货跌价准备"账户;如果期末存货的减值金额小于"存货跌价准备"账户的现有余额,应按二者之差冲回已计提的存货跌价准备,借记"存货跌价准备"账户,贷记"资产减值损失"账户。

【例 4-13】 甲公司每半年对期末存货按照成本与可变现净值孰低计量。20×4 年初"存货跌价准备——甲商品"账户余额为 0。甲公司根据 20×5 年至 20×6 年甲商品期末计量的资料进行会计处理如下:

(1) 20×5 年 12 月 31 日,库存 A 商品的账面成本为 300 000 元,可变现净值为 240 000元。

    A 商品的减值金额＝300 000－240 000＝60 000(元)

    本期应补提的存货跌价准备＝60 000－0＝60 000(元)

借:资产减值损失   60 000

    贷:存货跌价准备   60 000

(2) 20×6 年 12 月 31 日,上述甲商品仍未售出,可变现净值回升至 260 000 元。

    本期应冲回的存货跌价准备＝240 000－260 000＝－20 000(元)

借:存货跌价准备   20 000

    贷:资产减值损失   20 000

五、存货的盘查

由于我国存货采用永续盘存制进行会计核算,随时可以通过账面确定存货数量,再根据存货计价成本得以确定存货的成本。但在会计期末要通过实地盘点才能确定期末存货的账面数和实存数是否相符。存货清查的最终结果不外乎三种情况:一是实存数与账存数相符;二是实存数大于账存数,表明财产物资发生溢余,出现存货"盘盈";三是实存数小于账存数,表明财产物资发生短缺,出现存货"盘亏"。另外,当实存数与账存数一致,但实存的财产物资有质量问题,不能按正常的财产物资使用,称为"毁损"。无论是盘盈、盘亏还是毁损,都需要设置"待处理财产损溢"账户(专门用来核算企业在财产清查过程中查明的各种财产物资的盘盈、盘亏和毁损的价值。该账户是一个暂记性账户,列入资产类账户之中)进行账务处理,调整账存数,使账存数与实存数一致,以保证账实相符。具体处理步骤:

首先,在审批之前,根据已查明属实的财产盘盈、盘亏或毁损的数字,编制"账存实存对比表",即以存货的实存数为依据来调整账簿记录,通过"待处理财产损溢"账户对应,以使账存数与实存数相一致;然后,在审批之后,根据股东大会或董事会,或经理(厂长)会议或类似机构批复的意见冲销"待处理财产损溢",并追回由于责任者个人原因造成的损失或处理盈余。

【例 4-14】 年末甲公司进行了存货盘点,在财产清查中发现 A 材料盘盈 40 千克,每千克实际成本为 5 元。发现 B 商品盘亏 30 件,每件 50 元。

(1)在批准之前根据"实存账存对比表"做如下会计处理:

借:原材料——A 材料   200
 贷:待处理财产损溢——待处理流动资产损溢   200
借:待处理财产损溢——待处理流动资产损溢   1 500
 贷:库存商品——B 商品   1 500

(2)甲公司的存货清查小组,对上述材料盘盈和商品盘亏进行了调查取证,经查明盘盈的 A 材料是由于收发计量上的错误所致,经董事会批准做冲减管理费用处理;盘亏的 B 商品有 1 000 元为捐赠支出,经批准列为营业外支出;另 500 元为保管不善所致,责成有关责任人赔偿。

根据批准的处理意见,做如下会计处理:

借:待处理财产损溢——待处理流动资产损溢   200
 贷:管理费用   200
借:营业外支出   1 000
 其他应收款——×××   500
 贷:待处理财产损溢——待处理流动资产损溢   1 500

存货是企业重要的流动资产,构成资产负债表中流动资产的主要部分,它在资产负债表中是以"存货"项目披露的。"存货"项目的金额是根据会计期末"原材料"账户余额、"库存商品"账户余额、"在途物资"账户余额、"生产成本"账户余额、"周转材料"账户余额的合计数扣除"存货跌价准备"账户余额后的差额得到。

【引导案例解析】

首先对存货的估算错误进行调整,在此基础上计算调整后的销售毛利率,再对之评价。

根据公式:

期初存货+本期增加存货-期末存货=本期发出存货

本期毛利=本期销售收入-本期销售成本

(1)由于 2010 年期末存货低估 20 000 元,导致本期销售成本高估 20 000 元,销售毛利低估 20 000 元。调整后 2010 年正确的销售毛利为 120 000 元(100 000+20 000=120 000)。正确的销售成本为 280 000 元(300 000-20 000=280 000),正确的销售毛利率为 30%(120 000÷400 000=30%)。

(2)2010 年期末存货低估 20 000 元,即 2011 年期初存货被低估了 20 000 元和 2011 年销售成本低估 20 000 元,导致 2011 年销售毛利高估了 20 000 元。调整后 2011

年的正确销售毛利实际为 106 000 元(126 000－20 000＝106 000)。正确的销售毛利率为 23.55％(106 000÷450 000＝23.55％)。

(3) 2012 年期末存货高估了 40 000 元,即销售成本低估 40 000 元,销售毛利高估 40 000 元,调整后 2012 年的正确销售毛利为 104 000 元(144 000－40 000＝104 000)。正确的销售成本为 376 000 元(336 000＋40 000＝376 000),正确销售毛利率为 21.66％ (104 000÷480 000＝21.66％)。

调整后的销售毛利率如下:

表 4-10

	2010 年	2011 年	2012 年
销售额	400 000	450 000	480 000
销售成本	280 000	344 000	376 000
销售毛利	120 000	106 000	104 000
销售毛利率	30％	23.55％	21.66％

评价:该公司近三年的销售毛利率和销售毛利均是逐年下降的,而不是逐年上升的。

【案例分析题 1】

宝钢 59 亿减值抗寒 存货减值吞噬七成利润

根据宝钢股份年报,2008 年宝钢股份实现净利润 64.59 亿元,每股收益 0.37 元,相比去年大降 49.20％。而由于铁矿石和钢铁价格暴跌,宝钢股份 2008 年累计计提资产减值损失达到了 58.94 亿元,占其利润总额的 72.28％。仅在 2008 年四季度,计提存货减值就高达 48 亿元。这也导致去年前三季度还盈利 124.90 亿元的宝钢股份,在去年四季度巨亏 60.30 亿元。

存货减值吞噬七成利润

大量计提的存货减值准备,成为宝钢股份 2008 年的"业绩杀手"。

在针对机构投资者的业绩说明会上,宝钢股份高层表示,四季度计提的 48 亿元减值准备中包含原材料 25 亿元,其中矿石 16 亿元、煤 6 亿元、其他原材料 3 亿元。此外还包括产成品 14 亿元,半成品 9 亿元。

宝钢股份的铁矿石大多依靠长单锁定价格,而在铁矿石价格急转直下之际,宝钢股份却不得不承受高价铁矿石之苦。

据广发证券测算,宝钢 2008 年上半年铁矿石的价格为 920 元/吨,而同期现货铁矿石价格为 1 200 元/吨。宝钢这一优势尽显。此背景下,宝钢上半年屡屡提价,其提价幅度远超铁矿石涨幅,尽享行业繁荣。

但下半年风云突变,目前铁矿石现货价格在 500～600 元/吨之间,而宝钢股份铁矿石价格仍锁定在 850～900 元/吨的高位。

但宝钢股份的去库存化已经渐入尾声。记者从经销商处得到消息,宝钢在 2008 年 10

月,曾在上海市场以很低的价格抛售了部分钢材,这一果断斩仓的举动,也令宝钢在随后钢铁价格进一步下跌的过程中,损失略有减少。此举也将宝钢股份的库存浮亏转化成了实际亏损,从而令其 2008 年第四季度业绩大幅下降。2008 年年报显示,宝钢股份 2008 年实现营业收入 2 003.32 亿元,同比增长 25.40%;利润总额 81.54 亿元,同比下降 52.06%。

而在 2008 年第四季度,宝钢股份亏损就高达 63.61 亿元,即便扣除因存货跌价导致的资产减值损失,公司第四季度税前经营性亏损仍高达 42.18 亿元。

问题讨论:分析 2008 年市场价格的波动是如何影响宝钢股份存货计价的?宝钢股份计提存货跌价准备以及宝钢股份的去库存化分别如何影响企业的当期损益的?

(案例来源:王佳晓. 宝钢 59 亿减值抗寒 存货减值吞噬七成利润[N]. 21 世纪经济报道,2009-04-04.)

【案例分析题 2】

宏昌公司存货采用实地盘存制,2013 年 5 月 3 日,一场大火烧毁了该公司的全部存货。为了向保险公司索赔,需估计火灾烧毁存货的损失。

经了解,公司最近一次实地盘点是在 2012 年 12 月 31 日。2012 年度简化的利润表如下:

表 4-11

宏昌公司

利润表

2012 年度

主营业务收入		300 000
减:主营业务成本:		
期初存货	100 000	
本期购货	150 000	
本期可供销售的存货成本	250 000	
减:期末存货	50 000	200 000
销货毛利		100 000
减:管理费用		10 000
财务费用		2 000
销售费用		8 000
加:投资收益		
营业利润		80 000
加:营业外收入		70 000
减:营业外支出		60 000
利润总额		90 000

上述主营业务收入中不包括年底已赊销但客户尚未提货的商品一批,该批商品售价 20 000 元,在当年盘点时未列作存货。财务人员准备使用往年的毛利率进行估算火灾造成的损失。通过查询了解到公司在 2013 年 1 月至 5 月 3 日之前的购销记录情况:销售商品的收入 180 000 元,购进商品的成本为 140 000 元。

问题讨论:根据你所了解的结果,试编写一份向保险公司索赔的财务报告书,具体列明索赔的金额和理由。

【思考题】

1. 存货计价是如何影响会计报表的?
2. 比较存货盘存制度、定期盘存制和永续盘存制的差异。
3. 存货的内容包含哪些?
4. 不同取得渠道的存货成本分别如何确定?
5. 存货发出成本的计量方法包含哪些? 试比较之。

第五章 投　资

【学习目标】
☆ 理解投资的含义及其分类
☆ 掌握交易性金融资产、持有至到期投资、可供出售金融资产的会计核算
☆ 掌握企业合并形成的长期股权投资的会计核算
☆ 掌握非企业合并形成的长期股权投资的会计核算
☆ 掌握长期股权投资成本法、权益法的会计核算
☆ 掌握长期股权投资核算方法的转换、处置的会计核算

【引导案例】

甲公司是上市公司,20×4年有两项与投资相关的业务:一是3月1日取得乙企业80%的股权,取得投资时乙企业资产、负债的公允价值与账面价值相同。20×4年度乙企业利润表中净利润为500万元,但是甲公司财务部门并未确认投资收益。甲企业投资部经理认为乙公司实现的净利润中80%是属于本公司的,因此,要求财务部门将乙企业净利润中属于本公司的400万元确认为投资收益。二是11月10日公司用暂时闲置资金250万元,短期投资于A股票,以赚取差价收益。至20×4年12月31日该股票的市值为230万元。公司财务部门将此市值下跌的20万元,登记入账,冲减了公司的利润。但是,公司投资部经理认为,财务部门的处理不正确。理由是,股票市值波动是正常的,也是暂时的,同时公司也未抛售该股票,公司投资部经理确信来年股市会有一个好的行情。所以,甲企业投资部经理要求财务部门调整相关的跌价损失。

问题讨论:甲公司投资部经理的要求正确吗? 说明理由。

第一节　投资概述

一、投资的定义

财务会计中的投资有广义和狭义之分,广义的投资不仅包括对外投资,如权益性投资、债权性投资等,还包括对内投资,如固定资产投资、存货投资等。狭义的投资仅指对外投资而不包括对内投资。本章讨论的是狭义的投资。

投资是指企业为通过分配来增加财富,或为谋求其他利益,而将资产让渡给其他单位所获得的另一项资产。投资具有以下特点:

1. 投资是通过让渡其他资产而换取另一项资产

投资是企业将其所拥有的现金、固定资产等资产让渡给其他单位使用,以换取债券

投资或股权投资等,如以现金购买债券、股票,以固定资产向其他单位投资以取得其他单位的股权等。

2. 投资所流入的经济利益与其他资产为企业带来的经济利益在形式上有所不同

企业所拥有或控制的除投资以外的其他资产,通常能为企业带来直接的经济利益,如企业出售产品,可以直接为企业带来经济利益;而投资通常是在其他单位使用投资者投入的资产所创造的效益后分配取得的,或者通过投资改善贸易关系等手段达到获得利益的目的。

二、投资的分类

企业的对外投资,可以按不同标准予以分类。

(一) 按投资性质分类

按投资性质不同分类,可以分为权益性投资、债权性投资和混合性投资。

1. 权益性投资

权益性投资,是指为获得另一企业的权益或净资产所做的投资。这种投资的目的是为了获得另一企业的控制权或共同控制权,或对另一企业实施重大影响,或为其他目的而进行的。如购买其他企业的普通股股票,即属于权益性投资。

2. 债权性投资

债权性投资,是指企业以取得被投资企业债权的方式所进行的投资。这种投资的目的不是为了获得另一个企业净资产,而是为了获取高于银行存款利率的利息,并保证按期收回本息。如购买企业债券,即属于债券性投资。

3. 混合性投资

混合性投资,是指兼有债权和权益双重性质的投资。如企业投资于优先股股票、购买可转换债券等,均属于混合性投资。

(二) 按照投资对象的变现能力分类

按照投资对象的变现能力不同分类,可分为易于变现的投资和不易于变现的投资。

1. 易于变现的投资

易于变现的投资,是指能在证券市场上随时变现的投资。这类投资必须是能够上市交易的股票、债券等。

2. 不易于变现的投资

不易于变现的投资,是指不能轻易在证券市场上变现的投资。这类投资通常不能上市交易,要将所持有投资转换为现金并非轻而易举。

(三) 按投资的目的不同分类

按投资的目的不同分类,可以分为交易性金融资产、持有至到期投资、可供出售金融资产和长期股权投资。

1. 交易性金融资产

交易性金融资产,是指企业为了近期内出售而持有的金融资产。比如,企业以赚取差价为目的从二级市场购入的股票、债券、基金等。

2. 持有至到期投资

持有至到期投资,是指到期日固定、回收金额固定或可确定,且企业有明确意图和能力持有至到期的非衍生金融资产。

3. 可供出售金融资产

可供出售金融资产,是指初始确认时即被指定为可供出售的非衍生金融资产,以及没有划分为以公允价值计量且其变动计入当期损益的金融资产、持有至到期投资、贷款和应收款项的金融资产。

4. 长期股权投资

长期股权投资,是指投资方对被投资单位实施控制、重大影响的权益性投资,以及对其合营企业的权益性投资。

第二节 交易性金融资产

一、交易性金额资产的概念

交易性金融资产,是指企业以交易目的持有的、以公允价值计量且其变动计入当期损益的股票投资、债券投资、基金投资等金融资产,包括指定为以公允价值计量且其变动计入当期损益的金额资产。

交易性金融资产具有以下两个基本特征:(1)企业持有的目的是为了短期获利;(2)该金融资产具有活跃的市场,其公允价值能够通过活跃市场获取。

二、交易性金融资产的计量

(一)计量原则

1. 初始计量

对于交易性金融资产,企业应当按照取得时的公允价值计量,相关的交易费用在发生时直接计入当期损益,不计入交易性金融资产的成本。

支付的价款中包含已宣告但尚未发放的现金股利或已到付息期但尚未领取的债券利息,不计入交易性金融资产的成本,而应当单独确认为应收项目。

2. 后续计量

企业应当按照公允价值对交易性金融资产进行后续计量,即在每个资产负债表日,企业应将交易性金融资产公允价值变动形成的利得或损失计入当期损益(公允价值变动损益)。

(二)公允价值的确定

公允价值,是指市场参与者在计量日发生的有序交易中,出售一项资产所能收到或者转移一项负债所需支付的价格。

对于交易性金融资产,在确认公允价值时应采用如下方法:(1)存在活跃市场的金融资产,活跃市场中的报价应当用于确定其公允价值。活跃市场中的报价是指易于定期从交易所、经纪商、行业协会、定价服务机构等获得的价格,且代表了在正常交易中实际发生的市场交易的价格。(2)不存在活跃市场的金融资产公允价值的确定,企业应当采用估值技术确定其公允价值。采用估值技术得出的结果,应当反映估值日在正常交易中可能采用的交易价格。

三、交易性金融资产的核算

(一) 交易性金融资产的账户设置

企业应设置"交易性金融资产"账户,核算企业为交易目的所持有的债券投资、股票投资、基金投资等交易性金融资产的公允价值。企业持有的直接指定为以公允价值计量且其变动计入当期损益的金融资产也在本账户核算。本账户应按交易性金融资产的类别和品种,分别设置"成本""公允价值变动"等明细账户。本账户期末借方余额,反映企业持有的交易性金融资产的公允价值。

(二) 交易性金融资产的会计处理

1. 取得时的会计处理

企业取得交易性金融资产,按其公允价值,借记"交易性金融资产——成本"账户,按其发生的交易费用,借记"投资收益"账户,按已到付息期但尚未领取的利息或已宣告但尚未发放的现金股利,借记"应收利息"或"应收股利"账户,按实际支付的金额,贷记"银行存款"等账户。

2. 持有期间投资收益的会计处理

交易性金融资产持有期间被投资单位宣告发放的现金股利,或在资产负债表日按分期付款、一次还本债券投资的票面利率计算的利息,借记"应收股利"或"应收利息"账户,贷记"投资收益"账户。

3. 资产负债表日公允价值变动的会计处理

对于交易性金融资产在持有期间公允价值变动,企业应在资产负债表日,按照交易性金融资产的公允价值高于其账面余额的差额,借记"交易性金融资产——公允价值变动"账户,贷记"公允价值变动损益"账户;公允价值低于其账面价值的差额做相反的会计处理。

4. 出售时的会计处理

出售交易性金融资产,应按实际收到的金额,借记"银行存款"等账户,按该金融资产的账面余额,贷记"交易性金融资产"账户,按其差额,贷记或借记"投资收益"账户。同时,将原计入该金融资产的公允价值变动转出,借记或贷记"公允价值变动损益"账户,贷记或借记"投资收益"账户。

【例5-1】 20×4年1月1日,甲企业支付价款208万元购入丙公司20×3年1月1日发行的债券,另发生交易费用4万元。该债券面值200万元,剩余期限为2年,票面年利率为4%,每年付息一次,甲企业将其划分为交易性金融资产。其他资料如下:

(1)20×4年1月5日,收到该债券20×3年利息;

(2)20×4年12月31日,该债券的公允价值为220万元(不含利息);

(3) 20×5 年 1 月 10 日,收到该债券 20×4 年利息;

(4) 20×5 年 3 月 31 日,甲企业将该债券出售,取得价款 236 万元(含第一季度利息 2 万元)。

假定不考虑其他因素。甲企业的会计处理如下:

(1) 20×4 年 1 月 1 日,购入债券时,

借:交易性金融资产——成本		2 000 000
应收利息		80 000
投资收益		40 000
贷:银行存款		2 120 000

(2) 20×4 年 1 月 5 日,收到 20×3 年利息时,

借:银行存款		80 000
贷:应收利息		80 000

(3) 20×4 年 12 月 31 日,确认债券公允价值变动和投资收益时,

借:交易性金融资产——公允价值变动		200 000
贷:公允价值变动损益		200 000
借:应收利息		80 000
贷:投资收益		80 000

(4) 20×5 年 1 月 10 日,收到该债券上年利息时,

借:银行存款		80 000
贷:应收利息		80 000

(5) 20×5 年 3 月 31 日,出售该债券时,

借:应收利息		20 000
贷:投资收益		20 000
借:银行存款		2 360 000
贷:交易性金融资产——成本		2 000 000
——公允价值变动		200 000
应收利息		20 000
投资收益		140 000
借:公允价值变动损益		200 000
贷:投资收益		200 000

【例 5-2】 甲股份有限公司 20×4 年有关交易性金融资产的资料如下:

(1) 3 月 1 日以银行存款购入 A 公司股票 50 000 股,并准备随时变现,每股买价 16 元,同时支付相关税费 4 000 元。

(2) 4 月 20 日 A 公司宣告发放的现金股利每股 0.4 元。

(3) 4 月 21 日又购入 A 公司股票 50 000 股,并准备随时变现,每股买价 18.4 元(其中包含已宣告发放尚未支取的股利每股 0.4 元),同时支付相关税费 6 000 元。

(4) 4 月 25 日收到 A 公司发放的现金股利 20 000 元。

(5) 6 月 30 日 A 公司股票市价为每股 16.4 元。

（6）7 月 18 日该公司以每股 17.5 元的价格转让 A 公司股票 60 000 股,扣除相关税费 6 000 元,实得金额为 1 040 000 元。

（7）12 月 31 日 A 公司股票市价为每股 18 元。

假定不考虑其他因素。甲企业的会计处理如下:

（1）借:交易性金融资产——A 公司股票(成本)   800 000

       投资收益   4 000

      贷:银行存款   804 000

（2）借:应收股利   20 000

      贷:投资收益   20 000

（3）借:交易性金融资产——A 公司股票(成本)   900 000

       应收股利   20 000

       投资收益   6 000

      贷:银行存款   926 000

（4）借:银行存款   20 000

      贷:应收股利   20 000

（5）公允价值变动损益 $= 16.4 \times 100\,000 - (800\,000 + 900\,000) = -60\,000$(元)

    借:公允价值变动损益   60 000

      贷:交易性金融资产——A 公司股票(公允价值变动)   60 000

（6）借:银行存款   1 040 000

      交易性金融资产——A 公司股票(公允价值变动)   36 000

      贷:交易性金融资产——A 公司股票(成本)   1 020 000

       投资收益   56 000

    借:投资收益   36 000

      贷:公允价值变动损益   36 000

（7）公允价值变动损益

    $= 18 \times 40\,000 - [(800\,000 + 900\,000 - 1\,020\,000) - (60\,000 - 36\,000)] = 64\,000$(元)

    借:交易性金融资产——A 公司股票(公允价值变动)   64 000

      贷:公允价值变动损益   64 000

第三节　持有至到期投资

一、持有至到期投资的概念

持有至到期投资,是指到期日固定、回收金额固定或可确定,且企业有明确意图和能力持有至到期的非衍生金融资产。

通常情况下,能够划分为持有至到期投资的金融资产主要是债权性投资。股权性投资因其没有固定的到期日,不符合持有至到期投资的条件,不能划分为持有至到期投资。持有至到期投资通常具有长期性质,但期限较短(一年以内)的债券投资,符合持有至到期投资条件的,也可将其划分为持有至到期投资。

二、持有至到期投资的确认与计量

(一) 持有至到期投资的确认

持有至到期投资必须符合三个条件：（1）到期日固定、回收金额固定或可确定；（2）企业有明确意图持有至到期；（3）企业有能力持有至到期。上述三个条件中有任何一个条件不满足都不能被划分为持有至到期投资。

企业应当于每个资产负债表日，对持有至到期投资的意图和能力进行评价。意图和能力发生变化的，应当重新将该金融资产由持有至到期投资划分为可供出售金融资产进行处理，但不能重新划分为交易性金融资产和应收款项。

企业不能将下列非衍生金融资产划分为持有至到期投资：（1）在初始确认时即被指定为以公允价值计量且其变动计入当期损益的非衍生金融资产；（2）在初始确认时即被指定为可供出售的非衍生金融资产；（3）符合贷款和应收款项定义的非衍生金融资产。

(二) 持有至到期投资的计量

1. 初始计量

对于持有至到期投资，企业应当按照取得时的公允价值和相关的交易费用之和作为初始确认金额。支付的价款中包含已宣告但尚未领取的债券利息，应当单独确认为应收利息处理。

2. 后续计量

持有至到期投资在持有期间内应当按照实际利率确认利息收入，计入持有至到期投资账面价值。实际利率应当在取得持有至到期投资时确认，在随后期间保持不变。资产负债表日，持有至到期投资应当按摊余成本计量。

三、持有至到期投资的核算

(一) 持有至到期投资的账户设置

为了核算持有至到期投资的取得、收取利息、处置等业务，企业应设置"持有至到期投资"账户，核算企业持有至到期投资的摊余成本。企业应当按照持有至到期投资的类别和品种，分别设置"成本""利息调整""应计利息"明细账户进行明细核算。期末借方余额，反映企业持有至到期投资的摊余成本。

"持有至到期投资——成本"明细账户，借方登记持有至到期投资取得的面值，贷方登记转让持有至到期投资或到期时冲减的面值。

"持有至到期投资——利息调整"明细账户，借方登记取得持有至到期投资的面值与已到付息期但尚未领取的利息之和小于实际支付价款的差额，及资产负债表日债券票面利息小于实际利息的差额；贷方登记取得持有至到期投资的面值与已到付息期但尚未领取的利息之和大于实际支付价款的差额，及资产负债表日债券票面利息大于实际利息的差额。

"持有至到期投资——应计利息"明细账户，借方登记一次还本付息债券于资产负债日按票面利率计算确定的应收未收利息，贷方登记转让持有至到期投资或到期时冲减的已计提的利息。

（二）持有至到期投资的会计处理

1. 取得时的会计处理

由于受金融市场利率的影响，债券的购买价格可能会有按面值购买、按高于面值购买、按低于面值购买三种情况。当票面利率等于市场利率时，企业会按面值购买；当票面利率大于市场利率时，企业购买债券的价格会高于债券的面值，这部分差额称为债券溢价，对投资企业来说，债券溢价是为了以后各期多得利息而预先付出的代价，而对发行债券的企业来说，债券溢价是为了以后各期多付的利息而预先收到的补偿。当票面利率小于市场利率时，企业购买债券的价格会低于债券的面值，这部分差额称为债券折价，对于投资企业来说，债券折价是为了以后各期少得的利息而预先得到的补偿，而对发行债券的企业来说，债券折价是为以后各期少付的利息而预先付出的代价。

持有至到期投资应按照取得时的公允价值和相关交易费用之和作为初始确认金额。实际支付的价款中包含的已到付息期但尚未领取的债券利息，应单独确认为应收项目，不构成持有至到期投资的初始成本。

企业取得的持有至到期投资，应按该投资的面值，借记"持有至到期投资——成本"账户，按支付的价款中包含的已到付息期但尚未领取的利息，借记"应收利息"账户，按实际支付的金额，贷记"银行存款"等账户，按其差额，借记或贷记"持有至到期投资——利息调整"账户。

2. 持有期间投资收益的会计处理

持有至到期投资在持有期间应按期初摊余成本乘以实际利率计算确认投资收益（即利息收入）。

（1）摊余成本。

摊余成本是指该项投资在初始确认金额的基础上调整了下列因素后的结果：①扣除已偿还的本金；②扣除已发生的减值损失；③加上或减去采用实际利率法将该初始确认金额与到期日金额之间的差额进行摊销形成的累计摊销额。即

期末摊余成本＝期初摊余成本＋投资收益－应收利息－已收回的本金－已发生的减值损失

其中，

投资收益（即实际的利息）＝期初摊余成本×实际利率

应收利息（现金流入）＝债券面值×票面利率

（2）实际利率。

实际利率是指将金融资产在预期存续期间或适用的更短期间内的未来现金流量，折现为该金融资产当前账面价值所使用的利率。金融资产合同各方之间支付或收取的各项交易费用及溢价或折价等，应当在确定实际利率时予以考虑。如果金融资产预计未来现金流量或存续期间无法可靠预计的，应当采用该金融资产的合同现金流量计算。

持有至到期投资为分期付息、一次还本的，应于资产负债表日按票面利率计算确定的应收未收利息，借记"应收利息"账户，按持有至到期投资摊余成本和实际利率计算确定的利息收入，贷记"投资收益"账户，按其差额，借记或贷记"持有至到期投资——利息

调整"账户。

持有至到期投资为一次还本付息债券投资的,应于资产负债表日按票面利率计算确定的应收未收利息,借记"持有至到期投资——应计利息"账户,按持有至到期投资摊余成本和实际利率计算确定的利息收入,贷记"投资收益"账户,按其差额,借记或贷记"持有至到期投资——利息调整"账户。

3. 到期或到期前出售的会计处理

企业持有金融资产至到期,如果是一次还本付息债券投资,则到期收回本金和所有的利息;如果是分期付息、一次还本债券投资,则收回本金和最后一期利息。

出售持有至到期投资,应按实际收到的金额,借记"银行存款"等账户,按其账面余额,贷记"持有至到期投资——成本、利息调整、应计利息"账户,按其差额,贷记或借记"投资收益"账户。已计提减值准备的,还应同时结转减值准备。

【例 5-3】 甲公司于 20×2 年 1 月 1 日购入乙公司 20×1 年 1 月 1 日发行的债券,该债券 4 年期、票面年利率 4%、每年 1 月 5 日支付上年利息,到期日为 20×5 年 1 月 1 日,到期还本并支付最后一期利息。甲公司购入债券的面值为 1 000 万元,实际支付 972.77 万元,另支付相关费用 20 万元。购入债券时的市场利率为 5%。假定甲公司明确持有该债券至到期,并且有充分的财务能力持有此债券至到期。因此,甲公司将该批债券划分为持有至到期投资。

不考虑所得税、减值损失因素,每年的投资收益如表 5-1 所示。

表 5-1

投资收益计算表

金额单位:万元

时 间	期初摊余成本(1)=上期(5)	投资收益(2)=(1)×5%	应收利息(3)=(按面值×4%计算)	折价摊销(4)=(2)-(3)	期末摊余成本(5)=(1)+(4)
20×2 年 1 月 1 日	—	—	—	—	972.77
20×2 年 12 月 31 日	972.77	48.64	40	8.64	981.41
20×3 年 12 月 31 日	981.41	49.07	40	9.07	990.48
20×4 年 12 月 31 日	990.48	49.52	40	9.52	1 000

根据上述资料,甲公司有关会计处理如下(单位:万元)

(1) 20×2 年 1 月 1 日,

借:持有至到期投资——乙公司(面值)　　　　　　　　　　1 000

　　应收利息　　　　　　　　　　　　　　　　　　　　　　40

　贷:持有至到期投资——乙公司(利息调整)　　　　　　　　27.23

　　银行存款　　　　　　　　　　　　　　　　　　　　1 012.77

(2) 20×2 年 1 月 5 日,

借:银行存款　　　　　　　　　　　　　　　　　　　　　　40

  贷：应收利息   40

 （3）20×2 年 12 月 31 日，

  借：应收利息   40

   持有至到期投资——乙公司（利息调整）   8.64

   贷：投资收益   48.64

 （4）20×3 年 1 月 5 日，

  借：应收股利   40

   贷：投资收益   40

  借：银行存款   40

   贷：应收利息   40

 （5）20×3 年 12 月 31 日，

  借：应收利息   40

   持有至到期投资——乙公司（利息调整）   9.07

   贷：投资收益   49.07

 （6）20×4 年 1 月 5 日，

  借：应收股利   40

   贷：投资收益   40

  借：银行存款   40

   贷：应收利息   40

 （7）20×4 年 12 月 31 日，

  借：应收利息   40

   持有至到期投资——乙公司（利息调整）   9.52

   贷：投资收益   49.52

 （8）20×5 年 1 月 1 日，

  借：银行存款   1 040

   贷：持有至到期投资——乙公司（面值）   1 000

    应收利息   40

 4. 将持有至到期投资重分类为可供出售金融资产的会计处理

  企业因持有至到期投资部分出售或重分类的金额较大，使该投资的剩余部分不再适合划分为持有至到期投资的，企业应将剩余部分重分类为可供出售金融资产，并以公允价值进行后续计量。重分类日，企业应按该金融资产当前的公允价值，借记"可供出售金融资产"账户，按账面摊余成本，贷记"持有至到期投资——成本、利息调整、应计利息"账户，按其差额贷记或借记"资本公积——其他资本公积"账户。已计提减值准备的，还应同时结转减值准备。

  【例 5-4】 20×4 年 3 月，由于贷款基准利率的变动和其他市场因素的影响，乙公司持有的、原划分为持有至到期投资的丙公司债券价格持续下跌。为此，乙公司于 4 月 1 日对外出售持有至到期债券投资的 10%，收取价款 360 000 元。

  假定 4 月 1 日该债券出售之前的账面余额（成本）为 3 000 000 元，不考虑债券出售

等其他相关因素影响,乙公司会计处理如下:

（1）出售10%部分的会计处理,

借:银行存款	360 000
贷:持有至到期投资——丙公司(成本)	300 000
投资收益	60 000

（2）将持有至到期投资重分类为可供出售金融资产,

借:可供出售金融资产——丙公司(成本)	3 240 000
贷:持有至到期投资——丙公司(成本)	2 700 000
资本公积——其他资本公积	540 000

（3）假定,5月20日乙公司将该债券全部出售,收取价款3 340 000元,则乙公司相关会计处理如下:

借:银行存款	3 340 000
贷:持有至到期投资——丙公司(成本)	3 240 000
投资收益	100 000
借:资本公积	540 000
贷:投资收益	540 000

5.持有至到期投资减值的会计处理

持有至到期投资在后续持有期间,应以摊余成本进行计量。以摊余成本计量的持有至到期投资发生减值时,应当将该持有至到期投资的账面价值与预计未来现金流量现值之间的差额,确认为资产减值损失,计入当期损益。

对以摊余成本计量的金融资产确认减值损失后,如有客观证据表明该金融资产价值已恢复,且客观上与确认该损失后发生的事项有关,原确认的减值损失应当予以转回,计入当期损益。但是,该转回后的账面价值不应当超过假定不计提减值准备情况下该金融资产在转回日的摊余成本。

为了核算企业持有至到期投资的减值准备,企业应设置"持有至到期投资减值准备"账户。资产负债表日,持有至到期投资发生减值的,按应减记的金额,借记"资产减值损失"账户,贷记"持有至到期投资减值准备"账户。已计提减值准备的持有至到期投资价值以后又得以恢复的,应在原已计提的减值准备金额内,按恢复增加的金额,借记"持有至到期投资减值准备"账户,贷记"资产减值损失"账户。本账户期末贷方余额,反映企业已计提但尚未转销的持有至到期投资减值准备。

第四节　可供出售金融资产

一、可供出售金融资产的概念

可供出售金融资产,是指初始确认时即被指定为可供出售的非衍生金融资产,以及没有划分为以公允价值计量且其变动计入当期损益的金融资产、持有至到期投资、贷款和应收款项的金融资产。比如,企业购入的在活跃市场上有报价的股票、债券和基金等,企业基于风险管理需要且有意图将其作为可供出售金融资产的,可划分为可供出售金融资产。基于特定的风险管理需要,企业也可将某项金融资产直接指定为可供出售金融资产。

二、可供出售金融资产的计量

(一)计量原则

1. 初始计量

对于可供出售金融资产,企业应当按照取得时的公允价值和相关的交易费用之和作为初始确认金额。支付的价款中包含已宣告但尚未发放的现金股利或已到付息期但尚未领取的债券利息,应当单独确认为应收项目,不计入初始确认金额。

2. 后续计量

企业应当按照公允价值对可供出售金融资产进行后续计量,即在每个资产负债表日,企业应将可供出售金融资产公允价值变动形成的利得或损失计入资本公积(其他资本公积)。

三、可供出售金融资产的核算

(一)可供出售金融资产的账户设置

为了核算可供出售金融资产的取得、收取现金股利或利息、处置等业务,企业应设置"可供出售金融资产"账户。"可供出售金融资产"账户核算企业持有的可供出售金融资产公允价值。该账户的借方登记可供出售金融资产取得的成本,购入债券形成的利息调整(债券溢价),资产负债表日债券折价的摊销,资产负债表日其公允价值高于账面余额的差额;贷方登记购入债券形成的利息调整(债券折价),资产负债表日利息调整(债券溢价的摊销),资产负债表日其公允价值低于账面余额的差额;期末余额,反映企业持有的可供出售金融资产的公允价值。企业按照可供出售金融资产的类别和品种,分别设置"成本""利息调整""应计利息""公允价值变动"明细账户进行明细核算。

(二)可供出售金融资产的会计处理

1. 取得时的会计处理

可供出售金融资产应当按取得该金融资产的公允价值和相关交易费用之和作为初始确认金额。支付的价款中包含的已到付息期但尚未领取的债券利息或已宣告但尚未发放的现金股利,应单独确认为应收项目。

企业取得可供出售的金融资产,应按其公允价值与交易费用之和,借记"可供出售金融资产——成本"账户,按支付的价款中包含的已宣告但尚未发放的现金股利,借记"应收股利"账户,按实际支付的金额,贷记"银行存款"账户。

如果取得的可供出售金融资产为债券投资的,应按债券的面值,借记"可供出售金融资产——成本"账户,按支付的价款中包含的已到付息期但尚未领取的利息,借记"应收利息"账户,按实际支付的金额,贷记"银行存款"账户,按差额,借记或贷记"可供出售金融资产——利息调整"账户。

2. 持有期间投资收益的会计处理

可供出售金融资产持有期间所获得的现金股利或债券利息,应当作为投资收益计入股利宣告期或利息归属期的损益。

可供出售金融资产是债券投资的,在资产负债表日,应分情况处理:(1)可供出售债券为分期付息、一次还本债券投资的,应按面值和票面利率计算确定的应收未收利息,借记"应收利息"账户,按可供出售债券的摊余成本和实际利率计算确定的利息收入,贷记"投资收益"账户,按其差额,借记或贷记"可供出售金融资产——利息调整"账户。(2)可供出售债券为一次还本付息债券投资的,应按票面利率计算确定的应收未收利息,借记"可供出售金融资产——应计利息"账户,按可供出售债券的摊余成本和实际利率计算确定的利息收入,贷记"投资收益"账户,按其差额,借记或贷记"可供出售金融资产——利息调整"账户。

可供出售金融资产为股票投资的,应当在被投资方宣告发放现金股利时,借记"应收利息"账户,贷记"投资收益"账户。

3. 资产负债表日公允价值变动的会计处理

在持有期间的资产负债表日,可供出售金融资产公允价值变动形成的利得或损失,除减值损失和外币货币性金融资产形成的汇兑差额外,应当直接计入所有者权益,在该金融资产终止确认时转出,计入当期损益。

资产负债表日,可供出售金融资产的公允价值高于其账面价值的差额,借记"可供出售金融资产——公允价值变动"账户,贷记"资本公积——其他资本公积"账户;公允价值低于其账面价值的差额做相反的会计处理。

4. 出售时的会计处理

出售可供出售的金融资产,应按实际收到的金额,借记"银行存款"账户,按其账面价值,贷记"可供出售金融资产——成本、应计利息、利息调整、公允价值变动"账户,按应从所有者权益中转出的公允价值累计变动额,借记或贷记"资本公积——其他资本公积"账户,按其差额,贷记或借记"投资收益"账户。

【例5-5】 20×7年5月,甲公司以480万元购入乙公司股票60万股作为可供出售金融资产,另支付手续费10万元。20×7年6月30日该股票每股市价为7.5元,20×7年8月10日,乙公司宣告分派现金股利,每股0.20元,8月20日,甲公司收到分派的现金股利。至12月31日,甲公司仍持有该可供出售金融资产,期末每股市价为8.5元,20×8年1月3日以515万元出售该可供出售金融资产。假定甲公司每年6月30日和12月31日对外提供财务报告。

甲公司的会计处理如下:

(1)20×7年5月购入股票时,

借:可供出售金融资产——成本   4 900 000

    贷:银行存款   4 900 000

（2）20×7 年 6 月 30 日，确认股票价格变动时，

借：资本公积——其他资本公积 400 000

贷：可供出售金融资产——公允价值变动 400 000

（3）20×7 年 8 月 10 日乙公司宣告分派现金股利时，

借：应收股利 120 000

贷：投资收益 120 000

（4）20×7 年 8 月 20 日收到现金股利时，

借：银行存款 120 000

贷：应收股利 120 000

（5）20×7 年 12 月 31 日，确认股票价格变动，

借：可供出售金融资产——公允价值变动 600 000

贷：资本公积——其他资本公积 600 000

（6）20×8 年 1 月 3 日处置时，

借：银行存款 5 150 000

贷：可供出售金融资产——成本 4 900 000

可供出售金融资产——公允价值变动 200 000

投资收益 50 000

借：资本公积——其他资本公积 200 000

贷：投资收益 200 000

5. 可供出售金融资产减值的会计处理

（1）分析判断可供出售金融资产是否发生减值，应当注重该金融资产公允价值是否持续下降。通常情况下，如果可供出售金融资产的公允价值发生较大幅度下降，或在综合考虑各种相关因素后，预期这种下降属于非暂时性的，可以认定该可供出售金融资产已发生减值，应当确认减值损失。

（2）可供出售金融资产发生减值时，即使该金融资产没有终止确认，原直接计入所有者权益的因公允价值下降形成的累计损失，也应当予以转出，计入当期损益。该转出的累计损失，为可供出售金融资产的初始取得成本扣除已收回本金和已摊销金额、当前公允价值和原已计入损益的减值损失后的余额。

对于在活跃市场中没有报价且其公允价值不能可靠计量的权益工具投资，或与该权益工具挂钩并须通过交付该权益工具结算的衍生金融资产，在后续持有期间因为公允价值无法获得，需按取得时的成本进行计量。当该类金融资产发生减值时，应当将该权益工具投资或衍生金融资产的账面价值，与按照类似金融资产当时市场收益率对未来现金流量折现确定的现值之间的差额，确认为减值损失，计入当期损益。

（3）对于已确认减值损失的可供出售债务工具，在随后的会计期间公允价值已上升且客观上与原减值损失确认后发生的事项有关的，原确认的减值损失应当予以转回，计入当期损益。

对于可供出售权益工具投资发生的减值损失，不得通过损益转回，而是通过资本公积

转回。但是,在活跃市场中没有报价且其公允价值不能可靠计量的权益工具投资,或与该权益工具挂钩并须通过交付该权益工具结算的衍生金融资产发生的减值损失,不得转回。

(4) 可供出售金融资产发生减值后,利息收入应当按照确定减值损失时对未来现金流量进行折现采用的折现率作为利率计算确认。

【例 5-6】 20×7 年 1 月 1 日,甲公司从二级市场购入乙公司公开发行的债券 10 000 张,每张面值 100 元,票面利率为 3%,每年 1 月 1 日支付上年度利息。购入时每张支付款项 97 元,另支付相关费用 2 200 元,划分为可供出售金融资产。购入债券时的市场利率为 4%。20×7 年 12 月 31 日,由于乙公司发生财务困难,该公司债券的公允价值下降为每张 70 元,甲公司预计,如乙公司不采取措施,该债券的公允价值预计会持续下跌。20×8 年 1 月 1 日,收到债券利息 30 000 元。20×8 年,乙公司采取措施使财务困难大为好转。20×8 年 12 月 31 日,该债券的公允价值上升到每张 90 元。20×8 年 1 月 1 日,收到债券利息 30 000 元。20×9 年 1 月 10 日,甲公司将上述债券全部出售,收到款项 902 000 元存入银行。

甲公司的会计处理如下:

(1) 20×7 年 1 月 1 日,

借:可供出售金融资产——成本	1 000 000
贷:银行存款	972 200
可供出售金融资产——利息调整	27 800

(2) 20×7 年 12 月 31 日,由于甲公司预计,如乙公司不采取措施,该债券的公允价值预计会持续下跌,因此对该债券投资计提减值准备。

应收利息 = 1 000 000 × 3% = 30 000(元)

应确认的利息收入 = 972 200 × 4% = 38 888(元)

20×7 年 12 月 31 日确认减值损失前,该债券的摊余成本 = 972 200 + 38 888 − 30 000 = 981 088 元。

应确认减值损失 = 981 088 − 10 000 × 70 = 281 088(元)

借:应收利息	30 000
可供出售金融资产——利息调整	8 888
贷:投资收益	38 888
借:资产减值损失	281 088
贷:可供出售金融资产——公允价值变动	281 088

(3) 20×8 年 1 月 1 日,

借:银行存款	30 000
贷:应收利息	30 000

(4) 20×8 年 12 月 31 日,

应收利息 = 1 000 000 × 3% = 30 000(元)

20×8 年 1 月 1 日,该债券的摊余成本 = 981 088 − 281 088 = 700 000(元),所以,应确认的利息收入 = 700 000 × 4% = 28 000(元)。此处假设在 20×7 年 12 月 31 日确认

减值时,将未来现金流量进行折现所采用的折现率仍然是实际利率 4%。

减值损失回转前该债券的摊余成本＝700 000＋28 000－30 000＝698 000(元)

20×8 年 12 月 31 日该债券的公允价值＝900 000(元)

应转回的金额＝900 000－698 000＝202 000(元)

借:应收利息	30 000
贷:投资收益	28 000
可供出售金融资产——利息调整	2 000
借:可供出售金融资产——公允价值变动	202 000
贷:资产减值损失	202 000

(5)20×9 年 1 月 1 日,

借:银行存款	30 000
贷:应收利息	30 000

(6)20×9 年 1 月 10 日,

借:银行存款	902 000
可供出售金融资产——公允价值变动	79 088
——利息调整	20 912
贷:可供出售金融资产——成本	1 000 000
投资收益	2 000

【例 5-7】 20×5 年 1 月 1 日,甲公司从股票二级市场以每股 20 元的价格购入乙公司发行的股票 200 000 股,占乙公司有表决权股份的 1%,对乙公司无重大影响,划分为可供出售金融资产。20×5 年 5 月 10 日,甲公司收到乙公司发放的上年现金股利 100 000 元。20×5 年 12 月 31 日,该股票的市场价格为每股 17 元。甲公司预计该股票的价格下跌是暂时的。20×6 年,乙公司因发布虚假信息,受到证券监管部门查处。受此影响,乙公司股票的价格发生下跌,至 20×6 年 12 月 31 日,该股票的市场价格下跌到每股 12 元。20×7 年,乙公司整改完成,加之市场宏观面好转,股票价格有所回升,至 12 月 31 日,该股票的市场价格上升到每股 15 元。

假定 20×6 年和 20×7 年均未分派现金股利,不考虑其他因素,则甲公司的会计处理如下:

(1)20×5 年 1 月 1 日购入股票时,

借:可供出售金融资产——成本	4 000 000
贷:银行存款	4 000 000

(2)20×5 年 5 月确认现金股利时,

借:应收股利	100 000
贷:可供出售金融资产——成本	100 000
借:银行存款	100 000
贷:应收股利	100 000

(3)20×5 年 12 月 31 日确认股票公允价值变动,

借:资本公积——其他资本公积	600 000

　　　　贷：可供出售金融资产——公允价值变动　　　　　　　　　　　　 600 000

（4）20×6 年 12 月 31 日，确认股票投资的减值损失，

　　借：资产减值损失　　　　　　　　　　　　　　　　　　　　 1 600 000

　　　　贷：资本公积——其他资本公积　　　　　　　　　　　　　 600 000

　　　　　　可供出售金融资产——公允价值变动　　　　　　　　 1 000 000

（5）20×7 年 12 月 31 日确认股票价格变动，

　　借：可供出售金融资产——公允价值变动　　　　　　　　　　　 600 000

　　　　贷：资本公积——其他资本公积　　　　　　　　　　　　　 600 000

第五节　长期股权投资

一、长期股权投资的概念

　　长期股权投资，是指投资方对被投资单位实施控制、重大影响的权益性投资，以及对其合营企业的权益性投资。

　　按照财政部发布的《关于印发修订〈企业会计准则第 2 号——长期股权投资〉的通知》（财会〔2014〕14 号），长期股权投资包括：（1）企业持有的能够对被投资单位实施控制的权益性投资，即对子公司投资；（2）企业持有的能够与其他合营方一同对被投资单位实施共同控制的权益性投资，即对合营企业投资；（3）企业持有的能够对被投资单位施加重大影响的权益性投资，即对联营企业投资。

　　企业对被投资单位不具有控制、共同控制或重大影响、在活跃市场上没有报价且公允价值不能可靠计量的权益性投资，不属于长期股权投资，而是按照《企业会计准则第 22 号——金融资产的确认和计量》的规定，将其作为可供出售金融资产处理。

二、长期股权投资的账户设置

　　为了核算企业的长期股权投资，企业应当设置"长期股权投资"账户。该账户的借方登记长期股权投资取得时的成本以及采用权益法核算时按被投资单位实现的净利润计算的应分享的份额，贷方登记收回长期股权投资的价值或采用权益法核算时被投资单位发生的净亏损计算的应分担的份额，期末借方余额，反映企业持有的长期股权投资的价值。

　　本账户应按投资单位进行明细核算。采用权益法核算的，还应当分别"成本""损益调整""其他权益变动"进行明细核算。

三、长期股权投资的初始计量

　　长期股权投资在取得时，应按初始投资成本入账。长期股权投资的初始投资成本，应分企业合并和非企业合并两种情况确定。

（一）企业合并形成的长期股权投资的初始计量

　　在企业合并形成的长期股权投资中，企业还应进一步区分为同一控制下的企业合并和非同一控制下的企业合并确定的长期股权投资的初始投资成本。

1. 同一控制下的企业合并形成长期股权投资

同一控制下的企业合并,合并方以支付现金、转让非现金资产或承担债务方式作为合并对价的,应当在合并日按照被合并方所有者权益在最终控制方合并财务报表中的账面价值的份额作为长期股权投资的初始投资成本。长期股权投资初始投资成本与支付的现金、转让的非现金资产以及所承担债务账面价值之间的差额,应当调整资本公积;资本公积不足冲减的,调整留存收益。

合并方以发行权益性证券作为合并对价的,应当在合并日按照被合并方所有者权益在最终控制方合并财务报表中的账面价值的份额作为长期股权投资的初始投资成本。按照发行股份的面值总额作为股本,长期股权投资初始投资成本与所发行股份面值总额之间的差额,应当调整资本公积;资本公积不足冲减的,调整留存收益。

同一控制下形成的企业合并,企业应当在合并日按照被合并方所有者权益在最终控制方合并财务报表中的账面价值的份额作为长期股权投资的初始投资成本,借记"长期股权投资"账户,按享有被投资单位已宣告但尚未发放的现金股利或利润,借记"应收股利"账户;按照支付的合并对价的账面价值,贷记有关资产或借记有关负债账户,按其差额,贷记"资本公积——资本溢价(或股本溢价)"账户;若为借方差额,借记"资本公积——资本溢价(或股本溢价)"账户,资本公积不足冲减的,应当依次借记"盈余公积""利润分配——未分配利润"等账户。

需要注意的是,为进行企业合并发生的各项直接相关费用,如审计费用、评估费用、法律服务费等,应于发生时计入当期管理费用。

【例 5-8】 甲企业和乙企业同为丙集团的子公司。20×4 年 7 月 1 日,甲公司与乙公司达成合并协议,约定甲公司以固定资产和 1 000 万元现金对乙公司进行投资,占乙公司股份总额的 60%。该固定资产原价 3 000 万元,已折旧 500 万元。20×4 年 7 月 1 日,乙公司所有者权益在丙集团合并财务报表中的账面价值为 6 000 万元。甲公司"资本公积——资本溢价"明细账余额 800 万元。另外,甲公司以银行存款支付审计费用、评估费用、法律服务费用等共计 30 万元。根据上述资料,甲公司的会计处理如下:

借:固定资产清理		25 000 000
累计折旧		5 000 000
贷:固定资产		30 000 000
借:长期股权投资		36 000 000
贷:银行存款		10 000 000
固定资产清理		25 000 000
资本公积——资本溢价		1 000 000
借:管理费用		300 000
贷:银行存款		300 000

若 20×4 年 7 月 1 日,乙公司所有者权益在丙集团合并财务报表中的账面价值为 5 000万元,其他条件不变,则上述第二笔会计分录应为:

借:长期股权投资		30 000 000

资本公积——资本溢价	5 000 000
贷：银行存款	10 000 000
固定资产清理	25 000 000

其他会计分录不变。

合并方以发行权益性证券作为合并对价的,应当在合并日按照被合并方所有者权益在最终控制方合并财务报表中的账面价值的份额作为长期股权投资的初始投资成本,借记"长期股权投资"账户,按照发行股份的面值总额,贷记"股本"等账户,按照发生的相关税费,贷记"银行存款"等账户,按照借贷方的差额,贷记"资本公积——资本溢价或股本溢价"账户。发行权益性证券过程中支付的佣金、手续费,应冲减权益性证券的溢价发行收入,借记"资本公积——资本溢价或股本溢价"账户,贷记"银行存款"账户。

【例5-9】 甲企业和乙企业同为丁集团的子公司。20×4年1月1日,甲公司与乙公司达成合并协议,约定甲公司以增发的权益性证券作为对价向乙公司进行投资,占乙公司股份总额的60%。为进行该项合并,甲公司共增发普通股股票1 000万股,每股面值1元,发行价格为5.5元,20×4年1月1日,甲公司增发权益性证券成功。在发行股票过程中,甲公司共发生与发行权益性证券直接相关的手续费、佣金120万元,以银行存款支付。假定合并日,乙公司所有者权益在丁集团合并财务报表中的账面价值为4 500万元。根据上述资料,甲公司的会计处理如下:

借：长期股权投资	27 000 000
贷：股本	10 000 000
资本公积——股本溢价	17 000 000
借：资本公积——股本溢价	1 200 000
贷：银行存款	1 200 000

2. 非同一控制下的企业合并形成的长期股权投资

非同一控制下的企业合并,是指参与合并的各方在合并前后不受同一方或相同的多方最终控制的企业合并。非同一控制下的企业合并,在购买日取得对其他参与合并企业控制权的一方为购买方,参与合并的其他企业为被购买方。购买日是指购买方实际取得对被购买方控制权的日期。

非同一控制下的企业合并,购买方在购买日应当区别下列情况确定企业合并成本,并将其作为长期股权投资的初始投资成本。

(1)通过一次交换交易实现的企业合并,合并成本为购买方在购买日为取得对被购买方的控制权而付出的资产、发生或承担的负债以及发行的权益性证券的公允价值。

(2)通过多次交换交易分步实现的企业合并,合并成本为每一单项交易成本之和。

(3)合并方或购买方为企业合并发生的审计、法律服务、评估咨询等中介费用以及其他相关管理费用,应于发生时计入当期损益。

(4)在合并合同或协议中对可能影响合并成本的未来事项做出约定的,购买日如果估计未来事项很可能发生并且对合并成本的影响金额能够可靠计量的,购买方应当将其计入合并成本。

具体来说,非同一控制下的企业合并,企业在购买日应当按照确定的企业合并成本(不含应从被投资单位收取的现金股利或利润)作为长期股权投资的初始投资成本,借记"长期股权投资"账户,按应享有被投资单位已宣告但尚未发放的现金股利或利润,借记"应收股利"账户,按照支付合并对价的账面价值,贷记有关资产或借记有关负债账户,按照长期股权投资的初始投资成本与支付对价的账面价值之间的贷方差额,贷记"营业外收入"账户,按照长期股权投资的初始投资成本与支付对价的账面价值之间的借方差额,贷记"营业外支出"账户。按照发生的直接相关费用,借记"管理费用"账户,贷记"银行存款"账户。

非同一控制下的企业合并涉及以库存商品等作为合并对价的,应按库存商品的公允价值确认主营业务收入,同时结转主营业务成本。涉及增值税的,还应进行相应的处理。

【例5-10】 20×4年5月10日,乙企业与丁公司达成合并协议,约定乙公司以一项专利技术向丁公司进行投资,占丁公司股份总额的60%。该专利技术的账面原价为1 000万元,已累计摊销200万元,公允价值为900万元。合并中乙公司为核实丁公司的资产价值,聘请专业资产评估机构对丁公司资产进行评估,支付评估费用50万元。按照税法的规定,转让专利权的营业税税率5%。假定乙公司与丁公司在此前不存在任何投资关系。乙公司的会计处理如下:

借:长期股权投资　　　　　　　　　　　　　　　　　　　9 450 000
　　累计摊销　　　　　　　　　　　　　　　　　　　　　2 000 000
　　贷:无形资产　　　　　　　　　　　　　　　　　　　10 000 000
　　　　应交税费——应交营业税　　　　　　　　　　　　　450 000
　　　　营业外收入　　　　　　　　　　　　　　　　　　1 000 000
借:管理费用　　　　　　　　　　　　　　　　　　　　　500 000
　　贷:银行存款　　　　　　　　　　　　　　　　　　　　500 000

【例5-11】 20×5年6月1日,甲公司与乙公司达成合并协议,约定甲公司以货币资金1 000万元和一批产品向乙公司进行投资,占乙公司股份总额的60%。该批产品成本650万元,公允价值为800万元,该产品适用的增值税税率17%。假定该合并属于非同一控制下的企业合并,除增值税外,不考虑其他相关税费,甲公司的会计处理如下:

借:长期股权投资　　　　　　　　　　　　　　　　　　19 360 000
　　贷:银行存款　　　　　　　　　　　　　　　　　　　10 000 000
　　　　主营业务收入　　　　　　　　　　　　　　　　　8 000 000
　　　　应交税费——应交增值税(销项税额)　　　　　　　1 360 000
借:主营业务成本　　　　　　　　　　　　　　　　　　　6 500 000
　　贷:库存商品　　　　　　　　　　　　　　　　　　　6 500 000

(二)非企业合并形成的长期股权投资的初始计量

除企业合并形成的长期股权投资以外,其他方式取得的长期股权投资,应当按照下列规定确定其初始投资成本:

1. 以支付现金取得的长期股权投资

以支付现金取得的长期股权投资,应当按照实际支付的购买价款作为初始投资成本。初始投资成本包括与取得长期股权投资直接相关的费用、税金及其他必要支出。企业取得长期股权投资,实际支付的价款或对价中包含的已宣告但尚未发放的现金股利或利润,应作为应收项目处理。

【例 5-12】 甲公司于 20×4 年 3 月 1 日,自公开市场中购入乙公司 20% 的股份作为长期股权投资,实际支付价款 6 000 万元,另外购买时支付交易手续费 150 万元。能对乙公司的生产经营决策施加重大影响。甲公司的会计处理如下:

借:长期股权投资——乙公司(成本)　　　　　　　　　　　　61 500 000

　　贷:银行存款　　　　　　　　　　　　　　　　　　　　　　　　　61 500 000

2. 以发行权益性证券取得的长期股权投资

以发行权益性证券取得的长期股权投资,应当按照发行权益性证券的公允价值作为初始投资成本。

具体来说,企业以发行权益性证券取得的长期股权投资,应当按照权益性证券的公允价值,作为长期股权投资的初始投资成本,借记"长期股权投资"账户,按权益性证券的面值,贷记"股本"账户,按权益性证券的公允价值与其面值之间的差额,贷记"资本公积——股本溢价"账户。为发行权益性证券支付的手续费、佣金等应从权益性证券的溢价发行收入中扣除,溢价收入不足的,应依次冲减盈余公积和未分配利润。

【例 5-13】 20×4 年 5 月 20 日,甲公司以发行股票 2 000 万股作为对价向乙公司投资。每股面值 1 元,实际发行价为每股 4 元。为发行股份,甲公司支付了 80 万元的佣金和手续费。甲公司的会计处理如下:

借:长期股权投资　　　　　　　　　　　　　　　　　　　　80 000 000

　　贷:股本　　　　　　　　　　　　　　　　　　　　　　　　　　20 000 000

　　　　资本公积——股本溢价　　　　　　　　　　　　　　　　　60 000 000

借:资本公积——股本溢价　　　　　　　　　　　　　　　　　　800 000

　　贷:银行存款　　　　　　　　　　　　　　　　　　　　　　　　　800 000

四、长期股权投资的后续计量

长期股权投资应当分别不同情况采用成本法或权益法确定期末账面余额。

(一) 长期股权投资核算的成本法

1. 成本法的适用范围

成本法,是指长期股权投资按成本计价的方法。成本法的核算适用于投资方能够对被投资单位实施控制的长期股权投资的核算。

控制是指有权决定一个企业的财务和经营政策,并能据以从该企业的经营活动中获取利益。控制一般存在于以下两种情况:

(1) 投资企业拥有被投资单位 50% 以上表决权资本。具体包括以下三种情况:

①投资企业直接拥有被投资企业 50% 以上表决权资本。如 A 公司直接拥有 B 公

司发行的普通股总数的 51%,这表明 A 公司直接控制了 B 公司。

②投资企业间接拥有被投资企业 50%以上表决权资本。如 A 公司直接拥有 B 公司 80%股份,而 B 公司又拥有 C 公司 70%的股份。在这种情况下,A 公司间接拥有 C 公司 70%的股份,这表明 A 公司间接控制了 C 公司。

③投资企业直接和间接拥有被投资企业 50%以上表决权资本。如 A 公司拥有 B 公司表决权资本的 70%,拥有 C 公司表决权资本的 35%,B 公司也拥有 C 公司表决权资本的 30%。在这种情况下,A 公司直接拥有 C 公司 35%的表决权,加上通过 B 公司间接拥有 C 公司 30%的表决权,从而拥有 C 公司 65%的表决权资本。这表明 A 公司控制了 C 公司。

(2) 投资企业虽然直接拥有被投资单位 50%或以下的表决权资本,但具有实质控制权的。投资企业对被投资单位是否具有实质控制权,可以通过以下一种或一种以上的情形来判断:

①通过与该被投资企业的其他投资者之间协议,拥有被投资单位 50%以上表决权资本。如 A 公司拥有 B 公司 40%的表决权资本,C 公司拥有 B 公司 30%的表决权资本,D 公司拥有 B 公司 30%的表决权资本。A 公司与 C 公司达成协议,C 公司在 B 公司的权益由 A 公司代表。在这种情况下,A 公司实质拥有 B 公司 70%表决权资本的控制权,表明 A 公司实质上控制 B 公司。

②根据公司章程或协议,有权决定被投资企业的财务和经营政策。如 A 公司拥有 B 公司 45%的表决权资本,同时,根据协议,B 公司的生产经营决策由 A 公司控制。

③有权任免被投资单位的董事会或类似机构的多数成员。这种情况是指,虽然投资企业拥有被投资企业 50%或以下表决权资本,但根据公司章程、协议等有权任免董事会的董事,以达到实质上控制的目的。

④在被投资单位的董事会或类似机构占有半数以上表决权。这种情况是指,虽然投资企业拥有被投资企业 50%或以下表决权资本,但能够控制被投资单位董事会等类似权力机构的会议,从而能够控制其财务和经营政策,使其达到实质上的控制。

需要指出的是,企业对被投资单位不具有控制、共同控制或重大影响、在活跃市场上没有报价且公允价值不能可靠计量的权益性投资,按照财政部发布《关于印发修订〈企业会计准则第 2 号——长期股权投资〉的通知》(财会〔2014〕14 号)的规定,不再作为长期股权投资核算,而是按照《企业会计准则第 22 号——金融资产的确认和计量》的规定,将其作为可供出售金融资产核算。当然可供出售金融资产也是采用成本法进行后续计量的。

2. 成本法的核算方法

长期股权投资采用成本法核算的一般程序如下:

(1) 初始投资或追加投资时,按照初始投资或追加投资时的成本增加长期股权投资的账面成本,同一控制下的控股合并形成的长期股权投资初始投资成本为合并日取得的被合并方账面所有者权益的份额;

（2）被投资单位宣告分派的利润或现金股利,投资企业按应享有的部分确认当期投资收益。

投资企业确认自被投资单位应分得的现金股利或利润后,应当考虑长期股权投资是否发生减值。在判断该类长期股权投资是否存在减值迹象时,应当关注长期股权投资的账面价值是否大于享有被投资单位净资产（包括相关商誉）账面价值的份额的情况。出现类似情况时,企业应当按照资产减值准则的规定对长期股权投资进行减值测试,可收回金额低于长期股权投资账面价值的,应当计提减值准备。

【例 5-14】　甲公司 20×4 年 3 月 10 日以 2 500 万元购入乙公司 60％的股份,并准备长期持有。甲公司购入该部分股权后,未派出人员参与乙公司的财务与经营决策,同时也未对乙公司施加控制、共同控制和重大影响。20×4 年 4 月 1 日,乙公司宣告分派20×3 年度的现金股利 1 450 万元,甲公司按照其持股比例确定可分回 870 万元。20×4 年 4 月 20 日甲公司收到乙公司分派的现金股利。甲公司的会计处理如下:

（1）20×4 年 3 月 10 日购入乙公司股票时,

借：长期股权投资——乙公司	25 000 000
贷：银行存款	25 000 000

（2）20×4 年 4 月 1 日乙公司宣告发放现金股利时,

借：应收股利	8 700 000
贷：投资收益	8 700 000

（3）20×4 年 4 月 20 日收到乙公司分派的现金股利时,

借：银行存款	8 700 000
贷：应收股利	8 700 000

（二）长期股权投资核算的权益法

1. 权益法的适用范围

权益法,是指投资以初始投资成本计量后,在投资持有期间根据投资企业享有被投资单位所有者权益份额的变动对投资的账面价值进行调整的方法。

投资方对联营企业和合营企业的长期股权投资,应当采用权益法核算。

投资方对联营企业的权益性投资,其中一部分通过风险投资机构、共同基金、信托公司或包括投连险基金在内的类似主体间接持有的,无论以上主体是否对这部分投资具有重大影响,投资方都可以按照《企业会计准则第 22 号——金融工具确认和计量》的有关规定,对间接持有的该部分投资选择以公允价值计量且其变动计入损益,并对其余部分采用权益法核算。

2. 权益法的核算方法

采用权益法核算长期股权投资,应在“长期股权投资”账户下分别设置“成本”“损益调整”“其他权益变动”明细账户进行明细核算。

第一,初始投资成本调整的会计处理。

长期股权投资应按照初始投资或追加投资时的成本,增加长期股权投资账面价值。

并按照下列要求调整初始投资成本：

①长期股权投资的初始投资成本大于投资时应享有被投资单位可辨认净资产公允价值份额的，不调整长期股权投资的初始投资成本。

②长期股权投资的初始投资成本小于投资时应享有被投资单位可辨认净资产公允价值份额的，其差额计入当期损益，并调整长期股权投资的成本。会计处理为借记"长期股权投资——××公司（成本）"账户，贷记"营业外收入"账户。

【例5-15】 20×4年1月1日，甲公司以2 000万元取得乙公司25%的股权，取得投资时被投资单位可辨认净资产的公允价值为6 000万元。甲公司能够对乙公司施加重大影响，采用权益法核算。甲公司的会计处理如下：

借：长期股权投资——乙公司（成本）　　　　　　　　　　　　20 000 000
　　贷：银行存款　　　　　　　　　　　　　　　　　　　　　　　　20 000 000

因为初始投资成本2 000万元＞应享有被投资单位可辨认净资产公允价值份额1 500万元（6 000×25%），根据规定不需要调整长期股权投资的初始投资成本。

假定投资时乙公司可辨认净资产的公允价值为9 000万元，则甲公司初始投资成本2 000万元＜应享有乙公司可辨认净资产公允价值份额2 250万元（9 000×25%），根据规定，差额应计入当期营业外收入，同时调整长期股权投资的初始投资成本。

借：长期股权投资——乙公司（成本）　　　　　　　　　　　　20 000 000
　　贷：银行存款　　　　　　　　　　　　　　　　　　　　　　　　20 000 000
借：长期股权投资——乙公司（成本）　　　　　　　　　　　　　2 500 000
　　贷：营业外收入　　　　　　　　　　　　　　　　　　　　　　　2 500 000

第二，被投资单位实现净利润的会计处理。

在权益法下，被投资单位实现净利润，投资单位应当按照应享有的份额确认为投资收益，并调整长期股权投资的账面价值，会计处理为借记"长期股权投资——××公司（损益调整）"账户，贷记"投资收益"账户。投资企业按照被投资单位宣告分派的利润或现金股利计算应分得的金额，相应减少长期股权投资的账面价值，会计处理为借记"应收股利"，贷记"长期股权投资——××公司（损益调整）"账户。

采用权益法核算，在具体确认投资收益时应注意下列情况：

①被投资单位采用的会计政策及会计期间与投资企业不一致的，应当按照投资企业的会计政策及会计期间对被投资单位的财务报表进行调整，并据以确认投资收益。

②投资企业在确认应享有被投资单位净损益的份额时，应当以取得投资时被投资单位各项可辨认资产等的公允价值为基础，对被投资单位的净利润进行调整后确认。比如，以取得投资时被投资单位固定资产、无形资产的公允价值为基础计提的折旧额或摊销额，相对于被投资单位已计提的折旧额、摊销额之间存在差额的，应按其差额对被投资单位净损益进行调整，并按调整后的净损益和持股比例计算确认投资收益。

【例5-16】 甲企业于20×4年1月1日取得乙公司40%的股权。取得投资时，乙公司无形资产公允价值为3 600万元，账面价值为2 400万元，无形资产的预计使用年限为 20 年,预计净残值为零,按照年限平均法进行摊销。除无形资产外,乙企业其他资产、负债的公允价值与账面价值相同。乙企业 20×4 年度利润表中净利润为 660 万元。

甲企业在确定其应享有的投资收益时,应在乙企业实现净利润的基础上,根据取得投资时有关资产的账面价值与其公允价值差额的影响进行调整。当期乙公司利润表中,已按无形资产账面价值计算扣除的摊销费用为 120 万元,若按照取得投资时无形资产的公允价值计算确定的摊销费用为 180 万元。假定不考虑所得税影响,乙企业调整后的净利润为:

调整后的净利润=660-(180-120)=600(万元)

甲企业应享有的份额=600×40%=240(万元)

借:长期股权投资——乙公司(损益调整)　　　　　　　　　　2 400 000

　　贷:投资收益　　　　　　　　　　　　　　　　　　　　　　　　2 400 000

③投资企业在对被投资单位的净利润进行调整时,应考虑重要性原则,不具重要性的项目可不予调整。存在下列情况之一的,投资企业可以按照被投资单位的账面净利润为基础,经调整未实现内部交易损益后,计算确认投资收益,同时应在财务报表附注中说明下列情况不能调整的事实及其原因:

一是企业无法可靠确定投资时被投资单位各项可辨认资产等的公允价值;

二是投资时被投资单位可辨认资产的公允价值与账面价值之间的差额较小;

三是其他原因导致无法对被投资单位净损益进行调整。

【例 5-17】　20×4 年 1 月 1 日,甲企业以银行存款 750 万元购入乙企业 50% 的表决权资本。假定甲企业的初始投资成本与应享有乙企业可辨认净资产公允价值的份额相等,乙企业各项可辨认净资产公允价值与其账面价值相等。20×4 年,乙企业实现净利润 2 800 万元。20×5 年 3 月 1 日,宣告分派 20×4 年利润 200 万元。20×4 年 4 月 20 日,收到乙公司发放的现金股利。甲企业的会计处理如下:

(1) 20×4 年 1 月 1 日投资时,

借:长期股权投资——乙公司(成本)　　　　　　　　　　　7 500 000

　　贷:银行存款　　　　　　　　　　　　　　　　　　　　　　　　7 500 000

(2) 20×4 年末乙企业实现净利润时,

借:长期股权投资——乙公司(损益调整)　　　　　　　　　1 400 000

　　贷:投资收益　　　　　　　　　　　　　　　　　　　　　　　　1 400 000

(3) 20×5 年 3 月 1 日乙企业分派 20×4 年利润时,

借:应收股利　　　　　　　　　　　　　　　　　　　　　　　1 000 000

　　贷:长期股权投资——乙公司(损益调整)　　　　　　　　　　　1 000 000

(4) 20×4 年 4 月 20 日收到乙公司发放的现金股利时,

借:银行存款　　　　　　　　　　　　　　　　　　　　　　　1 000 000

　　贷:应收股利　　　　　　　　　　　　　　　　　　　　　　　　1 000 000

④在确认投资收益时,除考虑有关资产、负债的公允价值与账面价值差异的投资外,对于投资企业与其联营企业之间发生的未实现内部交易损益也应予以抵销。即投

资企业与联营企业及合营企业之间发生的为实现内部交易损益按照持股比例计算归属于投资企业的部分予以抵销,在此基础上确认投资损益。投资企业与被投资企业发生的内部交易损失,按照资产减值准则等规定属于资产减值损失的,应当全额确认。投资企业对于纳入其合并范围的子公司与其联营企业及合营企业之间发生的内部交易损益,也应当按照上述原则进行抵销,在此基础上确认投资收益。

【例5-18】 甲公司与20×4年1月1日取得乙公司20%有表决权股份,能够对乙公司实施重大影响。假定甲公司取得该项投资时,乙公司各项可辨认资产、负债的公允价值与其账面价值相同。20×4年8月,乙公司将其成本为600万元的某商品以1 000万元的价格出售给甲公司,甲公司取得的商品作为存货。至20×4年12月31日,甲公司仍未对外出售该商品。乙公司20×4年实现净利润3 000万元。假定不考虑所得税因素。

甲公司按照权益法确认的投资损益＝(3 000－400)×20％＝520(万元),其确认投资收益的会计处理如下:

借:长期股权投资——乙公司(损益投资)   5 200 000
  贷:投资收益   5 200 000

第三,被投资单位发生净亏损的会计处理。

属于被投资单位当年发生的净亏损而影响的所有者权益的变动,投资企业应按持股比例计算应分担的份额,冲减长期投资账面价值,并确认为当期投资损失,会计处理为借记"投资收益"账户,贷记"长期股权投资——××公司(损益调整)"账户。

投资企业确认被投资单位发生的净亏损,应当以长期股权投资的账面价值以及其他实质上构成对被投资单位净投资的长期权益减记至零为限,投资企业负有承担额外损失义务的除外。

长期股权投资账面价值,是指该长期股权投资账面余额减去该项投资已计提的减值准备后的金额。长期股权投资的账面余额包括投资成本、损益调整等。

其他实质上构成对被投资单位净投资的长期权益,通常是指长期应收项目,如企业对被投资单位的长期债权,该债权没有明确的清收计划,而且在可预见的未来期间不准备收回的,实质上构成对被投资单位的净投资。如果将长期股权投资的账面价值和其他长期权益项目减记至零后,仍有未确认的投资损失,则需要视投资企业是否负有额外承担损失义务来确定是否确认相应的投资损失。

企业存在其他实质上构成对被投资单位净投资的长期权益项目以及负有承担额外损失义务的情况下,在确认应分担被投资单位发生的亏损时,应当按照以下顺序进行处理:

①冲减长期股权投资的账面价值。

②如果长期股权投资的账面价值不足以冲减的,应当以其他实质上构成对被投资单位净投资的长期权益账面价值为限继续确认投资损失,冲减长期权益的账面价值。

③在经过上述处理后,按照投资合同或协议约定企业仍承担额外义务的,应按预计

承担的义务确认预计负债,计入当期投资损益。

企业除按上述顺序确认的损失外,仍有未确认亏损分担额的,应做表外备查记录。

在确认相关损失后,被投资单位以后期间实现盈利的,投资企业按其享有的份额在扣除未确认的亏损分担额后,应按与上述相反的顺序处理,减记已确认预计负债的账面余额、恢复其他实质上构成对被投资单位净投资的长期权益以及长期股权投资的账面价值,同时确认投资收益。

【例 5-19】　20×4 年 1 月 1 日,甲公司以银行存款 1 500 万元购入乙公司 40% 的普通股。假定甲公司的初始投资成本与应享有乙公司可辨认净资产公允价值的份额相等。20×4 年,乙公司实现净利润 500 万元,20×5 年 4 月 20 日,宣告分派 20×4 年度利润 300 万元,20×5 年 5 月 10 日,收到乙公司发放的 120 万元,20×5 年,乙公司发生净亏损 4 200 万元,20×6 年,乙公司实现净利润 2 000 万元,20×7 年,乙公司实现净利润 2 500 万元。假定 20×6 年、20×7 年两年未进行过利润分配。假定 20×5 年年末,甲公司持有乙公司长期应收款 100 万元。根据投资合同规定,甲公司不承担额外义务。甲公司的会计处理如下:

(1) 20×4 年 1 月 1 日投资时,

借:长期股权投资——乙公司(成本)	15 000 000
贷:银行存款	15 000 000

(2) 20×4 年年末乙公司实现净利润时,

借:长期股权投资——乙公司(损益调整)	2 000 000
贷:投资收益	2 000 000

(3) 20×5 年 4 月 20 日宣告分派利润时,

借:应收股利	1 200 000
贷:长期股权投资——乙公司(损益调整)	1 200 000

(4) 20×5 年 5 月 10 日收到乙公司发放的股利,

借:银行存款	1 200 000
贷:应收股利	1 200 000

(5) 20×5 年年末乙公司发生亏损时,

借:投资收益	16 800 000
贷:长期股权投资——乙公司(损益调整)	15 800 000
长期应收款——乙公司	1 000 000

(6) 20×6 年年末乙公司实现净利润时,

借:长期股权投资——乙公司(损益调整)	7 000 000
长期应收款——乙公司	1 000 000
贷:投资收益	8 000 000

(7) 20×7 年年末乙公司实现净利润时,

借:长期股权投资——乙公司(损益调整)	10 000 000
贷:投资收益	10 000 000

第四，被投资单位其他综合收益变动以及除净利润、其他综合收益和利润分配以外所有者权益的其他变动的会计处理。

采用权益法核算时，被投资单位其他综合收益变动以及除净利润、其他综合收益和利润分配以外所有者权益的其他变动，在持股比例不变的情况下，企业按照持股比例计算应享有或承担的部分，调整长期股权投资的账面价值，同时调整增加或减少资本公积。投资企业处置采用权益法核算的长期股权投资，该项资本公积应转为当期损益，计入"投资收益"。

【例 5-20】 甲企业与其他企业一起投资成立乙公司。甲企业的投资占乙公司表决权资本的 40%，采用权益法核算。20×4 年 5 月 10 日，乙公司接受新股东投资形成资本公积 250 万元。甲企业的会计处理如下：

借：长期股权投资——乙公司（其他权益变动）　　　　　　　　　1 000 000
　　贷：资本公积——其他资本公积　　　　　　　　　　　　　　　　1 000 000

五、长期股权投资核算方法的转换

（一）权益法转换为成本法

因追加投资原因导致原持有的对联营企业或合营企业的投资转变为对子公司投资的，长期投资账面价值的调整应按照分步实现企业合并的原则处理。除此之外，投资方因处置部分股权投资等原因丧失了对被投资单位的共同控制或重大影响的，处置后的剩余股权应当改按《企业会计准则第 22 号——金融工具确认和计量》核算，其在丧失共同控制或重大影响之日的公允价值与账面价值之间的差额计入当期损益。原股权投资因采用权益法核算而确认的其他综合收益，应当在终止采用权益法核算时采用与被投资单位直接处置相关资产或负债相同的基础进行会计处理。

【例 5-21】 甲公司拥有乙公司 30% 的股份，采用权益法核算。20×4 年 3 月 1 日，甲公司将该项投资中的 50% 转让给其他企业，从而使其失去了对乙公司的重大影响力，因而该项投资要由权益法改按成本法核算。同时处置后的剩余股权应当改按《企业会计准则第 22 号——金融工具确认和计量》核算，确认为可供出售金融资产。中止权益法时，该项投资账面余额为 360 万元，其中投资成本 260 万元、损益调整为 60 万元、其他权益变动 40 万元，未提减值准备。售出时取得价款 200 万元。甲公司的会计处理如下：

（1）3 月 1 日，出售所持股份的 50% 时，

借：银行存款　　　　　　　　　　　　　　　　　　　　　　　2 000 000
　　贷：长期股权投资——乙公司（成本）　　　　　　　　　　　　1 300 000
　　　　长期股权投资——乙公司（损益调整）　　　　　　　　　　　300 000
　　　　长期股权投资——乙公司（其他权益变动）　　　　　　　　　200 000
　　　　投资收益　　　　　　　　　　　　　　　　　　　　　　　200 000

（2）3 月 1 日，剩余股份确认为可供出售金融资产，并中止权益法改为成本法，

借：可供出售金融资产——乙公司　　　　　　　　　　　　　　2 000 000
　　贷：长期股权投资——乙公司（成本）　　　　　　　　　　　　1 300 000

长期股权投资——乙公司（损益调整）	300 000
长期股权投资——乙公司（其他权益变动）	200 000
投资收益	200 000

（3）3月1日，将其他综合收益的金额转入投资收益，

借：资本公积——其他资本公积   200 000

　　贷：投资收益   200 000

（二）成本法转换为权益法

长期股权投资的核算从成本法转为权益法时，应区别形成该转换的不同情况进行处理。

（1）投资方因追加投资等原因能够对被投资单位施加重大影响或实施共同控制但不构成控制的，应当按照《企业会计准则第22号——金融工具确认和计量》确定的原持有的股权投资的公允价值加上新增投资成本之和，作为改按权益法核算的初始投资成本。原持有的股权投资分类为可供出售金融资产的，其公允价值与账面价值之间的差额，以及原计入其他综合收益的累计公允价值变动应当转入改按权益法核算的当期损益。

在从成本法转为权益法时，应对原持有的投资以及追加的投资两部分分别处理：

首先，原持有股权投资的账面余额与按照原持股比例计算确定应享有原取得投资时被投资单位可辨认净资产公允价值份额之间的差额，前者大于后者的，不调整长期股权投资的账面价值；前者小于后者，根据其差额分别调整长期股权投资的账面价值和留存收益。

其次，对于新取得的股权部分，应比较追加投资成本与取得该部分投资时应享有被投资单位可辨认净资产公允价值份额之间的份额，前者大于后者的，不调整长期股权投资的账面价值；前者小于后者，根据其差额分别调整长期股权投资的账面价值和当期的营业外收入。进行上述调整时，应当综合考虑与原持有投资和追加投资相关的商誉或计入损益的金额。

对于原取得投资后至追加投资的交易日之间被投资单位可辨认净资产公允价值的变动相对于原持股比例的部分，属于在此期间被投资单位实现净损益中应享有份额的，一方面，应当调整长期股权投资的账面价值；另一方面，对于原取得投资时至追加投资当期期初按照原持股比例应享有被投资单位实现的净损益，应调整留存收益，对于追加投资当期期初至追加投资交易日之间应享有被投资单位的净损益，应计入当期损益；属于其他原因导致的被投资单位可辨认净资产公允价值变动中应享有的份额，在调整长期股权投资账面价值的同时，应当计入"资本公积——其他资本公积"。

【例5-22】 甲公司于20×4年12月1日取得乙公司10%的股权，成本为900万元，取得投资时乙公司可辨认净资产的公允价值总额为8 400万元（假定公允价值与账面价值相等）。因对被投资单位不具有重大影响且无法可靠确定该项投资的公允价值，甲公司将其确认为可供出售金融资产，采用成本法核算。假定甲公司按净利润的10%提取盈余公积。

20×5年1月2日，甲公司又以1 800万元的价格取得乙公司12%的股权，当日乙

公司可辨认净资产公允价值总额为 12 000 万元。取得该部分股权后,按照乙公司章程规定,甲公司能够派人参与乙公司的生产经营决策,对该项投资转为采用权益法核算。假定甲公司在取得对乙公司 10%股权后至新增投资日,双方未发生任何内部交易,乙公司通过生产经营活动实现的净利润为 900 万元,未派发现金股利或利润。除所实现净利润外,未发生其他计入资本公积的交易或事项。根据上述资料,甲公司的会计处理如下:

① 将可供出售金融资产转为长期股权投资时,

借:长期股权投资——乙公司   9 000 000
  贷:可供出售金融资产   9 000 000

② 20×5 年 1 月 2 日追加投资时,

借:长期股权投资——乙公司   18 000 000
  贷:银行存款   18 000 000

③ 对长期股权投资账面价值的调整:

确认该部分长期股权投资后,甲公司对乙公司投资的账面价值为 2 700 万元。

对于原 10%股权的成本 900 万元与原投资时应享有被投资单位可辨认净资产公允价值份额 840 万元(即 8 400×10%)之间的差额 60 万元,属于原投资时体现的商誉,该部分差额不调整长期股权投资的账面价值。

对于被投资单位可辨认净资产在原投资时至新增投资交易日之间公允价值的变动(12 000−8 400)相对于原持股比例的部分 360 万元,其中属于投资后被投资单位实现净利润部分 90 万元(即 900×10%),应调整增加长期股权投资的账面价值,同时调整留存收益;除实现净损益外其他原因导致的可辨认净资产公允价值的变动 270 万元(即 360−90),应当调整增加长期股权投资的账面余额,同时计入"资本公积——其他资本公积"。针对这部分投资的会计处理如下:

借:长期股权投资——乙公司(损益调整)   900 000
  长期股权投资——乙公司(其他权益变动) 2 700 000
  贷:资本公积——其他资本公积   2 700 000
   盈余公积   90 000
   利润分配——未分配利润   810 000

对于新取得的股权,其成本为 1 800 万元,与取得该投资时按照持股比例计算确定应享有被投资单位可辨认净资产公允价值的份额 1 440 万元(即 12 000×12%)之间的差额为作价中体现出的商誉,该部分商誉不要求调整长期股权投资的成本。

(2)投资方因处置部分权益性投资等原因丧失了对被投资单位的控制的,在编制个别财务报表时,处置后的剩余股权能够对被投资单位实施共同控制或施加重大影响的,应当改按权益法核算,并对该剩余股权视同自取得时即采用权益法核算进行调整;处置后的剩余股权不能对被投资单位实施共同控制或施加重大影响的,应当改按《企业会计准则第 22 号——金融工具确认和计量》的有关规定进行会计处理,其在丧失控制之日的公允价值与账面价值间的差额计入当期损益。在编制合并财务报表时,应当按照《企业会计准则第 33 号——合并财务报表》的有关规定进行会计处理。

因处置投资导致对被投资单位的影响能力由控制转为具有重大影响或是与其他投资方一起实施共同控制的情况下,首先应按处置或收回投资的比例结转应终止确认的长期股权投资成本。

在此基础上,应当比较剩余的长期股权投资成本与按照剩余持股比例计算原投资时应享有被投资单位可辨认净资产公允价值的份额,属于投资作价中体现的商誉部分不调整长期股权投资的账面价值;属于投资成本小于原投资时应享有被投资单位可辨认净资产公允价值份额的,在调整长期股权投资成本的同时,应调整留存收益。

对于原取得投资后至处置投资导致转变为权益法核算之间被投资单位的净损益中应享有的份额,一方面,应调整长期股权投资的账面价值;另一方面,对于原取得投资时至处置投资当期期初被投资单位实现的净损益(扣除已发放及已宣告发放的现金股利及利润)中应享有的份额,调整留存收益,对于处置投资当期期初至处置投资日被投资单位实现的净损益中享有的份额,记入当期损益;其他原因导致被投资单位所有者权益变动中应享有的份额,在调整长期股权投资账面价值的同时,应记入"资本公积——其他资本公积"账户。

【例5-23】 甲公司原持有乙公司60%的股权,其账面余额为3 000万元,未计提减值准备。20×4年5月3日,甲公司将其持有的对乙公司长期股权投资中的1/3出售给某企业。出售取得价款1 800万元,当日被投资单位可辨认净资产公允价值总额为8 000万元。甲公司取得乙公司60%股权时,乙公司可辨认净资产公允价值总额为4 500万元(假定公允价值与账面价值相对)。自甲公司取得投资人至20×4年年初实现净利润2 000万元。假定乙公司一直未进行利润分配。除所实现净利润外,乙公司未发生其他记入资本公积的交易或事项。假定甲公司按净利润的10%提取盈余公积。

在出售20%的股权后,甲公司对乙公司的持股比例为40%,在被投资单位董事会中派有代表,但不能对乙公司生产经营决策实施控制。对乙公司长期股权投资应由成本法改为按权益法核算。

(1)确认长期股权投资处置损益时,

借:银行存款	18 000 000
贷:长期股权投资——乙公司	10 000 000
投资收益	8 000 000

(2)调整长期股权投资账面价值。

剩余的长期股权投资的账面价值为2 000万元,与原投资时应享有被投资单位可辨认净资产公允价值的份额之间的差额200万元(即2 000-4 500×40%)为商誉,该部分商誉的价值不需要对长期股权投资的成本进行调整。

处置投资以后按照持股比例计算享有被投资单位自购买日至处置投资日期间实现的净损益为1 000万元(即2 500×40%),应调整增加长期股权投资的账面价值,同时调整留存收益和当期损益。

借：长期股权投资——乙公司（损益调整）	10 000 000
贷：盈余公积	800 000
利润分配——未分配利润	7 200 000
投资收益	2 000 000

六、长期股权投资的处置

处置长期股权投资时，所收到的处置收入与长期股权投资账面价值的差额，应当计入当期损益。

处置长期股权投资时，应按实际收到的金额，借记"银行存款"等账户，按其账面余额，贷记"长期股权投资"账户，按尚未领取的现金股利或利润，贷记"应收股利"账户，按其差额，贷记或借记"投资收益"账户。已计提减值准备的，还应同时结转减值准备。

部分处置某项长期股权投资时，应按该项投资的总平均成本确定其处置部分的成本，并按相应比例结转已计提的减值准备和资本公积项目。

采用权益法核算的长期股权投资，因被投资单位除净损益以外所有者权益的其他变动而计入资本公积的金额，在处置该项投资时亦应进行结转，转入当期损益，借记或贷记"资本公积——其他资本公积"账户，贷记或借记"投资收益"账户。

【例5-24】 甲企业原持有乙公司40％的股权，20×4年12月20日，甲公司决定出售10％的乙公司股权，出售时，甲公司账面上对乙公司长期股权投资的构成为：投资成本1 600万元，损益调整400万元，其他权益变动100万元，出售取得价款580万元。甲公司会计处理如下：

借：银行存款	5 800 000
贷：长期股权投资——乙公司（成本）	4 000 000
——乙公司（损益调整）	1 000 000
——乙公司（其他企业变动）	250 000
投资收益	550 000

同时，将原记入资本公积金额按比例转入投资收益：

| 借：资本公积——其他资本公积 | 250 000 |
| 贷：投资收益 | 250 000 |

【引导案例解析】

按照《企业会计准则》的规定，甲公司投资部经理的两项要求均不正确。第一项业务，属于长期股权投资收益的确认。本例中，甲公司拥有乙企业80％的股权，按照《企业会计准则》的规定，该项长期股权投资采用成本法核算。按照成本法核算的要求，被投资单位宣告分派利润或现金股利时，投资企业才能按应享有的部分确认当期投资收益。本案例中，乙企业并未宣告分红，因此财务部门没有确认投资收益是正确的。第二项业务，属于交易性金融资产公允价值变动的处理。按照《企业会计准则》的规定，企业应在资产负债表日，按照交易性金融资产公允价值高于或低于其账面余额的差额，借记或贷记"交易性金融资产——公允价值变动"账户，贷记或借记"公允价值变动损益"账户。本案例中，交易性金融资产市值下跌，财务部门将市值下跌的 20 万元，记入了"公允价值变动损益"账户借方，从而冲减了公司的利润，这一做法是正确的。

【案例分析题 1】

2007 年 10 月 23 日，哈投股份（股票代码：600864）发布了 2007 年业绩增长 166 倍以上的预告。公司称业绩增长的主要原因是出售了民生银行（股票代码：600016）股票及交易性金融资产投资收益增加。从哈投股份 2007 年三季度的报告来看，截至 2007 年 9 月 30 日，哈投股份还持有大量交易性金融资产，包括 ST 银广厦（股票代码：000557）344.79 万股、徐工科技（股票代码：000425）75.74 万股、中国神华（股票代码：601088）23.3 万股、南京银行（股票代码：601009）23 万股、交通银行（股票代码：601328）40.1 万股。这些股票的初始投资成本合计为 6 532.3 万元。按照上述公司 2007 年 12 月 28 日收盘价计，2007 年年末，哈投股份持有交易性金融资产的市值为 6 955.16 万元。

预计 2007 年业绩增长将超过 20 倍的中卫国脉（股票代码：600640），2007 年的业绩增长也得益于交易性金融资产的增值。公司 2007 年三季度显示，交易性金融资产由于公允价值的增加而增加了 14%。

尽管不少类似上市公司在金融资产投资上取得了很好的收益，但某著名会计学者仍表示，由于资本市场泡沫等原因，即使完全按照新会计准则编制年报，上市公司的年报仍有可能出现利润虚高等现象。

问题讨论：

什么时候的交易性金融资产会带来投资收益的增加？为什么会计学者说年报利润可能出现"虚高"？

（案例来源：殷枫. 会计学案例［M］. 上海：上海财经大学出版社，2010.）

【案例分析题 2】

深圳市创新投资集团有限公司（以下简称"创新投"）是一家国有专业创业投资机构，注册资本为 16 亿元人民币，是国内最具有影响力的创业投资机构之一。作为专业创业投资机构。创新投于 2002 年 12 月 23 日与潍坊柴油机厂等 9 家公司发起设立了潍坊动力股份有限公司（以下简称"潍柴动力"），注册资本为 21 500 万元。其中，第一大股东潍坊柴油机厂以实物资产和部分现金出资 8 645 万元，持股 40.21%，创新投以现金 2 150 万元出资，持有 10% 的股权比例，为并列第三大股东。

2004 年 3 月 21 日，潍柴动力在香港发行的 112 亿股成功上市（股票代码：23381），募集资金净额 12 127 亿元。发行 H 股后，潍柴动力股本变更为 313 亿股，创新投持股比例下降为 6.52%，仍为并列第三大股东。潍柴动力 2003 年度利润为 2.774 7 亿元，分配现金股利 0.43 亿元；2004 年度利润 5.388 8 亿元，分配现金股利 0.99 亿元，经营业绩良好。

在潍柴动力第一届董事会成员中创新投派出了一位代表，享有实质性的参与决策权，该董事一直兼任潍柴动力薪酬委员会委员，参与该公司政策制定过程。H 股上市后,该董事被委任为潍柴动力投资总监,负责潍柴动力对外投资等资本运营活动。鉴于对潍柴动力具有重大影响,创新投自投资伊始即对该项投资采用权益法进行核算,这一做法得到创新投主审机构——深圳 DH 会计师事务所的认同和支持。2005 年 7 月,创新投控股股东委托深圳 AY 会计师事务所对创新投的财务信息执行商定程序审计时指出,创新投投资潍柴动力持有股权比例低于 20%,采用权益法依据不足,应该改为成本法进行核算。

问题讨论:

1. 创新投对潍柴动力是否具有重大影响关系?

2. 计算 2003 年和 2004 年创新投分别采用成本法和权益法的长期股权投资账面价值。

3. 试比较分析创新投分别采用成本法和权益法对其经营业绩的影响。

(案例来源:彭萍.中级财务会计案例与实训教程[M].成都:西南财经大学出版社,2011.)

【思考题】

1. 交易性金融资产、持有至到期投资、可供出售金融资产的会计处理特点是什么?有何不同?

2. 如何确认持有至到期投资的摊余成本和持有收益?

3. 如何确定同一控制下企业合并的初始投资成本?

4. 如何确认非同一控制下企业合并形成的初始投资成本?

5. 长期股权投资成本法核算和权益法核算有何特点?

第六章　固定资产

【学习目标】
　　☆ 理解固定资产的概念和基本特征
　　☆ 掌握固定资产确认的条件、初始计量、后续计量及其会计核算
　　☆ 掌握固定资产折旧的计提范围、折旧方法及其会计核算
　　☆ 掌握在建工程的会计核算
　　☆ 掌握固定资产处置的会计核算

【引导案例】
　　刘平想购买一家公司,并已找到了两家条件相仿的求售公司。两家公司均成立于两年前,资本额为 400 000 元。两公司均有一间厂房和若干机器,占资产的比例相同,厂房的原始成本为 2 000 000 元,估计可使用 20 年;机器的原始成本为 100 000 元,估计可使用 10 年,残值省略不计。

　　甲公司采用直线法折旧,乙公司采用双倍余额递减法折旧。至于其他会计方面,两公司甚为相似。两公司的产品性质与营业特征完全相同。

　　从审核过的两年财务报表上,得知净利情况为:

表 6-1

年份	甲公司	乙公司
1	120 000	110 000
2	140 000	136 000

　　两公司的出售价相近。由于甲公司的利润率一直较高,刘平选择甲公司。另一方面,乙公司现金较多,而且营运资金情况较佳,给他留下深刻的影响。

　　问题讨论:如果你是一家投资咨询公司的经理,刘平请教你应选择购买哪一家公司,请把你的判断告诉刘平。

　　(案例来源:娄尔行. 中级财务会计[M]. 上海:上海三联书店,1994.)

第一节　固定资产概述

一、固定资产的概念与特征

(一)固定资产的概念

固定资产,是指为生产商品、提供劳务、出租或经营管理而持有的,使用寿命超过一

个会计年度的有形资产。也就是说,固定资产通常是指为生产经营活动而持有的、使用期限较长、单位价值较高,并且在使用过程中保持原有实物形态的资产,包括房屋与建筑物、机器设备、运输工具、工具器具等。

（二）固定资产的特征

从固定资产定义看,固定资产具有下列特征:

（1）持有目的:为生产商品、提供劳务、出租或经营管理而持有。也就是说,企业持有固定资产的目的不是为了出售。这一特征是区分固定资产和其他资产的根本标志。企业持有固定资产的目的是为了生产商品、提供劳务、出租或经营管理,这意味着,企业持有的固定资产是企业的劳动工具或手段,而不是直接用于出售的产品。此外,持有目的中的"出租"固定资产,指用以经营租赁方式出租的机器设备类固定资产,不包括以经营租赁方式出租的建筑物,后者属于企业的投资性房地产,不属于固定资产。

（2）使用寿命:超过一个会计年度。这一特征是区分固定资产和流动资产的重要标志。企业对一项固定资产预计使用的时间要在一年以上,且不改变其形态,这是固定资产的基本特征;而流动资产往往在一年内被耗用或改变形态。固定资产的使用寿命,是指企业使用固定资产的预计期间,或者该固定资产所能生产产品或提供劳务的数量。通常情况下,固定资产的使用寿命是指使用固定资产的预计期间,比如自用房屋建筑物的使用寿命表现为企业对该房屋建筑物的预计使用年限。但是,对于某些机器设备或运输设备等固定资产,其使用寿命往往以该固定资产所能生产产品或提供劳务的数量来表示,例如,发电设备按其预计发电量估计使用寿命,汽车或飞机等按其预计行驶里程估计使用寿命。

（3）存在形态:有形资产。这一特征是区分固定资产与无形资产的重要标志。固定资产具有实物特征,且在使用过程中保持其原有的实物形态。这一特征将固定资产与无形资产区分开来。

二、固定资产的分类

为了加强管理,便于组织固定资产的会计核算,企业有必要对固定资产进行科学合理的分类。常见的固定资产分类方法有以下几种:

（一）按固定资产的经济用途分类

按固定资产的经济用途分类,可以分为生产经营用固定资产和非生产经营用固定资产。

生产经营用固定资产是指直接服务于企业生产经营过程的各项固定资产,如生产用的房屋、建筑物、机器、设备等。非生产经营用固定资产是指不直接服务于企业生产经营过程的各项固定资产,如职工宿舍、食堂、浴室等使用的房屋、设备等固定资产。

按固定资产的经济用途分类,可以反映和监督企业生产经营用固定资产和非生产经营用固定资产之间以及生产经营用各类固定资产之间的组成和结构变化,借以分析和考核企业固定资产的利用情况,促使企业合理配置固定资产。

（二）按固定资产的使用情况分类

按固定资产的使用情况分类,可分为使用中固定资产、未使用固定资产和不需用固定资产。

使用中固定资产是指正在使用中的固定资产。由于季节性经营或大修理等原因暂时停止使用的固定资产,仍属于企业使用中的固定资产,企业出租(指经营性租赁)给其他单位使用的固定资产和内部替换使用的固定资产也属于使用中的固定资产。未使用固定资产是指已完工或已购建的尚未正式使用的新增固定资产以及因进行改建、扩建等原因暂停使用的固定资产。不需用固定资产是指本企业多余或不适用的各种固定资产。

按固定资产的使用情况分类,有利于分析和考核固定资产的利用情况,促使企业充分发挥固定资产的使用效率,及时处置不需用固定资产。

(三)按固定资产的所有权分类

按固定资产的所有权分类,可分为自有固定资产和租入固定资产。

自有固定资产是指企业拥有的可供企业自由支配使用的固定资产。租入固定资产是指企业采用租赁方式从其他单位租入的固定资产。企业对租入固定资产只有使用权,一般不享有所有权和最终处置权。按租入方式的不同,租入固定资产又可以分为经营性租入固定资产和融资租入固定资产。

按固定资产的所有权分类,有利于分析企业固定资产的产权结构,促使企业挖掘自有固定资产的潜力,节约租金支出。

(四)按固定资产的经济用途和使用情况综合分类

按固定资产的经济用途和使用情况综合分类,企业的固定资产分为生产经营用固定资产、非生产经营用固定资产、租出(经营租赁方式)用固定资产、未使用固定资产、不需用固定资产、土地、融资租入固定资产等。其中,土地是指因历史遗留原因,已经估计单独入账的土地。企业取得的土地使用权应作为无形资产核算,不能作为固定资产管理。

由于企业的经营性质不同,经营规模各异,对固定资产的分类不可能完全一致,企业可以根据各自的具体情况和经营管理、会计核算的需要进行必要的分类。

第二节 固定资产的确认和初始计量

一、固定资产的确认条件

某一资产项目,如果要作为固定资产加以确认,首先,要符合固定资产的定义;其次,还要符合固定资产的确认条件。固定资产同时满足下列条件的,才能予以确认:

(一)与该固定资产有关的经济利益很可能流入企业

企业持有固定资产的目的是为了通过固定资产作用直接或间接地获取经济利益,如果一项固定资产预期不能给企业带来经济利益,即使取得它花费了企业的资金,也不能确认为固定资产。判断固定资产包含的经济利益能否流入企业,主要看与该项固定资产所有权有关的风险与报酬是否已经转移到该企业。

（二）该固定资产的成本能够可靠地计量

固定资产的成本能够可靠地计量，必须以取得确凿的、可靠的证据为依据，并且具有可验证性。

二、固定资产的初始计量

具备固定资产确认条件的固定资产应当以成本计量。其中，成本包括企业为购建某项固定资产达到预定可使用状态前所发生的一切合理的、必要的支出。这些支出既包括直接发生的价款、运杂费、包装费和安装成本等，也包括间接发生的其他一些费用，如应承担的借款利息、外币借款折算差额以及应分摊的其他间接费用。在某些特殊行业如石油天然气行业的固定资产，确定其成本时，还应当考虑预计弃置费用因素，即将固定资产预计的处置费用按折现值计入固定资产的成本。

固定资产初始计量时，需要注意购入固定资产增值税进项税的处理。2009 年之前，我国采用的是"生产型增值税"，这种增值税税制，不允许扣除购入机器设备、运输工具等固定资产时所承担的增值税进项税，而是将购进时的进项税计入固定资产成本；2004 年 7 月 1 日起，我国陆续在东北等部分地区进行增值税转型试点，将增值税税制从"生产型增值税"改革为"消费型增值税"，改革的核心是允许购入机器设备、运输工具等固定资产时所承担增值税的进项税扣除销项税；2009 年 1 月 1 日起，我国允许全国范围内，所有一般纳税人抵扣其购入设备所含的进项税额，未抵扣完的结转下期继续抵扣。但是，与企业技术更新无关且容易混为个人消费的自用消费品，如摩托车、小汽车、游艇等，其进项税额不得从销项税额中抵扣。房屋、建筑物等不动产属于营业税的征收范围，因此，它们不能纳入增值税的抵扣范围。

（一）外购固定资产的成本

1. 购入不需要安装的固定资产

企业购入不需要安装的固定资产，按实际支付的买价、相关税费以及为使固定资产达到预定可使用状态前所发生的可直接归属于该资产的其他支出，作为购入固定资产的原价入账，借记"固定资产"账户；根据《增值税实施条例》规定，企业购进机器、机械、运输工具及其他与生产经营有关的设备、工具、器具等所支付的增值税进项税额允许抵扣销项税额，借记"应交税费——应交增值税（进项税额）"账户，按支付的总金额贷记"银行存款"账户。

【例 6-1】 甲公司购入运货卡车一辆，发票价 100 000 元，增值税 17 000 元；购入小轿车一辆，发票价 200 000 元，增值税 34 000 元。上述所有款项均以银行存款付清。甲公司的会计处理如下：

借：固定资产——卡车		100 000
应交税费——应交增值税（进项税额）		17 000
贷：银行存款		117 000
借：固定资产——小轿车		234 000
贷：银行存款		234 000

2. 购入需要安装的固定资产

企业购入需要安装的固定资产支付的买价、包装费、运输费以及发生的安装费等均应通过"在建工程"账户核算，待安装完毕达到预定可使用状态时，再由"在建工程"账户转入"固定资产"账户。

【例 6-2】 甲公司购入需安装设备一台，发票价 50 000 元，增值税额 8 500 元，发生运费 500 元，安装费用 6 000 元，所有款项均已付清。该公司的会计处理如下：

（1）购入设备时，

借：在建工程	50 500
应交税费——应交增值税（进项税额）	8 500
贷：银行存款	59 000

（2）支付安装费用时，

借：在建工程	6 000
贷：银行存款	6 000

（3）设备安装完毕交付使用时，

借：固定资产	56 500
贷：在建工程	56 500

3. 以一笔款项购入多项没有单独标价的固定资产

如果企业以一笔款项购入多项没有单独标价的固定资产，应当按照各项固定资产公允价值的比例对总成本进行分配，分别确定各项固定资产的成本。

【例 6-3】 甲公司于 20×4 年 1 月 1 日一次购入三套不同型号且具有不同生产能力的设备 A，B，C。甲公司为该批设备共支付货款 795 万元，增值税额 135.15 万元，包装费 5 万元，全部以银行存款支付。假定设备 A，B，C 分别符合固定资产的定义及确认条件，其公允价值分别为 350 万元、400 万元、250 万元。甲公司的会计处理如下：

（1）甲公司确认固定资产入账总成本=795+5=800（万元）。

（2）确定 A，B，C 设备各自的入账价值：

设备 A 入账价值=800×350÷（350+400+250）=280（万元）

设备 B 入账价值=800×400÷（350+400+250）=320（万元）

设备 C 入账价值=800×250÷（350+400+250）=200（万元）

（3）会计分录时，

借：固定资产——A 设备	280
——B 设备	320
——C 设备	200
应交税费——应交增值税（进项税额）	135.15
贷：银行存款	935.15

4. 延期支付购入固定资产

如果企业购买固定资产的价款超过正常信用条件延期支付，实质上具有融资性质的，固定资产的成本以购买价款的现值为基础确定。实际支付的价款与购买价款的现值之间的差额,除按照《企业会计准则第 17 号——借款费用》规定应予以资本化外,应当在信用期间计入当期损益。

【例 6-4】 甲公司 20×7 年 10 月 1 日从甲公司购入一台大型设备作为固定资产使用。购货合同约定,该机器的总价款为 1 000 万元(假定不考虑增值税),分 3 年支付,20×7 年 12 月 31 日支付 500 万元,20×8 年 12 月 31 日支付 300 万元,20×9 年 12 月 31 日支付 200 万元。假定 3 年期银行借款年利率为 6%。根据上述资料,甲公司会计处理如下:

(1)3 年支付的总价款的现值:

$$500 \div (1+6\%) + 300 \div (1+6\%)^2 + 200 \div (1+6\%)^3 = 906.62(万元)$$

(2)总价款与现值的差额:

$$1\ 000 - 906.62 = 93.38(万元)$$

(3)会计分录时,

借:固定资产		9 066 200
未确认融资费用		933 800
贷:长期应付款		10 000 000

(二)自行建造固定资产的成本

自行建造固定资产的成本,由建造该项固定资产达到预定可使用状态前所发生的必要支出构成。建造该项固定资产达到预定可使用状态前所发生的必要支出,包括工程用物资成本、人工成本、应予以资本化的借款费用、缴纳的相关税金以及应分摊的其他间接费用等。

自行建造固定资产按其工程实施的方式不同分为自营工程和出包工程两种。

企业以自营方式建造固定资产,表示企业自行组织工程物资的采购、自行组织施工人员从事工程施工。企业以自营方式建造固定资产,其成本应当按照直接材料、直接人工、直接机械施工费等计量。企业自营施工会计上需要设置“工程物资”“工程施工”等账户进行核算。

1. 自营工程

企业购入为工程准备的物资时,按购入物资的实际成本,借记“工程物资”账户,允许抵扣的进项税额借记“应交税费——应交增值税(进项税额)”账户,按照价税合计贷记“银行存款”等账户;企业自营工程领用工程物资时,按领用物资的实际成本,借记“在建工程”账户,贷记“工程物资”账户;自营工程领用企业生产产品用的原材料时,借记“在建工程”账户,贷记“原材料”等账户;自营工程建造过程中发生工人工资、长期借款利息费用及其他费用时,按发生额,借记“在建工程”账户,贷记“应付职工薪酬”“长期借款”等账户;自营工程达到预定可使用状态时,按实际发生的全部支出,借记“固定资产”账户,贷记“在建工程”账户。

此外,根据税法的相关规定,企业建造房屋建筑物所支付的增值税不允许抵扣增值税销项税,所以建造房屋时购进工程物资所支付的增值税,应计入工程物资成本。

【例6-5】 20×4年1月,甲公司准备自行建造仓库一幢,为此购入工程物资一批,增值税专用发票上注明的价款为1 000 000元,增值税税额为170 000元,款项以银行存款支付,物资全部投入工程建设。工程领用生产用原材料一批,成本为50 000元,该批材料的进项税为8 500元。另外,在建造过程中,发生工程人员应负担的职工薪酬150 000元,辅助生产车间为工程提供劳务20 000元。9月末,工程达到预定可使用状态。该公司的会计处理如下:

(1)购入工程物资时,

借:工程物资   1 170 000
  贷:银行存款   1 170 000

(2)领用工程物资时,

借:在建工程   1 170 000
  贷:工程物资   1 170 000

(3)工程领用原材料时,

借:在建工程   58 500
  贷:原材料   50 000
   应交税费——应交增值税(进项税额转出)   8 500

(4)计提应付工程人员薪酬时,

借:在建工程   150 000
  贷:应付职工薪酬   150 000

(5)辅助生产车间为工程提供劳务时,

借:在建工程   20 000
  贷:生产成本——辅助生产成本   20 000

(6)工程达到预定可使用状态时,

借:固定资产——仓库   1 398 500
  贷:在建工程   1 398 500

工程达到预定可使用状态前因进行试运转所发生的净支出,计入工程成本。企业的在建工程项目在达到预定可使用状态前所取得的试运转过程中形成的、能够对外销售的产品所发生的成本,计入在建工程成本。销售或转为库存商品时,按实际销售收入或按预计售价冲减工程成本。

2. 出包工程

采用出包方式建造的固定资产,其工程的具体支出在承包单位核算。企业将支付给承包单位的工程价款作为工程成本,通过"在建工程"账户核算。此时,"在建工程"账户实际成为企业与承包单位的结算账户。

【例6-6】 20×4年1月,甲公司将一幢新建办公楼工程出包给甲企业承建。按合同规定先向甲企业预付工程价款400万元。工程完工后,收到甲企业的工程结算单据,补付工程款150万元。20×5年10月,工程达到预定可使用状态。该公司的会计处理如下:

（1）预付工程价款时，

借：在建工程 　　　　　　　　　　　　　　　　　　　　　　4 000 000

　　贷：银行存款 　　　　　　　　　　　　　　　　　　　　　　　4 000 000

（2）补付工程价款时，

借：在建工程 　　　　　　　　　　　　　　　　　　　　　　1 500 000

　　贷：银行存款 　　　　　　　　　　　　　　　　　　　　　　　1 500 000

（3）工程达到预定可使用状态时，

借：固定资产 　　　　　　　　　　　　　　　　　　　　　　5 500 000

　　贷：在建工程 　　　　　　　　　　　　　　　　　　　　　　　5 500 000

（三）投资者投入固定资产的成本

投资者投入固定资产的成本，应当按照投资合同或协议约定的价值确定，但合同或协议约定的价值不公允的除外。

对于接受投资者投入企业的固定资产，在办理移交手续后，按照投资合同或协议约定的价值加上应支付的相关税费作为固定资产的入账价值；按投资合同或协议约定的价值在其注册资本中所占的份额，确认为实收资本或股本；投资合同或协议约定的价值与实收资本或股本的差额，确认为资本公积，支付的相关税费确认为银行存款或应交税费。

【例 6-7】 甲公司注册资本为 2 000 万元，20×4 年 6 月 1 日，甲公司接受乙公司固定资产投资，设备原价 1 700 万元，已提折旧 1 225 万元，协议约定价值 730 万元，占甲公司注册资本的 35％。

甲公司会计处理如下：

借：固定资产 　　　　　　　　　　　　　　　　　　　　　　　730

　　贷：实收资本 　　　　　　　　　　　　　　　　　　　　　　　700

　　　　资本公积 　　　　　　　　　　　　　　　　　　　　　　　　30

（四）接受捐赠固定资产

企业接受捐赠固定资产，应根据具体情况合理确定其入账价值。一般分为两种情况：第一种情况，捐赠方提供了有关凭据的，按凭据上标明的金额加上应支付的相关税费，作为入账价值。第二种情况，捐赠方没有提供有关凭据的，按以下顺序确定其入账价值：同类或类似固定资产存在活跃市场的，按同类或类似固定资产的市场价格估计的金额，加上应支付的相关税费，作为入账价值；同类或类似固定资产不存在活跃市场的，按该接受捐赠的固定资产的预计未来现金流量的现值，作为入账价值。

【例 6-8】 20×4 年 3 月 1 日，甲公司接受乙公司捐赠的全新大型机器设备一台，乙公司提供了购买这台机器设备的有关发票等凭证，据此确定该机器设备原价为 23 万元。甲公司为使机器设备达到预定可使用状态所发生的运输费、安装调试费 15 000 元。假定甲公司适用的所得税税率为 25％，不考虑其他相关税费。根据上述资料，甲公司会计处理如下：

（1）借：在建工程 　　　　　　　　　　　　　　　　　　　　230 000

贷：营业外收入	230 000
（2）借：在建工程	15 000
贷：银行存款	15 000
（3）借：固定资产	245 000
贷：在建工程	245 000

（五）存在弃置义务的固定资产

对于特殊行业的特定固定资产,确定其初始入账成本时,还应考虑弃置费用。弃置费用通常是指根据国家法律和行政法规、国际公约等规定,企业承担的环境保护和生态恢复等义务所确定的支出,如油气资产、核电站核设施等的弃置和恢复环境义务。弃置费用的金额与其现值比较,通常相差较大,需要考虑货币时间价值,对于这些特殊行业的特定固定资产,企业应当根据《企业会计准则第 13 号——或有事项》,按照现值计算确定应计入固定资产成本的金额和相应的预计负债。在固定资产的使用寿命内按照预计负债的摊余成本和实际利率计算确定的利息费用应计入财务费用。一般工商企业的固定资产发生的报废清理费用不属于弃置费用,应当在发生时作为固定资产清理费用处理。

【例 6-9】　经国家审批,某企业计划建造一个核电站,其主体设备核反应堆将会对当地的生态环境产生一定的影响。根据法律规定,企业应在该项设备使用期满后将其拆除,并对造成的污染进行整治。20×7 年 1 月 1 日,该项设备建造完成并交付使用,建造成本共 80 000 000 元。预计使用寿命 10 年,预计弃置费用为 1 000 000 元。假定折现率(即为实际利率)为 10%。

(1) 计算已完工的固定资产的成本

核反应堆属于特殊行业的特定固定资产,确定其成本时应考虑弃置费用。

20×7 年 1 月 1 日:

　　弃置费用的现值＝1 000 000×(P/F,10%,10)＝1 000 000×0.385 5＝385 500(元)

　　固定资产入账价值＝80 000 000＋385 500＝80 385 500(元)

借：固定资产	80 385 500
贷：在建工程	80 000 000
预计负债	385 500

(2) 计算第一年应负担的利息时,

借：财务费用	38 550
贷：预计负债	38 550

(3) 计算第二年应负担的利息(按实际利率法计算)＝(385 500＋38 550)×10%＝42 405(元),

借：财务费用	42 405
贷：预计负债	42 405

（六）盘盈的固定资产

盘盈的固定资产,同类或类似固定资产存在活跃市场的,按同类或类似固定资产的市场价格,减去按该项资产的新旧程度估计的价值损耗后的余额,作为入账价值。同类或类似固定资产不存在活跃市场的,以盘盈的固定资产的预计未来现金流量现值作为入账价值。

根据规定,企业盘盈的固定资产应作为前期差错记入"以前年度损益"账户。之所以做前期损益,是因为固定资产出现由于企业无法控制的因素而造成盘盈的可能性极小,企业出现了固定资产的盘盈必定是企业以前会计期间少计、漏计而产生的,应当作为会计差错进行更正处理。企业应当按照盘盈固定资产的入账价值,借记"固定资产"账户,贷记"以前年度损益调整"账户;由于以前年度损益调整增加的所得税费用,借记"以前年度损益调整"账户,贷记"应交税费——应交所得税"账户。经上述调整后,将"以前年度损益调整"账户的余额转入留存收益。

【例 6-10】 20×4 年 8 月 31 日,甲公司盘盈一台设备,该设备市场价格为 60 000元,八成新。企业所得税率为 25%。甲公司会计处理如下:

(1) 盘盈时,

借:固定资产 48 000
　　贷:以前年度损益调整 48 000

(2) 计算应补交的所得税时,

借:以前年度损益调整 12 000
　　贷:应交税费——应交所得税 12 000

(3) 结转以前年度损益调整账户时,

借:以前年度损益调整 36 000
　　贷:利润分配——未分配利润 32 400
　　　　盈余公积 3 600

第三节　固定资产的后续计量

固定资产的后续计量主要包括固定资产折旧和固定资产后续支出两个环节。

一、固定资产的折旧

(一)固定资产折旧的概念

折旧是指在固定资产使用寿命内,按照确定的方法对应计折旧额进行系统分摊的过程。

其中,固定资产使用寿命,是指固定资产在考虑有形损耗和无形损耗情况下的经济使用年限,而不是指自然使用年限。具体确定固定资产使用年限时,应考虑预计生产能力或实物产量、预计有形损耗和无形损耗以及现行法律法规对特定资产使用的限制等因素。

应计折旧额,是指应当计提折旧的固定资产的原价扣除其预计净残值后的金额。已计提减值准备的固定资产,还应当扣除已计提的固定资产减值准备累计金额。

（二）固定资产折旧范围的确定

1. 固定资产计提折旧的资产范围

除下列情况外，企业应当对所有固定资产计提折旧：

（1）已提足折旧仍继续使用的固定资产；

（2）按照规定单独估价作为固定资产入账的土地。

需要注意的是，以融资租赁方式租入的固定资产和经营租赁方式租出的固定资产，应当计提折旧。以融资租赁方式租出的固定资产和经营租赁方式租入的固定资产，不应当计提折旧。

2. 固定资产计提折旧的时间范围

固定资产应当按月计提折旧。当月增加的固定资产，当月不提折旧，从下月开始计提折旧；当月减少的固定资产，当月仍提折旧，从下月起停止计提折旧。

此外，固定资产提足折旧后，不管能否继续使用，均不再提取折旧；提前报废的固定资产，也不再补提折旧。

（三）影响固定资产折旧的因素

影响固定资产折旧的主要因素有三个：固定资产原值、固定资产使用寿命和预计净残值。如果固定资产已经计提了减值准备，则还要考虑已提减值准备这一因素。

1. 固定资产原值

固定资产原值是指取得某项固定资产并使其达到预定可使用状态前所发生的一切合理和必要支出。固定资产原值的高低，直接影响着各期折旧额的大小。以固定资产原价作为计提折旧的基数，可以使折旧的计算建立在客观的基础上，不受主观因素的影响。

2. 固定资产使用寿命

固定资产使用寿命是指企业使用固定资产的预计期间，或者固定资产所能生产产品或者提供劳务的数量。具体确定固定资产使用年限时，应考虑预计生产能力或实物产量、预计有形损耗和无形损耗以及法律或者类似规定对资产使用的限制。

3. 预计净残值

预计净残值是指假定固定资产预计使用寿命已满并处于使用寿命终了的预期状态，目前从该项资产处置中获得的扣除预计处置费用后的余额。即固定资产的预计残值收入扣除清理费用后的净额。预计残值收入是指固定资产报废清理时预计可收回的残料价值收入；预计清理费用是指固定资产报废清理时预计发生的拆卸、整理和搬运等费用。固定资产原价减去预计净残值后的金额为固定资产的应提折旧额。

企业应当根据固定资产的性质和使用情况，合理确定固定资产的使用寿命和预计净残值。固定资产的使用寿命和预计净残值一经确定，不得随意变更。但是，企业应当至少于每年年度终了，对固定资产的使用寿命、预计净残值和折旧方法进行复核。使用寿命预计数与原先估计数有差异的，应当调整固定资产折旧年限。预计净残值预计数与原先估计数有差异的，应当调整预计净残值。固定资产包含的经济利益预期实现方式有重大改变的,应当改变固定资产折旧方法。固定资产使用寿命、预计净残值和折旧方法的改变应当作为会计估计变更处理。

(四)固定资产的折旧方法

企业应当根据固定资产所包含的经济利益预期实现方式,合理选择固定资产折旧方法。可选用的折旧方法包括年限平均法、工作量法、双倍余额递减法和年数总和法等。

1. 年限平均法

年限平均法,也称为平均年限法或直线法,是将固定资产的应计折旧额均衡分摊到固定资产预计使用寿命内的一种方法。其计算公式如下:

固定资产年折旧额 =(原始价值-预计净残值)÷预计使用年限

= 原始价值×(1-预计净残值率)÷预计使用年限

其中,

预计净残值率=预计净残值÷固定资产原价×100%

固定资产月折旧额=固定资产年折旧额÷12

在实际工作中,固定资产折旧额通常按事先确定的折旧率计算。固定资产折旧率是指一定时期内固定资产折旧额与原始价值的比率。其计算公式如下:

固定资产年折旧率=年折旧额÷原始价值×100%

=(1-预计净残值率)÷预计使用年限×100%

固定资产月折旧率=年折旧率÷12

固定资产月折旧率=原始价值×月折旧率

【例 6-11】 甲公司一台设备的原始价值为 5 万元,预计使用年限为 4 年,预计净残值率为 4%。该厂房的折旧率和折旧额计算如下:

年折旧率=(1-4%)÷4×100%=24%

月折旧率=24%÷12=2%

月折旧额=50 000×2%=1 000(元)

上述折旧率是按个别固定资产单独计算的,称为个别折旧率,即某项固定资产在一定期间的折旧额和该项固定资产原始价值的比率。此外,还有分类折旧率和综合折旧率。

分类折旧率是指固定资产分类折旧额与该类固定资产原始价值的比率。采用分类折旧率计算固定资产折旧,应先把性质、结构和使用年限相近的固定资产归为一类,再按类计算平均折旧率,用分类折旧率计算各类固定资产的折旧额。分类折旧率计算公式如下:

某类固定资产年分类折旧率=该类固定资产年折旧额之和÷该类固定资产原始价值之和×100%

综合折旧率是指某一期间企业全部固定资产折旧额与全部固定资产原始价值的比率。其计算公式如下:

固定资产年综合折旧率=全部固定资产年折旧额之和÷全部固定资产原始价值之和×100%

年限平均法的优点是简便易行,但它也存在明显不足。首先,年限平均法没有考虑固定资产在不同使用年限提供的经济效益和使用强度不同的客观现实。一般来说,固定资产在其使用前期工作效率较高,所带来的经济利益也较多;而在使用后期,工作效率下降,因而带来的经济利益也就逐渐减少。其次,年限平均法没有考虑固定资产在不同使用年限发生修理费不同的情况。固定资产修理费会随着其使用时间的延长而不断增加,而产量则不断减少,造成单位产品负担的费用不尽合理。

2. 工作量法

工作量法是根据固定资产实际完成的工作量计提折旧的一种方法。其计算公式如下:

$$单位工作量折旧额=固定资产原始价值\times(1-净残值率)\div预计总工作量$$

$$某项固定资产月折旧额=该项固定资产当月工作量\times单位工作量折旧额$$

【例 6-12】 甲公司一辆运货汽车的原始价值为 50 000 元,预计可行驶 500 000 公里,预计净残值率为 5%,本月行驶 4 000 公里。该汽车本月折旧额计算如下:

$$每公里折旧额=50\ 000\times(1-5\%)\div500\ 000=0.095(元/公里)$$

$$本月折旧额=4\ 000\times0.095=380(元)$$

工作量法克服了年限平均法的不足,计算也较简便。但这种方法只注重固定资产的使用强度,而忽视了固定资产的无形损耗和自然损耗。

3. 加速折旧法

加速折旧法亦称快速折旧法,是指在固定资产使用的前期多提折旧,后期少提折旧的方法。

企业采用加速折旧法的原因在于:①固定资产在使用的前期效率较高,生产能力较强,给企业带来的经济利益也较多,应多分摊折旧费,以充分体现收入和费用相配比的原则。②固定资产的使用成本主要包括折旧费和修理费,在固定资产使用的早期修理费较少,而在使用的后期修理费较多。为了保持各期固定资产使用成本的均衡,在修理费较少的早期应多提折旧,而在修理费较多的后期应少提折旧。③固定资产折旧既要考虑有形损耗,又要考虑无形损耗,采用加速折旧法计提折旧可以减少固定资产无形损耗所带来的损失。

加速折旧法有多种,常用的是以下两种:

(1) 双倍余额递减法。

双倍余额递减法是在不考虑固定资产预计净残值的情况下,根据每期期初固定资产账面余额和双倍的直线法折旧率来计算固定资产折旧的一种方法。其计算公式如下:

$$年折旧率=2\div预计使用年限\times100\%$$

$$年折旧额=年初固定资产账面净值\times年折旧率$$

由于双倍余额递减法不考虑固定资产的预计净残值,因此,在运用该方法时必须注意不能使固定资产的账面净值降低到它的预计净残值以下。我国会计制度规定,采用双倍余额递减法计提折旧时,应当在固定资产预计使用年限到期前两年内,将固定资产账面净值扣除预计净残值后的余额平均摊销。

【例 6-13】 甲公司一台设备的原始价值为 100 000 元,预计使用年限为 5 年,预计净残值为 1 000 元,采用双倍余额递减法计提折旧。该设备每年应提折旧额计算如下:

年折旧率＝2÷5×100％＝40％

第一年应提折旧额＝100 000×40％＝40 000(元)

第二年应提折旧额＝(100 000−40 000)×40％＝24 000(元)

第三年应提折旧额＝(100 000−40 000−24 000)×40％＝14 400(元)

第四年年初设备的账面净值＝100 000−(40 000＋24 000＋14 400)＝21 600(元)

第四年应提折旧额＝(21 600−1 000)÷2＝10 300(元)

第五年应提折旧额＝(21 600−1 000)÷2＝10 300(元)

需要注意的是,上例的每年折旧额实际上是指 12 月的折旧额。所以在会计实务中,采用双倍余额递减法要注意跨年折旧的问题。

【例 6-14】 乙企业 20×4 年 3 月 10 日购入固定资产一项 10 000 元,预计使用年限为 5 年,预计净残值 200 元,采用双倍余额递减法计算每年的折旧额。该设备每年应提折旧额计算如下:

折旧率＝2÷5×100％＝40％

20×4 年应提折旧额＝10 000×40％÷12×9＝3 000(元)

20×5 年应提折旧额＝10 000×40％÷12×3＋6 000×40％÷12×9＝2 800(元)

20×6 年应提折旧额＝6 000×40％÷12×3＋3 600×40％÷12×9＝4 000＝1 680(元)

20×7 年应提折旧额＝3 600×40％÷12×3＋(2 160−200)÷2÷12×9＝1 095(元)

20×8 年应提折旧额＝(2 160−200)÷2＝980(元)

20×9 年应提折旧额＝(2 160−200)÷2÷12×3＝245(元)

(2)年数总和法。

年数总和法是将固定资产的原始价值减去预计净残值后的净额乘以一个逐年递减的分数来计算固定资产折旧的一种方法。这个分数的分子代表固定资产尚可使用的年数,分母代表使用年数的逐年数字总和。其计算公式如下:

年折旧率＝尚可使用年数÷预计使用年限的年数总和

年折旧额＝(固定资产原始价值−预计净残值)×年折旧率

【例 6-15】 沿用【例 6-13】的资料,假定采用年数总和法计算折旧额。该设备每年应提的折旧额计算如下:

第一年应提折旧额＝(100 000−1 000)×5÷15＝33 000(元)

第二年应提折旧额＝(100 000−1 000)×4÷15＝26 400(元)

第三年应提折旧额＝(100 000−1 000)×3÷15＝19 800(元)

第四年应提折旧额＝(100 000−1 000)×2÷15＝13 200(元)

第五年应提折旧额＝(100 000−1 000)×1÷15＝6 600(元)

(四)固定资产折旧的会计处理

企业在计提固定资产折旧时,应当以月初固定资产的账面原始价值为依据。当月增加的固定资产,当月不提折旧,从下月开始计提折旧;当月减少的固定资产,当月仍提折旧,从下月起停止计提折旧。因此,可以在上月计提的折旧额基础上,对上月固定资产的增减情况进行调整后计算本月应计提的折旧额。其计算公式如下:

$$本月应计提的折旧额＝上月计提的折旧额＋上月增加固定资产应计提的折旧额－上月减$$
$$少固定资产应计提的折旧额$$

企业按月计提固定资产折旧时,应根据固定资产的用途借记"制造费用""销售费用""管理费用""其他业务成本"等账户,贷记"累计折旧"账户。

【例 6-16】 甲企业 20×4 年 6 月份固定资产计提折旧情况如下:

(1) 车间厂房折旧 30 000 元,车间机器折旧 15 000 元。

(2) 管理部门房屋建筑物折旧 40 000 元,管理用的设备、汽车等折旧 10 000 元。

(3) 销售部门的房屋建筑物折旧 12 000 元,管理用的设备、汽车等折旧 8 000 元。

(4) 仓库类固定资产该月增加 2 000 000 元,本月减少 1 000 000 元,月末余额 9 000 000 元。假定仓库类固定资产的月折旧额为 0.5%。

(5) 售后服务部门本月购入小轿车一辆,价值为 200 000 元,预计使用年限为 5 年。

根据上述资料,甲公司有关固定资产折旧的会计处理如下:

仓库类固定资产应提折旧额＝8 000 000×0.5%＝40 000(元),应计入管理费用。

售后服务部门新购置的小轿车,本月不计提折旧。

借:制造费用	45 000
管理费用	90 000
销售费用	20 000
贷:累计折旧	155 000

二、固定资产的后续支出

固定资产的后续支出是指固定资产使用过程中发生的更新改造支出、修理费用等。后续支出的处理原则为:符合固定资产确认条件的,应当计入固定资产成本,同时将被替换部分的账面价值扣除;不符合固定资产确认条件的,应当计入当期损益。

(一) 资本化的后续支出

固定资产发生可资本化的后续支出时,企业一般应将该固定资产的原价、已计提的累计折旧和减值准备转销,将固定资产的账面价值转入"在建工程",并停止计提折旧。发生的后续支出,通过"在建工程"账户核算。在固定资产发生的后续支出完工并达到预定可使用状态时,再从在建工程转为固定资产,并按重新确定的使用寿命、预计净残值和折旧方法计提折旧。

【例 6-17】 甲公司是一家从事印刷业的企业,有关资料如下:

(1) 20×4 年 12 月,该公司自行建成了一条印刷生产线,建造成本为 568 000 元;采用年限平均法计提折旧;预计净残值率为固定资产原价的 3%,预计使用年限为 6 年。

(2) 20×7 年 1 月 1 日,由于生产的产品适销对路,现有生产线的生产能力已难以满足公司生产发展的需要,但若新建生产线成本过高,周期过长,于是公司决定对现有生产线进行改扩建,以提高其生产能力。假定该生产线未发生减值。

（3）20×7 年 1 月 1 日至 3 月 31 日，经过 3 个月的改扩建，完成了对这条印刷生产线的改扩建工程，共发生支出 268 900 元，全部以银行存款支付。

（4）该生产线改扩建工程达到预定可使用状态后，大大提高了生产能力，预计将其使用年限延长了 4 年，即预计使用年限为 10 年。假定改扩建后的生产线的预计净残值率为改扩建后固定资产账面价值的 3%；折旧方法仍为年限平均法。

（5）为简化计算过程，整个过程不考虑其他相关税费；公司按年度计提固定资产折旧。

本例中，印刷生产线改扩建后生产能力将大大提高，能够为企业带来更多的经济利益，改扩建的支出金额也能可靠计量，因此，该后续支出符合固定资产的确认条件，应计入固定资产的成本。有关的会计处理如下：

（1）20×5 年 1 月 1 日至 20×6 年 12 月 31 日两年间，即固定资产后续支出发生前，该条生产线的应计折旧额＝568 000×（1－3%）＝550 960（元），年折旧额＝550 960÷6＝91 826.67（元）。各年计提固定资产折旧的会计分录为：

借：制造费用 91 826.67
　　贷：累计折旧 91 826.67

（2）20×7 年 1 月 1 日，固定资产的账面价值＝568 000－（91 826.67×2）＝384 346.66（元）

固定资产转入改扩建：

借：在建工程 384 346.66
　　累计折旧 183 653.34
　　贷：固定资产 568 000

（3）20×7 年 1 月 1 日至 3 月 31 日，发生改扩建工程支出：

借：在建工程 268 900
　　贷：银行存款 268 900

（4）20×7 年 3 月 31 日，生产线改扩建工程达到预定可使用状态，固定资产的入账价值＝384 346.66＋268 900＝653 246.66（元）。

借：固定资产 653 246.66
　　贷：在建工程 653 246.66

（5）20×7 年 3 月 31 日，转为固定资产后，按重新确定的使用寿命、预计净残值和折旧方法计提折旧。应计折旧额＝653 246.66×（1－3%）＝633 649.26（元）

月折旧额＝633 649.26÷（7×12＋9）＝6 813.43（元）

年折旧额＝6 813.43×12＝81 761.16（元）

20×7 年应计提的折旧额＝6 813.43×9＝61 320.87（元），会计分录为：

借：制造费用 61 320.87
　　贷：累计折旧 61 320.87

企业发生的一些固定资产后续支出可能涉及替换原固定资产的某组成部分，当发生的后续支出符合固定资产确认条件时，应将其计入固定资产成本，同时将被替换部分的账面价值扣除。这样可以避免将替换部分的成本和被替换部分的成本同时计入固定资产成本,导致固定资产成本重复计算。企业对固定资产进行定期检查发生的大修理费用,有确凿证据表明符合固定资产确认条件的部分,可以计入固定资产成本,不符合固定资产确认条件的,应当费用化,计入当期损益。固定资产在定期大修理间隔期间,照提折旧。

(二)费用化的后续支出

与固定资产有关的修理费用等后续支出,不符合固定资产确认条件的,应当根据不同情况分别在发生时计入当期管理费用或销售费用。

一般情况下,固定资产投入使用之后,由于固定资产磨损、各组成部分耐用程度不同,可能导致固定资产的局部损坏,为了维护固定资产的正常运转和使用,充分发挥其使用效能,企业将对固定资产进行必要的维护。固定资产的日常修理费用在发生时应直接计入当期损益。企业生产车间(部门)和行政管理部门等发生的固定资产修理费用等后续支出计入"管理费用";企业专设销售机构的,其发生的与专设销售机构相关的固定资产修理费用等后续支出,计入"销售费用"。固定资产更新改造支出不满足固定资产的确认条件,在发生时直接计入当期损益。

【例 6-18】 甲公司对管理用的一台设备进行维修,支付修理费用 2 300 元,以银行存款转账支付。甲公司的会计处理如下:

借:管理费用　　　　　　　　　　　　　　　　　　　　　　　2 300
　贷:银行存款　　　　　　　　　　　　　　　　　　　　　　　　2 300

第四节　固定资产的处置

固定资产满足下列条件之一的,应当予以终止确认:(1)该固定资产处于处置状态;(2)该固定资产预期通过使用或处置不能产生未来经济利益。

企业在生产经营过程中,对那些不适用或不需用的固定资产进行的出售转让;对不能继续有效使用的固定资产按规定进行报废清理;对遭受灾害而发生毁损的固定资产进行毁损清理;利用固定资产进行投资、抵债和捐赠等都属于固定资产的处置。固定资产处置一般通过"固定资产清理"账户核算。

一、固定资产出售、报废和毁损的核算

企业出售、转让、报废固定资产或发生固定资产毁损,应当将处置收入扣除账面价值和相关税费后的金额计入当期损益。其会计核算一般经过以下几个步骤:

第一,固定资产转入清理的处理。出售、报废、毁损的固定资产转入清理时,按固定资产净额,借记"固定资产清理"账户;按已提折旧,借记"累计折旧"账户;按已提减值准备,借记"固定资产减值准备"账户;按固定资产原始价值,贷记"固定资产"账户。

第二,清理费用和税费的处理。固定资产清理过程中发生费用以及应交的税费时,借记"固定资产清理"账户,贷记"银行存款""应交税费"等账户。

第三，出售收入、增值税和残料等的处理。固定资产清理过程中取得的出售收入、相关增值税、残料价值和变价收入等，应冲减清理支出，借记"银行存款""原材料"等账户，贷记"固定资产清理""应交税费——应交增值税（销项税额）"等账户。

第四，赔偿收入的处理。固定资产清理过程中应由保险公司或过失人赔偿的损失，应冲减清理支出，借记"其他应收款""银行存款"等账户，贷记"固定资产清理"账户。

第五，清理净损益的处理。固定资产清理后的净收益，属于筹建期间的，冲减长期待摊费用，借记"固定资产清理"账户，贷记"长期待摊费用"账户；属于生产经营期间的，直接计入当期损益，借记"固定资产清理"账户，贷记"营业外收入"账户。固定资产清理后的净损失，属于筹建期间的，计入长期待摊费用，借记"长期待摊费用"账户，贷记"固定资产清理"账户；属于生产经营期间的，直接计入当期损益，借记"营业外支出"账户，贷记"固定资产清理"账户。

【例 6-19】 甲公司一台设备因不能继续使用，决定予以报废。该设备原始价值为 200 000 元，已计提折旧 150 000 元，已计提减值准备 35 000 元。在清理过程中，以银行存款支付清理费用 3 000 元，取得残料变价收入 4 000 元。该公司的会计处理如下：

（1）固定资产转入清理时，

借：固定资产清理	15 000
累计折旧	150 000
固定资产减值准备	35 000
贷：固定资产	200 000

（2）发生清理费用时，

借：固定资产清理	3 000
贷：银行存款	3 000

（3）取得残料变价收入时，

借：银行存款	4 000
贷：固定资产清理	4 000

（4）结转清理净损失时，

借：营业外支出	14 000
贷：固定资产清理	14 000

二、固定资产捐赠的核算

企业捐赠转出固定资产，应按固定资产的净额，借记"固定资产清理"账户，按已计提的累计折旧，借记"累计折旧"账户，按已计提的减值准备，借记"固定资产减值准备"账户，按固定资产的原始价值，贷记"固定资产"账户。按捐赠转出固定资产应支付的相关税费，借记"固定资产清理"账户，贷记"银行存款""应交税费"等账户。按"固定资产清理"账户的余额，借记"营业外支出——捐赠支出"账户，贷记"固定资产清理"账户。

三、盘亏固定资产的核算

盘亏的固定资产，按固定资产净额，借记"待处理财产损益——待处理固定资产损益"账户;按已计提的累计折旧,借记"累计折旧"账户;按已计提的减值准备,借记"固定资产减值准备"账户;按固定资产原价,贷记"固定资产"账户。盘亏的固定资产报经批准转销时,借记"营业外支出——固定资产盘亏"账户,贷记"待处理财产损益——待处理固定资产损益"账户。

第五节　固定资产的期末计价与附注披露

一、固定资产减值的会计处理

企业应当于期末对固定资产进行检查,如发现存在下列情况,应当计算固定资产的可收回金额,以确定固定资产是否已经发生减值:固定资产市价大幅下跌,其跌幅大大高于因时间推移或正常使用而预计的下跌,并且预计在近期内不可能恢复;企业所处经营环境,如技术、市场、经济或法律环境,或者产品营销市场在当期或近期发生重大变化,并对企业产生负面影响;同期市场利率等大幅度提高,进而可能影响企业计算固定资产可收回金额的折现率,并导致固定资产可收回金额大幅度降低;固定资产陈旧过时或发生实体损坏等;固定资产预计使用方式发生重大不利变化,如企业计划终止或重组该资产所属的经营业务、提前处置资产等情形,从而对企业产生负面影响;其他有可能表明资产已发生减值的情况,如资产的经济绩效或创造的净现金流量低于预期。

如果固定资产的可收回金额低于其账面价值,企业应当按可收回金额低于账面价值的差额计提固定资产减值准备,并计入当期损益。

已计提减值准备的固定资产,应当按照该固定资产的账面价值以及尚可使用寿命重新计算确定折旧率和折旧额。因固定资产减值准备而调整固定资产折旧额时,对此前已计提的累计折旧不作调整。如果有迹象表明以前期间据以计提固定资产减值的各种因素发生变化,使得固定资产的可收回金额大于其账面价值,前期已计提的减值准备不得转回。

【例 6-20】 甲公司为一家上市公司,其 20×4 年到 20×6 年与固定资产有关的业务资料如下:20×4 年 12 月 12 日,甲公司购进一台不需要安装的设备,取得的专用发票上注明的设备价款为 585 万元,增值税的进项税额为 99.45 万元;另发生安装费 20万元,款项以银行存款支付;没有发生其他相关税费。该设备于当日投入使用,预计使用年限为 10 年,预计净残值为 5 万元,采用直线法计提折旧。20×5 年 12 月 31 日,甲公司对该设备进行检查时发现其已经发生减值,预计可收回金额为 500 万元;计提减值准备后,该设备原预计使用年限、预计净残值、折旧方法保持不变。为简化手续,假定甲公司按年计提折旧。根据上述资料,甲公司会计处理如下:

(1) 20×4 年 12 月购入设备时,

借:固定资产	6 050 000
应交税费——应交增值税(进项税额)	994 500
贷:银行存款	7 044 500

（2）计算 20×5 年度该设备计提的折旧额，

20×5 年度该设备计提的折旧额＝（605－5）÷10＝60（万元）

借：制造费用   600 000

 贷：累计折旧   600 000

（3）计算 20×5 年 12 月 31 日该设备计提的固定资产减值准备，

20×5 年 12 月 31 日该设备计提的固定资产减值准备＝（605－60）－500＝45（万元）

借：资产减值损失   450 000

 贷：固定资产减值准备   450 000

（4）计算 20×6 年度该设备计提的折旧额，

20×6 年度该设备计提的折旧额＝（500－5）÷9＝55（万元）

借：制造费用   550 000

 贷：累计折旧   550 000

二、固定资产有关信息的披露

固定资产是企业重要的劳动手段，代表着企业的生产能力，其核算是否正确，不仅会影响到企业资产负债表所反映信息的质量，而且还会影响到企业利润表所反映信息的质量，进而影响到会计信息使用者做出恰当的经济决策。因此，固定资产披露不仅需要关注其所反映的企业的财务状况，还要关注其所影响的经营成果。

企业应当在会计报表附注中披露与固定资产有关的下列信息：（1）固定资产的确认条件、分类、计量基础和折旧方法；（2）各类固定资产的使用寿命、预计净残值和折旧率；（3）各类固定资产的期初和期末原价、累计折旧额及固定资产减值准备累计金额；（4）当期确认的折旧费用；（5）对固定资产所有权的限制及其金额和用于债务担保的固定资产账面价值；（6）准备处置的固定资产的名称、账面价值、公允价值、预计处置费用和预计处置时间等。

【引导案例解析】

判断时应将甲乙公司的净利计算调整为统一口径，然后才可判断。

（1）采用直线法计提折旧时，其两年的折旧额为：

第一年折旧额＝（2 000 000÷20＋100 000÷10）＝110 000（元）

第二年折旧额＝（2 000 000÷20＋100 000÷10）＝110 000（元）

（2）采用双倍余额递减法计提折旧时，其两年的折旧额为：

第一年折旧额＝2 000 000×10％＋100 000×20％＝220 000（元）

第二年折旧额＝（2 000 000－200 000）×10％＋（100 000－20 000）×20％＝196 000（元）

两年的折旧额合计为：416 000 元

（3）双倍余额递减法比直线法多提折旧 196 000 元（即 416 000－220 000），即净利减少 196 000 元。调整后甲乙两公司两年的净利为：

甲公司＝120 000（第一年）＋140 000（第二年）＝260 000（元）

乙公司＝220 000（第一年）＋222 000（第二年）＝442 000（元）

乙公司的净利比甲公司高,应选择购买乙公司。

【案例分析题 1】

为了给 20×4 年产品的生产创造更好的条件,以有利于生产计划的圆满完成,诚信公司于 20×3 年 12 月初对公司的固定资产顺利地进行了多项工作。这些工作包括如下几个方面:

对一台加工设备进行大修理,12 月底完成,实际发生大修理费用 26 000 元,用银行存款支付。

以一辆卡车与大华公司的一台精加工设备进行交换。卡车的原始价值 350 000 元,已提折旧 80 000 元,已计提减值准备 6 000 元,收到对方的补价款 10 000 元,卡车的公允价值 288 000 元,另外支付相关的费用 600 元。安装时发生安装支出 980 元,上述两项款项均以银行存款支付。

将一台设备上的附属独立装置拆卸下来,进行报废处理,同时又购买一个新的装置并安装在该台固定资产上。该设备的原始价值 240 000 元,已提折旧 85 000 元,被拆卸装置的成本 7 200 元,企业购买新装置时支付款项 8 190 元。

为腾出一定的空间以安装新的设备,公司将一台四成新的设备出售。该设备原始价值 38 000 元,已提折旧 14 100 元,出售所得价款 23 000 元已存入银行。

为提高工作效率,公司将一台已提足折旧但尚可使用的设备转入报废清理。报废设备的原始价值 62 000 元,已计提折旧 59 520 元。报废时发生清理费用 300 元,残值收入 450 元(残料)。

一台数控机床由于使用性能有些下降,公司决定对其重新安装。该台机床的原始价值 320 000 元,已提折旧 108 800 元,初始安装成本 9 000 元。安装完毕后,共发生新的安装成本 9 600 元。

问题讨论:

1. 上述支出业务中,哪些是属于资本性支出业务?为什么?构成公司资本性支出金额合计是多少?

2. 各项支出业务对公司固定资产原始价值的影响金额是多少?

3. 上述支出业务对公司最终损益的影响金额是多少?

【案例分析题 2】

0.78 亿元、4.36 亿元,这是厦门建发、南方航空对厦门航空(厦门建发与南方航空的合资企业)2002 年净利润分别的描述。那么厦门航空的真实会计数据到底如何呢?据了解,对厦门航空净利润的争议很可能是对飞机折旧年限的看法存在差异。

南方航空与厦门建发(2003 年 5 月份,厦门建发已将其持有厦门航空股权转让给大股东)分别持有厦门航空 60% 和 40% 的股权。在采访中记者得知,厦门航空自身经审计的会计报表中,飞机的折旧年限是 10 年。而按照 10 年的折旧期,厦门航空 2002 年净利润为 0.78 亿元。而厦门建发在编制自身会计报表时即认同了厦门航空的这一折旧年限。

国家有关部门对于民航飞机折旧年限问题,自 2002 年起有所调整,其中规定,小飞机从 8 年至 15 年延长到 10 年至 15 年,大飞机从 10 年至 15 年延长到 10 年至 20 年。也就是说,对于飞机折旧年限存在一定的弹性空间。考虑到飞机折旧年限对于航空公司利润核算的重大影响,如果对航空公司飞机的折旧年限做出一定调整,其年度利润的差别会相当大。

飞机折旧在航空公司每年的运营成本中所占的比例较大,是诸多成本费用中最高的支出之一。相当一批航空公司的飞机折旧成本超过了航油支出。从目前情况分析,南方航空在合并厦门航空经审计的会计报表时有可能不认同厦门航空的飞机折旧年限。

问题讨论:

折旧年限和折旧政策的差异会对企业的利润产生怎样的影响?

(案例来源:袁克成.飞机折旧年限引发厦航利润之争[EB/OL].(2004-05-21)[2014-04-11]http://www.chinaacc.com.)

【思考题】

　　1. 判断固定资产的标准是什么?

　　2. 如何进行固定资产的初始计量?

　　3. 固定资产的折旧的年限平均法和工作量法各有哪些特点?

　　4. 固定资产的加速折旧法有哪两种?这两种方法各有什么特点?

　　5. 如何进行固定资产处置的核算?

第七章　无形资产

【学习目标】

　　☆ 理解无形资产的概念、特征

　　☆ 掌握无形资产的初始计量与后续计量的会计核算

　　☆ 掌握研究与开发费用的会计核算

　　☆ 掌握无形资产处置的会计核算

【引导案例】

　　20×4年1月1日，甲公司购入一块价值2 000万元的土地使用权，款项已由银行存款转账支付。按照法律规定，该土地使用权的使用年限为50年。甲公司于20×4年3月，已在该土地上自行建造厂房，该项厂房建造工程于20×4年12月完工并达到预定可使用状态。20×5年1月起，甲企业将包括2 000万元土地使用权成本在内的厂房，按照20年的折旧年限计提折旧。直到20×6年6月，税务机关到甲公司例行检查20×5年企业所得税汇算清缴情况时，发现甲公司存在将2 000万元的土地使用权成本计入了厂房的成本，并且甲公司以房屋、建筑物类固定资产按20年计提折旧，其中该土地使用权的成本20×5年也计提折旧100万元。经检查证实，甲公司未将20×4年购入的土地使用权计入"无形资产——土地使用权"账户核算，税务检查组长遂问甲公司的财务经理。财务经理解释说，公司已将土地使用权成本计入厂房的基建成本，所以公司账面上没有反映无形资产——土地使用权。税务检查组长又问土地使用权的摊销问题，财务经理介绍说，厂房竣工投入使用后，按照20年折旧年限计提折旧，不再按照无形资产摊销成本。

　　问题讨论：

　　1. 甲公司的会计处理是否正确？为什么？

　　2. 甲公司这样处理对利润产生什么样的影响？

第一节　无形资产概述

一、无形资产的概念和特征

（一）无形资产的概念

　　无形资产，是指企业拥有或者控制的没有实物形态的可辨认非货币性资产，包括专利权、非专利技术、商标权、著作权、土地使用权和特许权等。

（二）无形资产的特征

　　根据无形资产的定义，可以看出无形资产具有下列特征：

1. 无形资产不具有实物形态

无形资产不具有实物形态,这是无形资产区别于其他有实物形态资产的特征之一。无形资产通常表现为某种权利、某项技术或者某种获取超额利润的综合能力,如专利权、土地使用权、商标权等。无形资产没有实物形态,却能提高企业的经济效益,甚至为企业带来超额收益。

2. 无形资产具有可辨认性

无形资产具有可辨认性,是指无形资产能够单独辨认并区别于其他资产的特性。一项资产要作为无形资产核算,就必须能够从企业中分离或划分出来,并能单独用于出售和转让。需要注意的是,产生于合同性权利或其他法定权利,也被认为具有可辨认性,而无论这些权利是否可以从企业或其他权利和义务中转移或者分离。

商誉是与企业整体价值联系在一起的,其存在无法与企业自身区分开来,不能单独地取得和转让,不具有可辨认性,因而不属于无形资产。

3. 无形资产具有非货币性

无形资产具有非货币性,这是无形资产区别于货币资金、应收账款等货币性资产的重要特征。所谓非货币性资产,是指企业持有的货币资金和将以固定或可确定的金额收取的资产以外的其他资产。无形资产由于没有发达的交易市场,一般不容易转化成现金,在持有过程中为企业带来未来经济利益的情况不确定,不属于以固定或可确定的金额收取的资产,属于非货币性资产。

4. 无形资产具有不确定性

无形资产作为企业拥有或者控制的经济资源,它同样具有为企业带来未来经济利益的属性。但与其他资产相比,无形资产能为企业带来多少未来的经济利益却具有较大的不确定性。原因在于,科学技术的迅速发展,市场竞争环境的变化,可能导致某项无形资产所具有的优越性在短期内被其他无形资产所取代。因此,原来能为企业创造超额盈利的能力,也可能很快消失。这就要求企业在对无形资产核算时要持更为谨慎的态度,同时也要求企业重视无形资产的风险管理。

二、无形资产的内容

无形资产通常包括专利权、非专利技术、商标权、著作权、特许权、土地使用权等。

(一)专利权

专利权,是指国家专利主管机关依法授予发明创造专利申请人,对其发明创造在法定期限内所享有的专有权利,包括发明专利权、实用新型专利权和外观设计专利权。

(二)非专利技术

非专利技术,也称专有技术,是指不为外界所知、在生产经营活动中已采用了的、不享有法律保护的、可以带来经济利益的各种技术和诀窍,包括工业专有技术、商业贸易专有技术、管理专有技术等。

(三)商标权

商标权,是指专门在某类指定的商品或产品上使用特定的名称或图案的权利。经商标局核准注册的商标为注册商标。

（四）著作权

著作权，也称版权，是指作者对其创作的文学、科学和艺术作品依法享有的某些特殊权利，包括作品署名权、发表权、修改权、保护作品完整权、改编权、翻译权等。

（五）特许权

特许权，也称经营特许权、专营权，是指企业在某一地区经营或销售某种特定商品的权利，或者一家企业接受另一家企业使用其商标、商号、技术秘密等的权利。通常有两种形式，一种是由政府机构授权，准许企业使用或在一定地区享有经营某种业务的特权，如水、电、邮电通信等专营权、烟草专卖权等；另一种是企业间依照签订的合同，有限期或无限期使用另一家企业的某些权利，如连锁店分店使用总店的名称等。

（六）土地使用权

土地使用权，是指国家准许某企业在一定期间内对国有土地享有开发、利用、经营的权利。

需要指出的是，对于商誉，正如前面所述，它是与企业整体价值联系在一起的，无法与企业自身区分开来，无法单独取得和转让，不具有可辨认性，因而不属于无形资产；对于客户关系、人力资源等，由于企业无法控制其带来的未来经济利益，不符合无形资产的定义，不应将其确认为无形资产；对于内部产生的品牌、报刊名、刊头、客户名单和实质上类似的项目支出，由于不能与整个业务开发成本区分开来，因而其成本无法可靠计量。因此，这类项目也不应确认为无形资产。

三、无形资产的确认

由于无形资产没有实物形态，因而其确认要比有形资产困难。根据《企业会计准则》的规定，某个项目要确认为无形资产，首先应符合无形资产的定义，同时还应满足以下两个条件：

（一）与该无形资产有关的经济利益很可能流入企业

作为无形资产确认的项目，必须具备其所产生的经济利益很可能流入企业这一条件。通常情况下，无形资产产生的未来经济利益可能包括在销售商品、提供劳务的收入当中，或者企业使用该项无形资产而减少或节约了成本，或者体现在获得的其他利益当中。例如，生产加工企业在生产工序中使用了某种知识产权，使其降低了未来生产成本。

会计实务中，要确定无形资产所创造的经济利益是否很可能流入企业，需要实施职业判断。在实施这种判断时，需要对无形资产在预计使用寿命内可能存在的各种经济因素做出合理估计，并且应当有确凿的证据支持。例如，企业是否有足够的人力资源、高素质的管理队伍、相关的硬件设备、相关的原材料等来配合无形资产为企业创造经济利益。同时，更为重要的是关注一些外界因素的影响，例如，是否存在与该无形资产相关的新技术、新产品冲击，或据其生产的产品是否存在市场等。在实施判断时，企业的管理当局应对在无形资产的预计使用寿命内存在的各种因素做出最稳健的估计。

（二）该无形资产的成本能够可靠地计量

成本能够可靠地计量是确认资产的一项基本条件，对于无形资产而言，这个条件相对更为重要。例如，企业自创商誉以及内部产生的品牌、报刊名等，因其成本无法可靠地计量，因此不作为无形资产确认。

第二节　无形资产的初始计量

一、外购的无形资产

外购无形资产的成本，包括购买价款、相关税费以及直接归属于使该项资产达到预定用途所发生的其他支出。其中，直接归属于使该项资产达到预定用途所发生的其他支出，是指使无形资产达到预定用途所发生的专业服务费用、测试无形资产是否能够正常发挥作用的费用等。企业外购无形资产时，按其实际成本，借记"无形资产"账户，贷记"银行存款"等账户。

如果购买无形资产的价款超过正常信用条件延期支付，实质上具有融资性质的，无形资产的成本应以购买价款的现值为基础确定，应按未来应付款项的现值，借记"无形资产"账户，按未来应付价款总额，贷记"长期应付款"账户，按其差额，借记"未确认融资费用"账户。在信用期间内分期支付价款时，借记"长期应付款"账户，贷记"银行存款"账户，同时，按实际利率法分摊本期的融资费用，借记"财务费用"账户，贷记"未确认融资费用"账户。

【例7-1】 20×4年5月10日，甲公司从乙公司购入一项专利技术，实际支付价款15 000 000元。为购买该项专利技术，甲公司还聘请了一家服务机构进行咨询和鉴定，并另支付相关费用200 000元，款项已通过银行转账支付。假定不考虑其他因素，甲公司的会计处理如下：

借：无形资产——专利权　　　　　　　　　　　　　　　　　　　15 200 000
　　贷：银行存款　　　　　　　　　　　　　　　　　　　　　　　　15 200 000

二、自行研究开发形成的无形资产

（一）研究阶段与开发阶段的划分

对于企业自行进行的研究开发项目，应当区分研究阶段与开发阶段分别进行核算。

研究是指为获取并理解新的科学或技术知识而进行的独创性的有计划调查。比如，意在获取知识而进行的活动，研究成果或其他知识的应用研究、评价和最终选择，材料、设备、产品、工序、系统或服务的替代品的研究，新的或经改进的材料、设备、产品、工序、系统或服务的可能替代品的配制、设计、评价和最终选择等，均属于研究活动。研究阶段是探索性的，是为进一步的开发活动进行资料及相关方面的准备，已进行的研究活动将来是否会转入开发、开发后是否会形成无形资产等均具有较大的不确定性。在这一阶段不会形成阶段性成果。

开发是指在进行商业性生产或使用前，将研究成果或其他知识应用于某项计划或设计，以生产出新的或具有实质性改进的材料、装置、产品等。比如，生产或使用前的原型和模型的设计、建造和测试；含新技术的工具、夹具、模具和冲模的设计；不具有商业性生产经济规模的试生产设施的设计、建造和运营；新的或经改造的材料、设备、产品、工序、系统或服务所选定的替代品的设计、建造和测试等，均属于开发活动。相对于研究阶段而言，开发阶段在很大程度上具备了形成一项新产品或新技术的基本条件。

（二）研究开发支出的会计处理

由于研究阶段是探索性的，是为进一步的开发活动进行资料及相关方面的准备，已进行的研究活动将来是否会转入开发、开发后是否会形成无形资产等均具有较大的不确定性。所以，我国《企业会计准则》规定，研究阶段所发生的支出，在发生时应当费用化，计入当期损益。

相对于研究阶段而言，开发阶段在很大程度上具备了形成一项新产品或新技术的基本条件。所以，我国《企业会计准则》规定，开发阶段所发生的支出，同时满足以下条件的，应当予以资本化，确认为无形资产：

（1）完成该无形资产以使其能够使用或出售在技术上具有可行性。

（2）具有完成该无形资产并使用或出售的意图。

（3）无形资产产生经济利益的方式，包括能够证明运用该无形资产生产的产品存在市场或无形资产自身存在市场，无形资产将在内部使用的，应当证明其有用性。

（4）有足够的技术、财务和其他资源支持，以完成该无形资产的开发，并有能力使用或出售该无形资产。

（5）归属于该无形资产开发阶段的支出能够可靠地计量。

开发阶段发生的支出，不同时满足上述资本化条件的，在发生时应当费用化，计入当期损益。

如果确实无法区分研究阶段的支出和开发阶段的支出，应当将所发生的研究开发支出全部费用化，计入当期损益。

企业自行研究开发无形资产所发生的研发支出，不满足资本化条件的，借记"研发支出——费用化支出"账户，满足资本化条件的，借记"研发支出——资本化支出"账户，贷记"原材料""银行存款""应付职工薪酬"等账户。

期末，应将当期发生的费用化研发支出转入管理费用，借记"管理费用"账户，贷记"研发支出——费用化支出"账户。

研究开发项目达到预定用途形成无形资产的，应按"研发支出——资本化支出"账户的余额，借记"无形资产"账户，贷记"研发支出——资本化支出"账户。

【例7-2】20×4年1月1日，甲公司经董事会批准研发某项专利技术。该公司在研究开发过程中发生材料费用1 500 000元，以银行存款支付工资费用1 000 000元，支付其他费用500 000元，总计3 000 000元，其中，符合资本化条件的支出为25 000 000元。20×4年12月31日，该项专利技术已经达到预定用途并注册成功。假定不考虑其他因素，甲公司的会计处理如下：

（1）发生研究支出时，

借：研发支出——费用化支出		500 000
——资本化支出		2 500 000
贷：原材料		1 500 000
应付职工薪酬		1 000 000
银行存款		500 000

（2）将当期发生的费用化研究支出转入管理费用时，

借：管理费用	500 000
贷：研发支出——费用化支出	500 000

（3）专利技术达到预定用途时，

借：无形资产——非专利技术	2 500 000
贷：研发支出——资本化支出	2 500 000

三、投资者投入的无形资产

投资者投入无形资产的成本，应当按照投资合同或协议约定的价值确定，但合同或协议约定价值不公允的除外。如果投资合同或协议约定价值不公允的，应按无形资产的公允价值作为无形资产的成本。

企业收到投资者投入的无形资产时，按投资合同或协议约定的价值，借记"无形资产"账户，按投资者在企业注册资本中拥有的份额，贷记"实收资本"或"股本"账户，按上述账户的差额贷记"资本公积"账户。

【例7-3】 20×4年1月1日，甲公司接受乙公司以专利权向本公司的投资，双方协议约定的专利权价值为1 000万元，这一价值与按照市场情况估计的公允价值相同，已办理相关手续。假定不考虑其他因素，甲公司会计处理如下：

借：无形资产——专利权	10 000 000
贷：实收资本——乙公司	10 000 000

四、土地使用权的处理

企业取得的土地使用权，通常应当按照取得时所支付的价款及相关税费确认为无形资产。土地使用权用于自行开发建造厂房等地上建筑物时，土地使用权的账面价值不与地上建筑物合并计算其成本，而仍作为无形资产进行核算，土地使用权与地上建筑物分别进行摊销和计提折旧。

但是，如果房地产开发企业取得的土地使用权用于建造对外出售的房屋建筑物的，其相关的土地使用权的价值应当计入所建造的房屋建筑物成本。

企业外购的房屋建筑物，实际支付的价款中包括土地使用权以及建筑物的价值，则应当对实际支付的价款按照合理的方法在土地使用权和地上建筑物之间进行分配，并分别确认为无形资产和固定资产；如果确实无法在土地使用权和地上建筑物之间进行合理分配的，应当全部作为固定资产，按照固定资产确认和计量的规定进行处理。

企业改变土地使用权的用途，将其用于赚取租金或资本增值时，应将其转为投资性房地产。

【例 7-4】　20×4 年 2 月 10 日,甲公司购入一块土地的使用权,以银行存款转账支付 180 000 000 元,并在该土地上自行建造厂房,发生材料费用 20 000 000 元,工资费用 10 000 000 元,其他费用 20 000 000 元(假定均以银行存款支付)。该项工程于 20×4 年 12 月 31 日达到预定可使用状态。假定土地使用权的使用年限为 50 年,厂房的使用年限为 20 年,两者都考虑净残值,都采用直线法摊销和计提折旧。为简化起见,假定甲公司按年摊销土地使用权和对厂房计提折旧。假定不考虑其他因素,甲公司的会计处理如下:

(1) 购入土地使用权时,

借:无形资产——土地使用权		180 000 000
贷:银行存款		180 000 000

(2) 自行建造厂房时,

借:在建工程		50 000 000
贷:工程物资		20 000 000
应付职工薪酬		10 000 000
银行存款		20 000 000

(3) 厂房达到预定可使用状态时,

借:固定资产		50 000 000
贷:在建工程		50 000 000

(4) 按年摊销土地使用权时,

借:管理费用		3 600 000
贷:累计摊销		3 600 000

(5) 按年计提折旧时,

借:制造费用		2 500 000
贷:累计折旧		2 500 000

第三节　无形资产的后续计量

一、无形资产后续计量的总体要求

(一) 无形资产后续计量的基本要求

无形资产后续计量取决于无形资产的使用寿命能否可靠地确定,对于使用寿命能够可靠确定的无形资产,应将其认定为使用寿命有限的无形资产,并将初始入账成本在估计的使用寿命内进行摊销;对于使用寿命不能可靠确定的无形资产,应将其认定为使用寿命不确定的无形资产,且不进行摊销,但应于每年年末进行减值测试。

无形资产准则规定,企业应当于取得无形资产时分析判断其使用寿命。无形资产的使用寿命如果是有限的,应当估计该使用寿命的年限或者构成使用寿命的产量等类似计量单位数量;无法预见无形资产为企业带来未来经济利益期限的,应当视为使用寿命不确定的无形资产。

（二）无形资产使用寿命的确定

源自合同性权利或其他法定权利取得的无形资产,其使用寿命不应超过合同性权利或其他法定权利的期限。例如,企业以支付土地出让金方式取得一块土地的使用权,如果企业准备持续持有,在 50 年期间内没有计划出售,该块土地使用权预期为企业带来未来经济利益的期间为 50 年。如果合同性权利或其他法定权利能够在到期时因续约等延续,当有证据表明企业续约不需要付出重大成本时,续约期才能够包括在使用寿命的估计中。下列情况一般说明企业无须付出重大成本即可延续合同性权利或其他法定权利:有证据表明合同性权利或法定权利将被重新延续,如果在延续之前需要第三方同意,则还需有第三方将会同意的证据;有证据表明为获得重新延续所必需的所有条件相对于企业的未来经济利益不具有重要性。如果企业在延续无形资产持有期间时付出的成本与预期流入企业的未来经济利益相比具有重要性,本质上来看是企业获得了一项新的无形资产。

没有明确的合同或法律规定的无形资产,企业应当综合各方面情况,如聘请相关专家进行论证或与同行业的情况进行比较以及企业的历史经验等,来确定无形资产为企业带来未来经济利益的期限,如果经过这些努力确实无法合理确定无形资产为企业带来经济利益期限,再将其作为使用寿命不确定的无形资产。例如,企业通过公开拍卖取得一项出租车运营许可,按照所在地规定,以现有出租运营许可为限,不再授予新的运营许可,而且在旧的出租车报废以后,其运营许可可用于新的出租车。企业估计在有限的未来,其将持续经营出租车行业。对于该运营许可,其为企业带来未来经济利益的期限从目前情况看无法可靠估计,应视为使用寿命不确定的无形资产。

（三）无形资产使用寿命的复核

由于无形资产的使用寿命依赖于会计人员的分析和判断。因此,企业至少应当于每年年度终了,对无形资产的使用寿命进行复核。如果有证据表明无形资产的使用寿命不同于以前的估计,应当作为会计估计变更处理,并在未来期间改变其摊销年限。

对于使用寿命不确定的无形资产,如果有证据表明其使用寿命是有限的,则应视为会计估计变更进行处理,并估计其使用寿命且按照使用寿命有限的无形资产进行系统摊销。

二、使用寿命有限的无形资产摊销

使用寿命有限的无形资产,应在其预计的使用寿命内采用系统合理的方法对应摊销金额进行摊销。其中应摊销金额是指无形资产的成本扣除残值后的金额。

（一）摊销期和摊销方法

1. 无形资产的摊销期

使用寿命有限的无形资产自其可供使用（即其达到预定用途）时开始至终止确认时止为摊销期限。

2. 摊销方法

在无形资产的使用寿命内系统地分摊其应摊销金额,存在多种方法。这些方法包括直线法、生产总量法、双倍余额递减法等。企业选择的无形资产摊销方法,应当能够反映与该项无形资产有关的经济利益的预期实现方式,并一致地运用于不同会计期间。例如,受技术陈旧因素影响较大的专利权和专有技术等无形资产,可采用类似固定资产加速折旧的方法进行摊销;有特定产量限制的特许经营权或专利权,应采用产量法进行摊销。无法可靠确定其预期实现方式的,应当采用直线法进行摊销。

【例 7-5】 20×4 年 1 月 1 日,甲公司从外单位购得一项专利权,支付价款 240 万元,款项已支付,该专利权的使用寿命为 20 年。假定该专利权无残值,按直线法进行摊销。不考虑其他因素,甲公司会计处理如下:

(1)购入专利权时,

借:无形资产——专利权	2 400 000
贷:银行存款	2 400 000

(2)按月摊销专利权时,

借:管理费用	10 000
贷:累计摊销	10 000

无形资产的摊销一般应计入当期损益,但如果某项无形资产是专门用于生产某种产品或其他资产的,其所包含的经济利益是通过转入所生产的产品或其他资产中体现的,无形资产的摊销金额应计入相关资产的成本。

(二)残值的确定

无形资产的残值一般为零,但下列情况除外:

(1)有第三方承诺在无形资产使用寿命结束时愿意以一定的价格购买该项无形资产。例如,某企业取得一项专利技术,法律保护期间为 20 年,企业预计运用该专利生产的产品在未来 15 年内会为企业带来经济利益。就该项专利技术,第三方向企业承诺在 5 年内以其取得之日公允价值的 60% 购买该项专利权,从企业管理层目前的持有计划来看,准备在 5 年内将其出售给第三方,该项专利技术应在企业持有其 5 年内摊销,残值为该专利在取得之日公允价值的 60%。

(2)可根据活跃的市场得到预计残值信息,并且从目前情况看,在无形资产使用寿命结束时,该市场还可能存在的情况下,可以预计无形资产的残值。残值确定以后,在持有无形资产的期间,至少应于每年年末进行复核,预计其残值与原估计金额不同的,应按照会计估计变更进行处理。

如果无形资产的残值重新估计以后高于其账面价值的,则无形资产不再摊销,直至残值降至低于账面价值时再恢复摊销。

三、使用寿命不确定的无形资产

根据可获得的相关信息判断,有确凿证据表明无法合理估计某项无形资产的使用寿命,才能将其作为使用寿命不确定的无形资产进行核算。企业不得随意判断使用寿命不确定的无形资产。按照无形资产准则规定,对于使用寿命不确定的无形资产,在持有期间内不需要进行摊销,但应当在每个会计期间进行减值测试。如经减值测试表明其已经发生减值,则需要计提相应的减值准备。其相关的会计处理为:借记"资产减值损失"账户,贷记"无形资产减值准备"账户。

第四节 无形资产的处置

无形资产的处置,主要是指无形资产对外出租、出售、对外捐赠,或者是无法为企业带来未来经济利益时,应予转销并终止确认。

一、无形资产的出租

企业出租无形资产时,其实质是企业让渡无形资产使用权,通常应作为其他业务处理。按让渡无形资产使用权取得的租金收入,借记"银行存款"账户,贷记"其他业务收入"账户;按摊销的无形资产的成本及发生与转让有关的各种费用支出,借记"其他业务成本"账户,贷记"累计摊销""银行存款"等账户;按应缴纳的营业税等相关税费,借记"税金及附加"账户,贷记"应交税费"账户。

【例7-6】 20×4年1月1日,甲公司将其拥有的一项专利技术出租给乙公司使用。合同约定,租期3年,乙公司每年支付租金400 000元。按照税法的规定,甲公司每年应按租金收入的5%计算交纳营业税。该专利技术的成本为3 000 000元,估计的使用寿命为10年,估计的残值为0,采用直线法摊销。假定甲公司按年摊销该项专利技术。甲公司的会计处理如下:

(1)取得租金收入时,

借:银行存款		400 000
贷:其他业务收入		400 000

(2)计提专利技术的摊销额时,

借:其他业务成本		300 000
贷:累计摊销		300 000

(3)计提应交纳的营业税时,

借:税金及附加		20 000
贷:应交税费——应交营业税		20 000

二、无形资产的出售

企业出售无形资产时,应将取得的价款与该无形资产的账面价值的差额,确认为处置非流动资产的利得或损失,计入营业外收入或营业外支出。按出售无形资产所得价款,借记"银行存款"账户;按累计摊销额,借记"累计摊销"账户;按无形资产计提的减值准备,借记"无形资产减值准备"账户;按无形资产的初始入账价值,贷记"无形资产"账户;按应缴的税金,贷记"应交税费"账户;按其差额贷记"营业外收入"或借记"营业外支出"账户。

【例7-7】 20×4年1月1日,甲公司将所拥有的一项专利权出售给丙公司,取得出售收入2 000 000元。该专利权的成本为5 000 000元,已累计摊销3 000 000元,已计提的减值准备为 500 000 元。按照税法规定,甲公司应就获取的出售收入交纳营业税 100 000 元。假定不考虑其他因素,甲公司的会计处理如下:

借:银行存款   2 000 000
  累计摊销   3 000 000
  无形资产减值准备   500 000
  贷:无形资产——专利权   5 000 000
    应交税费——应交营业税   100 000
    营业外收入——处置非流动资产利得   400 000

三、无形资产的报废

如果无形资产预期不能为企业带来未来经济利益,不再符合无形资产的定义,应将其转销。无形资产已被其他新技术所替代,不能为企业带来经济利益;或者无形资产不再受到法律保护,且不能为企业带来经济利益等。例如,甲企业的某项无形资产法律保护期限已过,用其生产的产品没有市场,则说明该无形资产无法为企业带来未来经济利益,应予转销。

无形资产预期不能为企业带来经济利益的,应按已摊销的累计摊销额,借记"累计摊销"账户;原已计提减值准备的,借记"无形资产减值准备"账户;按其账面余额,贷记"无形资产"账户;按其差额,借记"营业外支出"账户。

【例】 甲公司有关无形资产业务如下:

(1)20×4 年 6 月,甲公司研发部门准备研究开发一项专利技术。在研究阶段,企业为了研究成果的应用研究、评价,以银行存款支付了相关费用 600 万元。

(2)20×4 年 8 月,上述专利技术研究成功,转入开发阶段。企业将研究成果应用于该项专利技术的设计,直接发生的研发人员工资、材料费及相关设备折旧费分别为 579 万元、1 300 万元和 200 万元,同时以银行存款支付了其他相关费用 100 万元,甲公司原材料适用的增值税税率 17%。以上开发支出均满足无形资产的确认条件。

(3)20×4 年 10 月,上述专利技术的研究开发项目达到预定用途,形成无形资产。甲公司预计该专利技术的使用年限为 10 年。甲公司无法可靠确定与该专利技术有关的经济利益的预期实现方式。

(4)20×7 年 5 月,甲公司研发的专利技术预期不能为企业带来经济利益,经批准将其予以转销。

根据上述资料,甲公司会计处理如下:

(1)20×4 年 6 月支付研究支出时,

借:研发支出——费用化支出   6 000 000
  贷:银行存款   6 000 000
借:管理费用   6 000 000
  贷:研发支出——费用化支出   6 000 000

(2)20×4 年 8 月支付开发支出时,

借:研发支出——资本化支出   24 000 000

	贷：应付职工薪酬	5 790 000
	原材料	13 000 000
	应交税费——应交增值税（进项税额转出）	2 210 000
	累计折旧	2 000 000
	银行存款	1 000 000

（3）20×4年10月专利技术达到预定用途时，

借：无形资产	24 000 000
贷：研发支出——资本化支出	24 000 000

（4）至20×6年年末专利技术的累计摊销金额＝2 400÷（10×12）×（3＋12＋12）＝540（万元）

（5）20×7年5月予以转销该项专利技术时，

20×7年专利权报废时累计摊销额＝540＋2 400÷（10×12）×4＝620（万元）

借：营业外支出	17 800 000
累计摊销	6 200 000
贷：无形资产	24 000 000

【引导案例的解析】

甲公司的会计处理不正确。因为按照《企业会计准则》的规定，企业取得的土地使用权，通常应当按照取得时所支付的价款及相关税费确认为"无形资产——土地使用权"处理。土地使用权用于自行开发建造厂房等地上建筑物时，土地使用权的账面价值不计入建筑物成本，而是仍作为无形资产进行核算，土地使用权与地上建筑物分别进行摊销和计提折旧。但是，具体处理时要注意：①如果房地产开发企业取得的土地使用权用于建造对外出售的房屋建筑物的，其相关的土地使用权的价值应当计入所建造的房屋建筑物成本；②企业外购的房屋建筑物，实际支付的价款中包括土地使用权以及建筑物的价值，则应当对实际支付的价款按照合理的方法在土地使用权和地上建筑物之间进行分配，并分别确认为无形资产和固定资产；如果确实无法在土地使用权和地上建筑物之间进行合理分配的，应当全部作为固定资产，按照固定资产确认和计量的规定进行处理；③企业改变土地使用权的用途，将其用于赚取租金或资本增值时，应将土地使用权转为投资性房地产。

甲公司将土地使用权计入厂房成本，并按房屋、建筑物类固定资产按20年计提折旧，每年的折旧费用为100万元，若按无形资产——土地使用权处理，每年的摊销费用为40万元。所以，甲公司的这样处理使其费用增加了60万元，利润减少了60万元。

【案例分析题1】

深圳大族激光科技股份有限公司（简称大族激光，股票代码：002008）是中国激光装备行业的领军企业，公司拥有数百人的研发队伍，具有多项国际发明专利和国内专利、计算机软件著作权，多项核心技术处于国际领先水平，是世界上仅有的几家拥有"紫外激光专利"的公司之一。大族激光依据ISO9001质量控制体系和ISO14001环境管理体系,对已定型产品在其来料、加工过程、整机、出货各个环节严格把关,确保出货产品的性能和质量;多个产品系列已获得欧盟 CE 认证。大族激光致力于为国内外客户提供一整套激光加工解决方案及相关配套设施,并通过不断的技术创新向国际一流激光装备制造服务商迈进。

大族激光 2007 年年报披露,公司实现营业收入 148 555.54 万元,净利润 16 820.28 万元,同比分别增长 73.93% 和 85.57%,每股收益 0.45 元,公司拟每 10 股分配现金股利 1 元(含税),以资本公积向全体股东每 10 股转增 6 股。年报显示,根据新会计准则,2007 年公司技术开发费用得以资本化,相比原来会计准则,此举增加公司利润 1 785.75 万元,占公司净利润总额的 10%。

深圳大族激光科技股份有限公司由成立于 1996 年的大族实业公司发展而来,主要从事激光加工设备的研发、生产和销售,是亚洲最大、世界知名的激光加工设备生产厂商,年均增长率达 60%。同时也是深圳国际科技成果推广示范基地重点推广示范企业、国家规划布局内重点软件企业、深圳光学光电子行业协会会长单位、深圳软件行业协会会长单位,被国家发改委认定为国家高新技术产业化示范工程项目的实施单位。2002 年公司激光信息标记设备国内市场占有率达到 71.96%,2004 年成为国内首家以激光为主业的上市公司,现已成为全球激光信息标记设备产销量最大的公司之一。公司 2007 年加大科技投入力度,加强产品创新。2007 年公司科技研发投入 8 125.55 万元,约占公司销售收入的 5.47%,同比增长 126.31%。

激光行业空间巨大,增长迅速。全球 10 年的复合增长率为 14%,中国为 34%,全面覆盖工业制造、信息通信和医疗行业等。目前国内制造业激光设备使用率仍旧较低,随着精细化制造业的推进,应用也将从打标、焊接等轻工领域,逐渐发展到大功率切割、热处理、PCB 设备、印刷等。

问题讨论:

1. 研发费用资本化的条件有哪些?

2. 研发费用是费用化还是资本化对企业的业绩有着怎样的影响?

(案例来源:姚晖,张巍. 财务会计学习指导与案例实训[M]. 北京:科学出版社,2012.)

【案例分析题 2】

稻花香公司是一家从事餐饮服务的企业,成立于 1980 年。公司成立后业务发展迅猛,营业收入成倍增长,成为当地行业龙头企业。但是 2010 年以来,由于受市场环境的影响,企业的市场份额有下降趋势。在这样的情况下,公司决定转换经营思路,准备收购一家食品生产企业。稻花香公司于 2011 年 10 月,收购了一家大型食品生产企业 100% 的股权。因为品牌的关系,稻花香公司在购买过程中比收购相同类型的公司多支付了人民币 1 230 万元。稻花香公司财务部已将多付的 1 230 万元作为商誉,计入无形资产账户。

问题讨论：

稻花香公司财务部门的会计处理正确吗？为什么？

【思考题】

1. 什么是无形资产？它具有哪些特征？
2. 不同来源的无形资产的成本如何确定？
3. 企业内部研究开发项目研究阶段所发生的支出如何处理？
4. 企业内部研究开发项目开发阶段所发生的支出如何处理？
5. 无形资产的使用寿命如何确定？
6. 使用寿命有限的无形资产如何进行摊销？
7. 使用寿命不确定的无形资产如何进行后续计量？

第八章　负　债

【学习目标】
   ☆ 熟悉负债的概念及分类
   ☆ 掌握短期借款、应付票据、应付职工薪酬、应交税费的会计核算
   ☆ 掌握长期借款、应付债券、长期应付款的会计核算
   ☆ 掌握流动负债和非流动负债引起的借款费用的会计核算
   ☆ 掌握应交税费的会计核算

【引导案例】

   鸿鑫公司由于流动资金不足,于20×7年10月1日向银行借款500万元,借款期限6个月,借款利率为8%。利息和本金需要在到期日偿还。

   公司财务经理要求主管会计将20×7年6个月的利息在到期日支付时计入企业成本中。

   问题讨论:

   1. 你认为公司财务经理的这种做法是否正确? 将对该公司的费用和利润产生什么影响?

   2. 对这些借款利息应该如何处理?

第一节　负债概述

   负债是指企业过去的交易或者事项形成的、预期会导致经济利益流出企业的现时义务。现时义务是指企业在现行条件下已承担的义务。未来发生的交易或者事项形成的义务,不属于现时义务,不应当确认为负债。

   负债的基本特征:其一,负债是基于过去的交易或事项形成的一种经济责任。作为现时义务,负债是过去已经发生的交易或事项所产生的一种现时的经济责任。只有过去发生的交易或事项才能增加或减少企业的负债。如购置货物会产生应付账款。未来还未发生的交易或者事项形成的义务不属于现时义务,不应当确认为负债。其二,负债是企业承担的现时义务。负债的偿还预期会导致经济利益流出企业。负债履行义务预期均会导致经济利益流出企业,如偿还债务会用资产或提供劳务等方式偿还导致经济利益流出企业。其三,负债是能用货币确切计量或合理估计的经济义务,并且有确切的或合理估计的债权人和到期日。如企业向甲公司赊购商品10 000元后,企业必须承担在一个确定的日期偿还确定金额10 000元。

负债的分类按流动性长短分为流动负债和非流动负债。流动负债是指偿还期在一年或长于一年的一个营业周期内的债务。企业的流动负债包括短期借款、交易性金融负债、应付票据、应付账款、预收账款、应付职工薪酬、应交税费、应付利息、应付股利、其他应付款等。非流动负债是指偿还期在一年或超过一年的一个营业周期以上的债务。非流动负债通常包括长期借款、应付债券、长期应付款、专项应付款、预计负债、递延所得税负债等。这种分类与资产负债表的分类相同,通过流动资产与流动负债的比例,反映企业短期偿债能力;通过资产负债率及产权比率等便于分析企业的财务状况和偿债能力;通过长短期资产、债务的比例可以了解企业的债务结构是否合理,正确评价企业财务状况。

第二节　流动负债

一、短期借款

(一) 短期借款的内容

短期借款是指企业向银行或其他金融机构等借入的期限在一年以下(含一年)的各种借款。短期借款一般是企业为维持正常的生产经营所需的资金而借入的或者为抵偿某项债务而借入的款项。如企业因需要购买原材料、支付职工工资维持生产经营周转等进行的临时借款。

(二) 短期借款的核算

短期借款的核算主要围绕短期借款本金的借入和归还、利息的支付的业务来开展。企业取得短期借款,借记"银行存款"账户,贷记"短期借款"账户。归还短期借款时,借记"短期借款"账户,贷记"银行存款"账户。

在实务中,利息的支付可能有按月支付、按季支付、按半年支付、到期一次性付息等方式。发生的短期借款利息应分别不同情况进行处理:

(1) 如果短期借款的利息是按月支付的,或者利息是在借款到期时连同本金一起支付,但是数额不大的,可以在实际支付或收到银行的计息通知时直接计入当期损益,借记"财务费用"账户,贷记"银行存款"账户。

(2) 如果短期借款的利息是按期支付的,或者利息是在借款到期时连同本金一起支付,并且数额较大的,可以按月计提利息费用,借记"财务费用"账户,贷记"应付利息"账户;实际支付时,按照已经计提的利息金额,借记"应付利息"账户,按实际支付的利息金额与计提数的差额(即尚未计提的部分),借记"财务费用"账户,按实际支付的利息金额,贷记"银行存款"账户。

【例 8-1】　某企业 20×4 年 10 月 1 日向银行借入期限为 6 个月、年利率 6%、到期还本付息的短期借款 100 000 元。20×5 年 4 月 1 日如数归还借款本息。该企业的会计处理如下:

(1) 取得借款时,

| 借：银行存款 | 100 000 | |
| 贷：短期借款 | | 100 000 |

（2）每月计提利息时，

| 借：财务费用 | 500 | |
| 贷：应付利息 | | 500 |

（3）到期还本付息时，

借：短期借款	100 000	
应付利息	3 000	
贷：银行存款		103 000

二、应付票据

（一）应付票据的内容

应付票据是由出票人出票，由承兑人允诺在一定时期内支付一定款额的书面证明。在我国往往是在企业购买材料、商品或接受劳务供应等活动中因采用商业汇票结算方式产生的负债，是由于交易而引起的流动负债。

应付票据按承兑人的不同分为商业承兑汇票和银行承兑汇票。银行承兑汇票只是为收款人按期收回债权提供可靠的信用保证，不会因为银行承兑而使这项负债消失。应付票据按是否带息分为带息票据与不带息票据。带息票据在票面上标明票面利率，其到期值等于票面金额加利息。

（二）应付票据的核算

应付票据的核算主要围绕着应付票据的开出、支付以及利息的计算业务展开。企业设置"应付票据"账户，从理论上讲，应付票据应按到期应付金额的现值入账。但由于应付票据负债期限较短，为了简化核算，应付票据按面值计价入账。

企业开出、承兑商业汇票采购材料、商品等物品时，借记"在途物资""原材料""库存商品""应交税费——应交增值税（进项税额）"等账户，贷记"应付票据"账户；应付票据到期，企业支付时借记"应付票据"账户，贷记"应付账款"账户；若企业无力支付票款，按应付票据的票面价值，借记"应付票据"账户，贷记"应付账款"或"短期借款"账户。

带息票据是指债务人到期还款时，除了偿还面值金额外，同时还要偿还按面值和利率计算的利息。对利息的处理可以采用两种方法：一种为按期计提利息，即期末按面值和票面利率计算每期利息，借记"财务费用"账户，贷记"应付利息"账户。另一种为一次入账法，即票据到期时，按面值和票面利率计算的全部利息，借记"财务费用"账户，贷记"银行存款"账户。我国采用后一种处理方法，在每个会计期末不计提利息，票据到期时利息一次入账，但是如果票据的期限跨年度，则在资产负债表日，计提票据签发日至资产负债表日的利息，一方面增加财务费用，另一方面增加应付票据的账面价值。

【例8-2】 甲公司20×4年12月1日购入一批材料，增值税专用发票上注明：材料价款400 000元，增值税额68 000元。材料已经验收入库，企业开出、承兑一张期限为3个月的6%带息商业汇票。甲公司的会计处理如下：

（1）开出、承兑商业汇票时，

借：在途物资	400 000
应交税费——应交增值税（进项税额）	68 000
贷：应付票据	468 000

（2）20×4 年 12 月 31 日计提利息时，

| 借：财务费用 | 2 340 |
| 贷：应付票据 | 2 340 |

（3）到期支付票款时，

借：应付票据	472 680
财务费用	2 340
贷：银行存款	475 020

【例 8-3】 若【例 8-2】的其他条件不变，只是甲公司开出的是不附息票据，则甲公司的会计处理如下：

（1）开出、承兑商业汇票时，

借：在途物资	400 000
应交税费——应交增值税（进项税额）	68 000
贷：应付票据	468 000

（2）到期支付票款时，

| 借：应付票据 | 468 000 |
| 贷：银行存款 | 468 000 |

三、应付账款

应付账款是指企业因购买材料、商品或接受劳务供应等业务而发生的债务。这种负债通常是由于交易双方在商品购销和提供劳务等活动中由于取得物资或接受劳务与支付价款在时间上不一致而产生的。应付账款一般按应付金额入账。如果销售方提供的现金折扣条件而发生的交易活动，应按照扣除现金折扣前的应付款总额入账。若在现金折扣期限内付款而获得的现金折扣，应在偿付应付账款时冲减财务费用。

为了核算企业因购买材料、商品或接受劳务供应等而发生的债务及其偿还情况，企业应设置"应付账款"账户，企业购入材料、商品等验收入库，但货款尚未支付，应根据有关凭证，借记"在途物资""原材料""库存商品""应交税费——应交增值税（进项税额）"等账户，贷记"应付账款"账户。支付应付账款时，借记"应付账款"账户，贷记"银行存款"等账户。

由于债权单位撤销等原因而无法支付的应付款项应转入"营业外收入"账户，借记"应付账款"账户，贷记"营业外收入——其他"账户。

【例 8-4】 甲公司购入商品一批，货款 200 000 元，增值税额 34 000 元，商品已验收入库，货款尚未支付。付款条件为 2/10、n/20。甲公司的会计处理如下：

（1）购入商品时，

| 借：库存商品 | 200 000 |

应交税费——应交增值税（进项税额）	34 000
贷：应付账款	234 000

（2）10 天内支付货款时，

借：应付账款	234 000
贷：财务费用	4 680
银行存款	229 320

（3）超过 10 天支付货款时，

借：应付账款	234 000
贷：银行存款	234 000

四、预收账款

预收账款是买卖双方协议商定，由购货方预先支付一部分货款给供应方而发生的一项负债。由于在预收款项时，商品尚未销售、劳务尚未提供，因此，不能确认为收入。此时表明了企业承担了会在未来导致经济利益流出企业的应履行的义务，就成为企业的一项负债，并在合同约定日期，以货物或劳务偿付而不是以货币偿付。

企业向购货单位预收的款项，借记"银行存款"等账户，贷记"预收账款"账户；销售实现时，按实现的收入借记"预收账款"账户，贷记"主营业务收入"账户。涉及增值税销项税额的，还应进行相应的处理，按照实现的营业收入和增值税销项税额，借记"预收账款"账户，按实现的营业收入，贷记"主营业务收入"账户，按照增值税专用发票上注明的增值税额，贷记"应交税费——应交增值税（销项税额）"账户；企业收到购货单位补付的款项，借记"银行存款"账户，贷记"预收账款"账户；向购货单位退回其多付的款项时，借记"预收账款"账户，贷记"银行存款"账户。

【例 8-5】 甲公司签订一笔销货合同，合同规定货款总金额 500 000 元，购买方先预付 20％的货款，其余货款到交付产品时再支付。该产品的增值税税率为 17％。甲公司的会计处理如下：

（1）收到购买方预付的货款时，

借：银行存款	100 000
贷：预收账款	100 000

（2）交付产品时，

借：预收账款	585 000
贷：主营业务收入	500 000
应交税费——应交增值税（销项税额）	85 000

（3）收到补付货款时，

借：银行存款	485 000
贷：预收账款	485 000

在会计实务中，预收账款的核算方法应视具体情况而定。如果企业的预收货款比较多，可以设置"预收账款"账户单独反映；预收货款不多的企业，可以不设"预收账款"账户，将预收的货款直接记入"应收账款"账户的贷方，但期末编制会计报表时，需根据

"应收账款""预收账款"的明细记录,分别填列在资产负债表的负债与资产项内。

五、应付职工薪酬

(一)职工薪酬的内容

职工薪酬是指企业为获得职工提供的服务或解除劳动关系而给予的各种形式的报酬或补偿。职工薪酬包括短期薪酬、离职后福利、辞退福利和其他长期职工福利。企业提供给职工配偶、子女、受赡养人、已故员工遗属及其他受益人等的福利,也属于职工薪酬。

职工,是指与企业订立劳动合同的所有人员,含全职、兼职和临时职工,也包括虽未与企业订立劳动合同但由企业正式任命的人员。

未与企业订立劳动合同或未由其正式任命,但向企业所提供服务与职工所提供服务类似的人员,也属于职工的范畴,包括通过企业与劳务中介公司签订用工合同而向企业提供服务的人员。

职工薪酬主要由短期薪酬、离职后福利、辞退福利和其他长期职工福利组成。

1. 短期薪酬

短期薪酬是指企业在职工提供相关服务的年度报告期间结束后 12 个月内需要全部予以支付的职工薪酬,因解除与职工的劳动关系给予的补偿除外。短期薪酬具体包括:职工工资、奖金、津贴和补贴,职工福利费,医疗保险费、工伤保险费和生育保险费等社会保险费,住房公积金,工会经费和职工教育经费,短期带薪缺勤,短期利润分享计划,非货币性福利以及其他短期薪酬。具体而言,短期薪酬包括以下几方面的内容:

(1)职工工资、奖金、津贴和补贴,是指按照国家统计局的规定构成工资总额的计时工资、计件工资、支付给职工的超额劳动报酬和增收节支的劳动报酬、为了补偿职工特殊或额外的劳动消耗和因其他特殊原则支付给职工的津贴,以及为了保证职工工资水平不受物价影响支付给职工的物价补贴等。

(2)职工福利费,是指企业为职工提供的福利,如对职工食堂的补助、职工因公负伤赴外地就医路费、职工生活困难补助,以及按规定发生的其他职工福利支出等。

(3)社会保险费,是指企业按照国家规定的基准和比例计算,向社会保险经办机构缴纳的医疗保险费、养老保险费、失业保险费、工伤保险费和生育保险费等。其中养老保险费包括基本养老保险费、补充养老保险费和商业养老保险费。企业按照国务院、各地方政府或企业年金计划规定的基准和比例计算,向社会保险经办机构缴纳的为基本养老保险费;向企业年金基金相关管理人员等缴纳的养老保险费为补充养老保险费;以商业保险形式提供给职工的各种保险待遇为商业养老保险费,应当按照职工薪酬的原则进行确认、计量和披露。

(4)住房公积金,是指企业按照国家《住房公积金管理条例》规定的基准和比例计算,向住房公积金管理机构缴存的住房公积金。

(5)工会经费和职工教育经费,是指企业为了改善职工文化生活、提高职工业务素质、用于开展工会活动和职工教育及职业技能培训,根据国家规定的基准和比例,从成本费用中提取的金额。

（6）非货币性福利，包括企业以自己的产品或其他有形资产发放给职工作为福利，企业向职工提供无偿使用自己拥有的资产或租赁资产提供职工无偿使用，如提供给企业高级管理人员的汽车、住房等，为职工无偿提供医疗保健的服务等。

（7）带薪缺勤，是指企业支付工资或提供补偿的职工缺勤，包括年休假、病假、短期伤残、婚假、产假、丧假、探亲假等。

（8）利润分享计划，是指因职工提供服务而与职工达成的基于利润或其他经营成果提供薪酬的协议。

2．离职后福利

离职后福利是指企业为获得职工提供的服务而在职工退休或与企业解除劳动关系后，提供的各种形式的报酬和福利，短期薪酬和辞退福利除外。

3．辞退福利

辞退福利是指企业在职工劳动合同到期之前解除与职工的劳动关系，或者为鼓励职工自愿接受裁减而给予职工的补偿。

4．其他长期职工福利

其他长期职工福利是指除短期薪酬、离职后福利、辞退福利之外所有的职工薪酬，包括长期带薪缺勤、长期残疾福利、长期利润分享计划等。

（二）应付职工薪酬的确认、计量和核算

应付职工薪酬是指企业根据有关规定应付给职工的各种薪酬，应付职工薪酬之所以会构成企业的一项负债，是因为企业支付职工薪酬的日期与资产负债表编制的日期不一致。在实务中，企业本期的薪酬往往是在本期期末计量，下一期期初支付的，在尚未支付之前，应付未付的职工薪酬实质上构成企业对职工的债务。因此，在每个会计期结束时应根据企业欠职工的薪酬总额的情况确认企业的这项流动负债。职工薪酬的具体确认，原则上企业是按在职工为企业提供服务的会计期间，企业应根据职工提供服务的受益对象，将应确认的职工薪酬（包括货币性薪酬和非货币性福利）计入相关资产成本或当期费用，同时确认为应付职工薪酬负债，但解除劳动关系补偿（亦称辞退福利）除外。具体处理为：

首先，为核算职工薪酬的提取、结算、使用等情况，企业应设置"应付职工薪酬"账户。该账户贷方登记已确认的应计入有关成本费用项目的职工薪酬，借方登记实际发放的职工薪酬，该账户期末贷方余额，反映企业应付未付的职工薪酬。"应付职工薪酬"账户可以按照"工资""职工福利""社会保险费""住房公积金""工会经费""职工教育经费""非货币性福利"等应付职工薪酬项目设置明细账户，进行明细核算。

其次，企业应当根据职工提供服务的受益对象，对发生的职工薪酬分以下情况进行处理：

（1）应由生产产品、提供劳务负担的职工薪酬，计入产品成本或劳务成本。借记"生产成本""制造费用""劳务成本"账户，贷记"应付职工薪酬"账户。

（2）应由在建工程、无形资产负担的职工薪酬，计入建造固定资产或无形资产成本。

借记"在建工程""研发支出"账户,贷记"应付职工薪酬"账户。

（3）其他职工薪酬,计入当期损益。管理部门人员的职工薪酬,借记"管理费用"账户,贷记"应付职工薪酬"账户。销售人员的职工薪酬,借记"销售费用"账户,贷记"应付职工薪酬"账户。

（4）应向社会保险经办机构（或企业年金基金账户管理人）缴纳的医疗保险费、养老保险费、失业保险费、工伤保险费、生育保险费等社会保险费,应向住房公积金管理中心缴存的住房公积金,以及应向工会部门缴纳的工会经费等,应当按照国家规定的标准先计提再支付。计提时,借记"生产成本""制造费用""劳务成本"等账户,贷记"应付职工薪酬"账户。企业支付职工福利费、工会经费和职工教育经费用于工会运作和职工培训的,或企业按照国家有关规定缴纳社会保险费和住房公积金,借记"应付职工薪酬"账户,贷记"银行存款"账户。

（5）因解除与职工的劳动关系给予的补偿,借记"管理费用"账户,贷记"应付职工薪酬"账户。

（6）企业以其生产的产品作为非货币性福利提供给职工的,应当按照该产品的成本确定应付职工薪酬,其销售成本的结转和相关税费的处理,与正常商品销售相同。以外购商品作为非货币性福利提供给职工的,应当按照该商品的公允价值确定应付职工薪酬。借记"管理费用""生产成本""制造费用"等账户,贷记"应付职工薪酬——非货币性福利"账户。实际发放非货币性职工薪酬时,借记"应付职工薪酬——非货币性福利"账户,贷记"主营业务收入""应交税费——应交增值税"等账户;同时,借记"主营业务成本"账户,贷记"库存商品"账户。

（7）无偿向职工提供企业自己拥有的住房等资产使用权的,应当根据受益对象,将住房每期应计提的折旧计入相关资产成本或费用。借记"管理费用""生产成本""制造费用"等账户,贷记"应付职工薪酬——非货币性福利"账户;同时,借记"应付职工薪酬——非货币性福利"账户,贷记"累计折旧"账户。企业租赁住房等资产供职工无偿使用的,应当根据受益对象,将每期应付的租金计入相关资产成本或费用。借记"管理费用""生产成本""制造费用"等账户,贷记"应付职工薪酬——非货币性福利"账户。支付租赁住房等资产供职工无偿使用所发生的租金,借记"应付职工薪酬——非货币性福利"账户,贷记"银行存款"等账户。

最后,企业按照有关规定向职工支付工资、奖金、津贴等,借记"应付职工薪酬"账户,贷记"银行存款""库存现金"等账户。企业从应付职工薪酬中扣还的各种款项（代垫的家属药费、个人所得税等）,借记"应付职工薪酬"账户,贷记"其他应收款""应交税费——应交个人所得税"等账户。企业向职工支付职工福利费,借记"应付职工薪酬"账户,贷记"银行存款""库存现金"账户。企业支付工会经费和职工教育经费用于工会运作和职工培训的,借记"应付职工薪酬"账户,贷记"银行存款"等账户。企业按照国家有关规定缴纳社会保险费和住房公积金,借记"应付职工薪酬"账户,贷记"银行存款"账户。企业因解除与职工的劳动关系而给予职工的补偿,借记"应付职工薪酬"账户,贷记

"银行存款""库存现金"等账户。企业支付租赁住房等资产供职工无偿使用所发生的租金,借记"应付职工薪酬"账户,贷记"银行存款"等账户。在行权日,企业以现金与职工结算股份支付,借记"应付职工薪酬"账户,贷记"银行存款""库存现金"等账户。

【例 8-6】 甲公司 20×4 年 5 月 15 日,应付工资的有关情况如下:"工资结算汇总单"列示应发工资 1 000 000 元,其中代扣个人所得税为 40 000 元,代扣水电费 10 000 元,实发工资 950 000 元,以银行存款发放本月工资。

月末,本月应发工资数也为 1 000 000 元,按 1 000 000 元分配工资费用。其中,生产车间工人工资 700 000 元,车间管理人员工资 50 000 元,辅助生产车间人员工资 30 000元,行政管理人员工资 120 000 元,销售部门人员工资 100 000 元。

根据所在地政府规定,公司分别按照职工工资总额的 10%、12%、2% 和 10.5% 计提医疗保险费、养老保险费、失业保险费和住房公积金,缴纳给当地社会保险经办机构和住房公积金管理机构。根据以往实际发生的职工福利费情况,公司预计 20×4 年应承担的职工福利费的金额为职工工资总额的 2%,职工福利的受益对象为上述所有人员。公司分别按照职工工资总额的 2% 和 1.5% 计提工会经费和职工教育经费。根据上述资料,该企业 20×4 年 5 月份工资发放、工资费用的分配以及计提各项社会保险、职工福利、工会经费、职工教育经费和住房公积金的会计处理如下:

(1) 5 月 15 日发放工资时,

借:应付职工薪酬——工资		1 000 000
贷:银行存款		950 000
应缴税费——应缴个人所得税		40 000
其他应付款		10 000

(2) 月末分配工资费用时,

借:生产成本——基本生产		700 000
制造费用		50 000
生产成本——辅助生产		30 000
管理费用		120 000
销售费用		100 000
贷:应付职工薪酬——工资		1 000 000

(3) 月末计提社会保险和住房公积金时,

应计入生产成本的金额 = 70 × (10% + 12% + 2% + 10.5% + 2% + 2% + 1.5%)
= 28(万元)

应计入制造费用的金额 = 5 × (10% + 12% + 2% + 10.5% + 2% + 2% + 1.5%) = 2(万元)

应计入辅助生产成本的金额 = 3 × (10% + 12% + 2% + 10.5% + 2% + 2% + 1.5%)
= 1.2(万元)

应计入管理费用的金额 = 12 × (10% + 12% + 2% + 10.5% + 2% + 2% + 1.5%)
= 4.8(万元)

应计入销售费用的金额 = 10 × (10% + 12% + 2% + 10.5% + 2% + 2% + 1.5%) = 4(万元)

借：生产成本	280 000
制造费用	20 000
生产成本——辅助生产	12 000
管理费用	48 000
销售费用	40 000
贷：应付职工薪酬——职工福利	20 000
——社会保险费	240 000
——住房公积金	105 000
——工会经费	20 000
——职工教育经费	15 000

【例 8-7】 甲公司将自家生产的取暖器成本为 24 000 元以市场的销售价 30 000 元作为福利发放给每位职工,其中生产一线职工占七成,管理人员占三成。该企业增值税税率 17%。甲公司的会计处理如下:

(1)决定发放非货币性福利时,

借：生产成本	24 570
管理费用	10 530
贷：应付职工薪酬——非货币性福利	35 100

(2)实际支付时,

借：应付职工薪酬——非货币性福利	35 100
贷：主营业务收入	30 000
应交税费——应交增值税(销项税额)	5 100
借：主营业务成本	24 000
贷：库存商品	24 000

【例 8-8】 甲公司由于改制与部分职工签订解除劳动关系计划,按计划给予补偿费用 24 万元,并在年度内实施完毕。甲公司的会计处理如下:

(1)确认解除劳动关系而给予补偿时,

借：管理费用	240 000
贷：应付职工薪酬——辞退福利	240 000

(2)实际支付时,

借：应付职工薪酬——辞退福利	240 000
贷：银行存款	240 000

六、应交税费

(一) 应交税费的内容

应交税费是指企业按照税法规定计算应交纳的各种税费,包括增值税、消费税、营业税、所得税、资源税、土地增值税、城市维护建设税、房产税、土地使用税、车船使用税、教育费附加等。

中国的税收制度共设有 24 种税,按照其性质和作用大致可以分为:

其一,流转税类,包括增值税、消费税和营业税。通常是在生产、流通或者服务中,按照纳税人取得的销售收入或者营业收入征收的。

其二,所得税类,包括企业所得税、个人所得税。通常是按照生产、经营者取得的利润或者个人取得的所得征收的。

其三,资源税类,包括资源税和城镇土地使用税。通常是对从事资源开发或者使用城镇土地者征收的,可以体现国有资源的有偿使用,并对纳税人取得的资源级差收入进行调节。

其四,特定目的税类,包括城市维护建设税、耕地占用税、固定资产投资方向调节税和土地增值税。这些税种是为了达到特定的目的,对特定对象进行调节而设置的。

其五,财产税类,包括房产税、城市房地产税和遗产税(尚未立法开征)三种税。

其六,行为税类,包括车船使用税、车船使用牌照税、印花税、契税、证券交易税(尚未立法开征)、屠宰税和筵席税。这些税种是对特定的行为征收的。

其七,关税,是对进出中国国境的货物、物品征收的。另外,农业税从 2006 年 1 月 1 日起停征。

按税收与价格的关系为标准分类:价内税是指税款在应税商品价格内,作为商品价格一个组成部分的一类税。如我国现行的消费税、营业税和关税等税种。价外税是指税款不在商品价格之内,不作为商品价格的一个组成部分的一类税。如我国现行的增值税(目前商品的价税合一并不能否认增值税的价外税性质)。下面介绍常用的税种。

1. 增值税

增值税是就货物和劳务的增值部分征收的一种税。它通常是独立于商品、劳务买卖价格之外另外计算的税种,是一种价外税。按照《中华人民共和国增值税暂行条例》规定,凡在我国境内销售货物,提供加工、修理修配劳务,以及进口货物的单位和个人,应交纳增值税。在 2013 年 8 月 1 日以后,我国交通运输业和部分现代服务业实行了营业税改为增值税。

按照经营规模和会计核算健全程度,增值税纳税企业分为一般纳税企业和小规模纳税企业。

一般纳税企业销售货物或提供应税劳务,其应交增值税额为当期销项税额扣减当期进项税额后的余额。其计算公式为:

$$应交增值税额=当期销项税额-当期进项税额$$
$$=当期销售额×增值税税率-当期进项税额$$

销项税额是指企业销售货物或提供应税劳务,按照销售额和规定的税率计算并向购买方收取的增值税额。其中,销售额是指企业销售货物或提供应税劳务时向购买方收取的全部价款和价外费用,但不包括收取的销项税额。如果企业采用销售额和销项税额合并定价的,应将含税销售额换算成不含税销售额(也称销售额,下面小规模纳税企业的不含税销售额也称销售额,情形是相同的,后面不再复述),并按不含税销售额计算销项税额。其换算公式为:

不含税销售额＝含税销售额÷(1＋增值税税率)

销项税额＝不含税销售额(或销售额)×增值税税率

进项税额是指企业购进货物或接受应税劳务时支付的增值税额。准予从销项税额中抵扣的进项税额包括：①从销售方取得的增值税专用发票上注明的增值税税额；②从海关取得的完税凭证上注明的增值税税额；③购进免税农产品，按照经税务机关批准使用的收购凭证上注明的价款或收购金额的13%计算的进项税额。

企业购进货物或者接受应税劳务时没有按照规定取得并保存增值税扣税凭证，或者增值税扣税凭证上未按照规定注明增值税税额及其他有关事项的，其进项税额不能从销项税额中抵扣。另外，纳税企业购进用于非增值税项目的购进货物或者应税劳务、用于免税项目的购进货物或者应税劳务、用于集体福利或者个人消费的购进货物或者应税劳务、非正常损失的购进货物、非正常损失的在产品或产成品所耗用的购进货物或者应税劳务等的进项税额，也不得从销项税额中抵扣。不能从销项税额中抵扣的进项税额只能计入购进货物或者接受劳务的成本。

小规模纳税企业销售货物或提供应税劳务，实行简易办法计算应纳税额，按照销售额的一定比例计算征收。其计算公式为：

应交增值税额＝销售额×征收率

如果采用销售额和应纳税额合并定价的，应按照公式"不含税销售额＝含税销售额÷(1＋征收率)"将含税销售额还原为不含税销售额。

此外，一般纳税人纳税企业销售货物或者提供应税劳务开具增值税专用发票，即价款和税额分开计算。小规模纳税企业销售货物或者提供应税劳务，一般情况下只能开具普通发票，不能开具增值税专用发票。

2．消费税

消费税是指对在我国境内生产、委托加工和进口应税消费品的单位和个人征收的一种流转税。应税消费品主要包括五类：其一，过度消费会对人类健康、社会秩序和生态环境造成危害的特殊消费品：烟、酒及酒精、鞭炮与烟火、木制一次性筷子、实木地板等；其二，奢侈品、非生活必需品，包括贵重首饰及珠宝玉石、化妆品、高尔夫球及球具、高档手表、游艇等；其三，高能耗及高档消费品，包括游艇、小汽车、摩托车等；其四，使用和消耗不可再生和替代的稀缺资源的消费品，例如成品油等；其五，具有特定财政意义的消费品，例如汽车轮胎等。消费税的征收方法有从价定率、从量定额和从价定率和从量定额复合计算三种方法。

实行从价定率办法的纳税企业销售应税消费品，其应交消费税额的计算公式为：

应交消费税额＝应税消费品的销售额×比例税率

从价定率方法计征的应纳消费税的税基是不含增值税的销售额。企业的应税消费品的销售额未扣除增值税税款的，应将其换算为不含增值税的销售额。

实行从量定额办法的纳税企业销售应税消费品，其应交消费税额的计算公式为：

应交消费税额＝应税消费品的销售数量×定额税率

实行从量定额计征的消费税,根据按税法确定的企业应税消费品的数量和定额税率计算确定。

实行混合征收办法的纳税企业计算应交消费税税额时,其应交消费税额的计算公式为:

$$应交消费税额＝应税消费品的销售数量×定额税率＋应税消费品的销售额×比例税率$$

3.营业税

营业税是以纳税人从事经营活动的营业(经营)额为纳税对象的一种流转税。在我国境内提供应税劳务、转让无形资产或销售不动产的行为应当缴纳营业税。其计算公式为:

$$应交营业税额＝营业额×税率$$

这里的营业额是指企业提供应税劳务、转让无形资产或者销售不动产向对方收取的全部价款和价外费用。

4.城市维护建设税和教育费附加

为了加强城市的维护建设,扩大和稳定城市维护建设资金的来源,国家开征了城市维护建设税。同样,为了开展普及教育,保证教育经费,国家还开征了教育费附加。城市维护建设税和教育费附加分别是以纳税人实际缴纳增值税税额、消费税税额、营业税税额为计税依据征收的一种税。其计算公式为:

$$应交税额＝(应交增值税＋应交消费税＋应交营业税)×适用税率$$

5.房产税、土地使用税、车船使用税和印花税

房产税是国家对在城市、县城、建制镇和工矿区征收的由产权所有人缴纳的税。房产税依照房产原值一次减除10％至30％后的余额计算缴纳。没有房产原值作为依据的,由房产所在地税务机关参考同类房产核定。房产出租的,以房产租金收入为房产税的计税依据。

土地使用税是国家为了合理利用城镇土地,调节土地级差收入,提高土地使用效益,加强土地管理而开征的一种税。土地使用税以纳税人实际占有的土地面积为计税依据,依照规定税额计算征收。

车船使用税由拥有并且使用车船的单位和个人缴纳。按照适用税额计算应纳税额。

印花税是对书立、领受购销合同等凭证行为征收的税。应纳税凭证包括:购销、加工承揽、建设工程承包、财产租赁、货物运输、仓储保管、借款、财产保险、技术合同或者具有合同性质的凭证,产权转移书据,营业账簿,权利、许可证照等。纳税人根据应纳税凭证的性质,分别按比例税率或者按定额计算应纳税税额。

6.所得税

所得税包括企业所得税和个人所得税。在我国境内,取得生产经营所得、其他所得和清算所得的企业和其他取得收入的组织,按照我国《企业所得税法》和《企业所得税法实施条例》规定需要缴纳企业所得税。企业在年度终了,先结出全年实现的利润总额,然后根据税法的有关规定将实现的利润总额调整为企业应纳税所得额,并据以计算出

本年应缴纳的企业所得税税额。企业所得税的会计处理方法将在"所得税"章节中介绍。个人所得税是根据个人所得开征的税收,由个人自己承担。但企业职工应缴纳的工资薪金的个人所得税一般由单位代扣代缴。

(二) 应交税费的核算

1. 应交增值税

增值税纳税人分为一般纳税人和小规模纳税人,在购销业务中发生增值税,他们采用的会计核算是不同的。

(1) 一般纳税人的会计核算。

一般纳税人为了核算企业应交的增值税,在"应交税费"账户下设置"应交增值税"明细账户进行明细核算,"应交增值税"账户的借方登记企业购进货物或接受应税劳务支付的进项税额、实际缴纳的增值税等;贷方登记销售货物或提供应税劳务应交纳的增值税额、出口货物退税、转出已支付或应分担的增值税等,期末借方余额反映尚未抵扣的增值税,期末贷方余额反映应交未交的增值税。"应交税费——应交增值税"账户还应分别设置"进项税额""已交税金""销项税额""出口退税""进项税额转出"等专栏。

企业从国内采购物资或接受应税劳务等,根据增值税专用发票上注明的价款,借记"在途物资""原材料""库存商品"或"生产成本""制造费用""管理费用"等账户,根据增值税专用发票上注明的可抵扣的增值税税额,借记"应交税费——应交增值税(进项税额)"账户,按照价税总额,贷记"应付账款""银行存款"等账户。企业销售货物或者提供应税劳务,按照确认的营业收入和应收取的增值税销项税额,借记"应收账款""银行存款"等账户,按专用发票上注明的增值税税额,贷记"应交税费——应交增值税(销项税额)"账户,按照实现的营业收入,贷记"主营业务收入""其他业务收入"等账户。企业交纳增值税时,借记"应交税费——应交增值税(已交税金)",贷记"银行存款"账户。

(2) 小规模纳税人的会计核算。

由于小规模纳税企业销售货物或提供应税劳务实行增值税简易办法计算应纳增值税额。即按照销售额的一定比例计算缴纳增值税;购入货物其支付的增值税均不计入进项税额,不得由销项税额抵扣,应计入购入货物成本。

小规模纳税人只需在"应交税费"账户下设置"应交增值税"二级账户,无须再设明细项目。"应交税费——应交增值税"贷方登记企业应缴的增值税,借方登记企业实际上缴的增值税,期末贷方余额反映企业尚未缴纳的增值税,如为借方余额,表明企业有多缴的增值税。

【例 8-9】 甲公司为增值税一般纳税人,20×4 年 5 月份发生的增值税业务如下所示:购入原材料一批,增值税专用发票上注明价款 100 000 元,增值税 17 000 元,货物到达并验收入库,价款和进项税款已用银行存款支付。甲公司会计处理如下:

借:原材料   100 000

应交税费——应交增值税（进项税额）	17 000
贷：银行存款	117 000

销售产品一批，价款 300 000 元，增值税销项额 51 000 元，产品已经发出，符合收入确认条件，款项尚未收到。甲公司会计处理如下：

借：应收账款	351 000
贷：主营业务收入	300 000
应交税费——应交增值税（销项税额）	51 000

用银行存款交纳本月增值税。假设增值税进项税额已经过认证。

本月应交增值税＝51 000－17 000＝34 000（元）。甲公司会计处理如下：

借：应交税费——应交增值税（已交税金）	34 000
贷：银行存款	34 000

【例 8-10】 承上例，假设甲公司为小规模纳税人，增值税率 3%。甲公司会计处理如下：

（1）购进材料时，

借：原材料	117 000
贷：银行存款	117 000

（2）销售商品时，

借：应收账款	309 000
贷：主营业务收入	300 000
应交税费——应交增值税	9 000

（3）交纳增值税时，

借：应交税费——应交增值税	9 000
贷：银行存款	9 000

2. 应交消费税、营业税、城市维护建设税和教育费附加

消费税、营业税、城市维护建设税和教育费附加均包含在收入内计价的，是价内税。企业发生上述应税行为应交纳的消费税、营业税、城市维护建设税和教育费附加是对商品销售收入的抵减，因而通过"税金及附加"账户核算，计入当期损益。税金及附加，是指企业销售主要经营的产品、商品、提供劳务等按规定应缴纳的税金及附加。包括在经营活动中发生的营业税、消费税、城市维护建设税、资源税和教育费附加等相关税费。这些税金及附加费是企业取得收入过程中必须缴纳给国家的税金代价。但必须注意，增值税不属于营业税金，它是一种价外税，不包含在收入金额内。因此，增值税不从收入中抵减。

为了核算消费税、营业税、城市维护建设税和教育费附加，需要设置"税金及附加"账户。企业在销售上述价内税应税行为发生消费税、营业税、城市维护建设税和教育费附加时，借记"税金及附加"账户，贷记"应交税费——应交消费税"账户或应交税费——应交营业税"账户以及"应交税费——应交城市维护建设税"等。

【例 8-11】 甲公司生产销售白酒，同时还开办了一个酒吧，在 20×4 年 6 月，该企

业生产销售白酒,计算出本月应缴纳增值税销项税额 10 000 元,消费税 5 000 元,营业税 2 000 元,城市维护建设税 1 190 元,教育费附加 850 元。甲公司会计处理如下:

```
借:税金及附加                                        9 040
  贷:应交税费——应交消费税                              5 000
     应交税费——应交营业税                              2 000
     应交税费——应交城市维护建设税                        1 190
     应交税费——应交教育费附加                             850
```

3. 应交房产税、土地使用税、车船使用税和印花税

由于房产税、土地使用税、车船使用税属于财产税和行为税,不属于企业销售行为或提供劳务行为发生的税金及附加。因此,企业发生这些税种通常不通过"税金及附加"账户核算,而是采用"管理费用"账户核算。企业按规定计算应交的房产税、土地使用税、车船使用税税额时,借记"管理费用"账户,贷记"应交税费——应交房产税""应交税费——应交土地使用税""应交税费——应交车船使用税"账户。实际上交时,借记"应交税费——应交房产税""应交税费——应交土地使用税""应交税费——应交车船使用税"账户,贷记"银行存款"账户。

由于印花税是由纳税人以购买并一次贴足印花税票的方法缴纳的,不需要计提应纳税金额,同时也不存在与税务机关结算或清算的问题。因此,企业缴纳的印花税也不需要通过"应交税费"账户核算。企业在购买印花税票时,直接借记"管理费用"账户,贷记"银行存款"账户。

【例 8-12】 甲公司拥有房产本年出租获取租金收入 100 000 元,计算应交纳营业税 5 000 元,房产税 12 000 元。则甲公司会计处理如下:

```
借:税金及附加                                        5 000
  管理费用                                          12 000
  贷:应交税费——应交营业税                              5 000
     应交税费——应交房产税                             12 000
```

七、应付利息和应付股利

应付利息是指企业按照合同约定应支付的利息,包括吸收存款、分期付息到期还本的长期借款、企业债券等应支付的利息。

应付股利是指企业经股东大会或类似机构决议确定分配的现金股利或利润。

在我国,股利通常有两种形式,即现金股利和股票股利。现金股利是指企业以支付现金的方式向股东派发的股利。股票股利是指企业以增发股票的方式向股东派发的股利。当股东大会或类似机构决议确定分配现金股利时,自宣告之日起,应付的现金股利就构成企业的一项流动负债。企业股东大会或类似机构宣告分派现金股利时,借记"利润分配"账户,贷记"应付股利"账户。实际发放现金股利时,借记"应付股利"账户,贷记"银行存款"等账户。但必须注意,企业董事会或类似机构通过的利润分配方案中拟分配的现金股利或利润,不作账务处理,不作为应付股利核算,但应在附注中披露。

八、其他应付款

其他应付款是指企业除应付票据、应付账款、预收账款、应付职工薪酬、应付利息、应付股利、应交税费等经营活动以外的其他各项应付、暂收的款项。例如应付经营租入固定资产和包装物租金,职工未按期领取的工资,存入保证金(如收取的包装物押金等),应付、暂收所属单位、个人的款项等。一般情况下,企业收到包装物押金发生其他应付款时,借记"银行存款"账户,贷记"其他应付款"账户。偿还包装物押金时,借记"其他应付款"账户,贷记"银行存款"等账户。

第三节 非流动负债

非流动负债是指负债金额较大,偿还期限较长,往往需要一年以上或一个经营期以上才需要偿还的负债,一般企业要进行扩大再生产,往往以非流动负债作为企业筹资的一种重要方式。非流动负债主要包括长期借款、应付债券、长期应付款、专项应付款等。

对于长期借款、应付债券、长期应付款、专项应付款这些非流动负债,通常具有下列特点:

(1)负债金额大、借款期限长,资金用途通常首先用于解决企业扩大再生产所需,然后再根据企业经营情形用于解决经营活动所需。

(2)负债偿还方式根据借款合同规定偿还,可以分期偿还,也可以到期一次还本。

(3)借款费用往往分期计提(或摊销)和支付,借款费用根据借款资金的使用用途分别资本化或费用化。当通过长期借款、应付债券、长期应付款、专项应付款等非流动负债筹集的资金用于固定资产、无形资产、研发支出等长期资产的建造开发上,即资金属于建设期使用,计提(或摊销)的借款费用应该予以资本化,计入资产成本。反之,当通过长期借款、应付债券、长期应付款、专项应付款等非流动负债筹集的资金用于产品生产经营活动中,即资金属于生产经营期使用,计提(或摊销)的借款费用应该予以费用化,计入当期损益。

一、长期借款

长期借款是企业向银行或其他金融机构借入的期限在一年或超过一年的一个营业周期以上(不含一年)的各项借款。一般用于固定资产购置和固定资产建造工程,以及流动资产的正常需要。长期借款具有借款数额大、借款期限长的特点,一般用于固定资产的购建、改扩建工程等方面。它是企业非流动负债的重要组成部分。

为了核算长期借款的借入、归还等情况,企业需要设置"长期借款"账户,该账户的贷方登记取得的长期借款本金,借方登记偿还的本金,贷方余额表示企业尚未偿还的长期借款。该账户可按照贷款单位和贷款种类设置明细账,进行明细核算。

企业借入长期借款时,应按实际收到的金额,借记"银行存款"账户,贷记"长期借款"账户。长期借款用于购建固定资产的,在固定资产尚未达到预定可使用状态前,所发生的应当资本化的利息支出数,计入在建工程成本;固定资产达到预定可使用状态后发生的利息支出,以及按规定不予资本化的利息支出,计入财务费用。期末,按规定计算的应付未付的利息,借记"在建工程""财务费用"等账户,贷记"应付利息"账户;偿还借款本金、支付利息时应借记"长期借款""应付利息"账户,贷记"银行存款"账户。

【例 8-13】 甲公司于 20×4 年 1 月 1 日向银行借入 1 000 000 元,购进设备一台。安装过程中支付安装费 5 000 元。安装工程于当年 12 月 31 日完工并交付使用。借款期限两年,年利率 9%,该借款利息一年一付,到期还本。按单利计算利息。甲公司的会计处理如下:

（1）取得借款并购进设备时,

借:在建工程		1 000 000
贷:长期借款		1 000 000

（2）支付安装费及计提安装期间的应付借款利息时,

借:在建工程		195 000
贷:银行存款		5 000
应付利息		90 000

（3）工程完工交付使用时,

借:固定资产		1 195 000
贷:在建工程		1 195 000

（4）年末支付利息时,

借:应付利息		90 000
贷:银行存款		90 000

（5）20×5 年各月末计提应付借款利息时,

借:财务费用		7 500
贷:应付利息		7 500

（6）20×5 年年末归还本息时,

借:长期借款——本金		1 000 000
应付利息		180 000
贷:银行存款		1 180 000

二、应付债券

（一）应付债券的发行和会计处理

应付债券是企业为筹集长期使用资金而发行的一种书面凭证,通过凭证上所记载的利率、期限、付息日、到期日等,表明发行债券的企业承诺在未来某一特定日期还本付息。企业发行的期限通常超过一年,一般委托银行或其他金融机构代理发售,也可以由企业自行发售。发行债券是企业筹集长期资金的一种非常重要而有效的方式,是企业的一项非流动负债。

公司债券发行方式有三种,即面值发行、溢价发行和折价发行。债券发行价格受到发行时的市场利率、证券市场的供求关系、相对的风险程度、国家的经济、金融政策等多种因素的影响,但主要还是取决于债券发行时的市场利率(指债券发行时金融市场上风险和期限与所发行的债券类似的借贷资本的利率)。

(1) 债券面值发行。当票面利率等于市场利率时,债券的发行价格等于其面值价格发行,称为平价发行。

(2) 债券溢价发行。当票面利率高于市场利率时,债券可以按高于债券面值的价格发行,称为溢价发行。

(3) 债券折价发行。当票面利率小于市场利率时,债券可按低于其面值的价格发行,称为折价发行。

企业发行债券产生的溢价和折价,实际是对债券存续期间利息费用的调整。溢价是企业以后各期多付利息而事先得到的补偿。折价是企业以后各期少付利息而预先给投资者的补偿。

为了核算债券的发行、付息和还本情况,企业应设置"应付债券"账户,该账户贷方登记应付债券的本金和利息,借方登记归还的债券本金和利息,期末贷方余额表示企业尚未偿还的长期债券本金和利息金额。该账户应设置"面值""利息调整"和"应计利息"等明细账户,进行明细分类核算。

企业发行债券时,按实际收到的款项,借记"银行存款"等账户,按债券票面价值,贷记"应付债券——面值"账户,按实际收到的款项与票面价值之间的差额,借记或贷记"应付债券——利息调整"账户。每期期末,企业按实际利率法计提债券利息费用,借记"在建工程""财务费用"等账户,按票面利息,贷记"应付利息",差额记入"应付债券——利息调整"账户。到期归还本金时,借记"应付债券——面值"账户,贷记"银行存款"账户。

【例 8-14】 某公司为筹集生产经营所需的资金,于 20×4 年 1 月 1 日发行面值为 100 000 元、期限 3 年、票面利率 8% 的债券。该债券每年 1 月 1 日付息一次,到期还本。

(1) 假设债券发行时的市场利率为 7%,计算其债券发行价格。

债券的发行价格是到期偿还的债券面值按发行时的市场利率折算的复利现值与债券按票面利率计算的各期利息按市场利率折算的年金现值之和。其计算公式如下:

债券发行价格＝到期偿还的债券面值的现值＋每期债券利息的现值

$\qquad$＝到期偿还的债券面值×复利现值系数＋每期债券利息×年金现值系数

债券发行价格＝$100\,000\times(1+7\%)^{-3}+100\,000\times8\%\times[(1+7\%)^3-1]\div[7\%\times(1+7\%)^3]$

$\qquad\qquad\quad\;\;=100\,000\times0.816\,3+8\,000\times2.624\,3$

$\qquad\qquad\quad\;\;=102\,624(元)$

(2) 假定债券发行价格为 102 592 元,为该公司进行债券发行的会计处理。

该公司发行债券的会计处理如下:

借:银行存款   102 624

 贷:应付债券——面值   100 000

   应付债券——利息调整   2 624

（3）假定该公司采用实际利率法摊销溢价，一年一次付息，到期还本。编制债券溢价摊销表如表8-1所示。

表 8-1

债券溢价摊销表（实际利率法）

付息日期	支付利息	利息费用	摊销的利息调整	应付债券摊余成本
20×4.1.1				102 624
20×5.1.1	8 000	7 184	816	101 808
20×6.1.1	8 000	7 127	873	100 935
20×7.1.1	8 000	7 065	935	100 000

（1）20×5年1月1日计提利息并摊销溢价时，

借：在建工程（或财务费用）   7 184

  应付债券——利息调整   816

  贷：应付利息   8 000

（2）20×6年1月1日计提利息并摊销溢价时，

借：在建工程（或财务费用）   7 127

  应付债券——利息调整   873

  贷：应付利息   8 000

（3）20×7年1月1日计提利息并摊销溢价时，

借：在建工程（或财务费用 ）   7 065

  应付债券——利息调整   935

  贷：应付利息   8 000

（4）20×5年、20×6年、20×7年1月1日各年支付利息时，

借：应付利息   8 000

  贷：银行存款   8 000

（5）20×7年1月1日还本时，

借：应付债券——面值   100 000

  贷：银行存款   100 000

（二）可转换公司债券

可转换公司债券是指企业依照法定程序发行，债券持有者在一定期间之后，按债券发行合同规定的条件和规定的转换比率或转换价格，将持有的债券转换成企业股份的一种公司债券。

发行可转换公司债券时，应在"应付债券"账户下设置"可转换公司债券"明细账户进行核算，按实际收到的金额，借记"银行存款"等账户，按该项可转换公司债券包含的负债成分的公允价值，贷记"应付债券——可转换公司债券"账户，按权益成分的公允价值，贷记"资本公积——其他资本公积"账户，按借贷之间的差额，借记或贷记"应付债券——可转换公司债券（利息调整）"账户。

可转换公司债券持有人行使转换权利时,将其持有的债券转换为股票,按"应付债券——可转换公司债券"账户的余额,借记"应付债券——可转换公司债券(面值、利息调整)"账户,按"资本公积——其他资本公积"账户中属于该项可转换公司债券的权益成分的金额,借记"资本公积——其他资本公积"账户,按股票面值和转换的股数计算的股票面值总额,贷记"股本"账户,按实际用现金支付的不可转换股票的部分,贷记"库存现金"等账户,按其差额,贷记"资本公积——股本溢价"账户。

三、专项应付款

专项应付款是指企业取得的国家指定为资本性投入的具有专项或特定用途的款项,如属于工程项目的资本性拨款等。

(1) 企业收到资本性拨款时,借记"银行存款"账户,贷记"专项应付款"账户。

(2) 将专项或特定用途的拨款用于工程项目,借记"在建工程""公益性生物资产"等账户,贷记"银行存款""应付职工薪酬"等账户。

(3) 工程项目完工,形成固定资产或公益性生物资产的部分,借记"专项应付款"账户,贷记"资本公积——其他资本公积"账户;对未形成固定资产需要核销的部分,借记"专项应付款"账户,贷记"在建工程"等账户;拨款结余需要返还的,借记"专项应付款"账户,贷记"银行存款"账户。

【例 8-15】 甲公司收到政府拨款——技改资金 1 000 万元专门用于该公司某项专有技术的研发项目,三年来,该公司用于该项目技改研发费用共计 700 万元,第三年终于研发成功并通过了认证。于是甲公司将拨款结余通过银行转账返还政府。甲公司会计处理如下:

(1) 收到政府拨款时,

  借:银行存款   10 000 000

    贷:专项应付款   10 000 000

(2) 三年来用于研发,

  借:研发支出   7 000 000

    贷:银行存款等   7 000 000

  借:专项应付款   7 000 000

    贷:资本公积——其他资本公积   7 000 000

(3) 拨款结余通过银行转账返还政府时,

  借:专项应付款   3 000 000

    贷:银行存款   3 000 000

四、长期应付款

长期应付款是指企业除长期借款和应付债券以外的其他各种长期应付款项,包括应付融资租入固定资产的租赁费、以分期付款方式购入固定资产发生的应付款项等。为了核算企业的各种长期应付款项,一般应设置"长期应付款"账户进行核算,同时还应在该账户下按长期应付款的种类设置明细账户。

(1) 企业购入有关资产超过正常信用条件延期支付价款、实质上具有融资性质的,应按购买价款的现值,借记"固定资产""在建工程""无形资产""研发支出"等账户,按应支付的金额,贷记"长期应付款"账户,按其差额,借记"未确认融资费用"账户。按期支付价款时,借记"长期应付款"账户,贷记"银行存款"账户。

未确认融资费用是指企业应当分期计入利息费用而暂未确认的融资费用。

（2）融资租入固定资产,在租赁期开始日,应按租赁准则确定的应计入固定资产成本的金额,借记"在建工程"或"固定资产"账户,按最低租赁付款额,贷记"长期应付款"账户,按发生的初始直接费用,贷记"银行存款"等账户,按其差额,借记"未确认融资费用"账户。按期支付租金时,借记"长期应付款"账户,贷记"银行存款"等账户。

【引导案例解析】

1. 公司财务经理的这种做法是不正确的,将会引起 20×7 年费用少计,利润虚增。 20×8 年费用多计,利润虚减。

2. 对这些借款利息的正确处理是:

在 20×7 年年末应计利息费用 $= 500 \times 8\% \times 3 \div 12 = 10$（万元）,计入 20×7 年财务费用中。

在 20×8 年 3 月末应计利息费用 $= 500 \times 8\% \times 3 \div 12 = 10$（万元）,计入 20×8 年财务费用中。

【案例分析题 1】

高负债扩张酿"恶果" 嘉凯城短期借款超货币资金近 1 倍

在和讯房产频道对 30 家上市地产公司偿还能力的最新统计中,业绩大幅下滑、负债率居高不下的嘉凯城（股票代码：000918,SZ）位列倒数第一,被称为 2012 年上半年"最熊上市房企"。《每日经济新闻》记者注意到,嘉凯城截至 2012 年上半年的资产负债率已经接近 80%,账面的货币资金仅为 17.95 亿元,几乎只够支付短期借款的一半。

短期借款"火烧眉毛"

2012 年半年报数据显示,上半年嘉凯城实现营业收入 15.19 亿元,净利润亏损 3.28 亿元,比 2011 年同期分别大幅下滑了 45.11% 和 4 600.96%。数据显示,2011 年嘉凯城营业收入仅为 64.8 亿元,比 2010 年的 91.8 亿元下滑近 30%;同期,嘉凯城 2.06 亿元的净利润还不到 2010 年的 1/5。截至 2012 年上半年,嘉凯城资产负债率高达 79.18%,同比上升了 2.19 个百分点。2011 年、2010 年以及 2009 年,公司资产负债率也分别高达 76.99%,70.04% 和 75.76%。数据显示,截至 2012 年上半年,嘉凯城的负债总计达到 207.22 亿元,其中,一年内到期的非流动负债为 32.20 亿元,而短期借款达 35.72 亿元。由于上半年销售不佳,嘉凯城的资金并不充裕。截至上半年,嘉凯城的货币资金仅为 17.95 亿元,几乎只够支付短期借款的一半。

高负债扩张的"恶果"

2009 年借壳在深交所上市以来,嘉凯城的表现就如过山车一般：2008 年亏损,2009 年扭亏净赚 12 亿元,2010 年和 2011 年,净利润又连续下滑至 11.15 亿元和 2.06 亿元。

近几年,嘉凯城的资产负债率一直接近80%。一位接近嘉凯城的房地产业内人士指出,业绩下滑看似是因为销售不佳,但更深层次的原因是在高负债扩张模式下,嘉凯城"踩错了步调",对市场形势分析得不够准确。据《每日经济新闻》记者了解,在2010年房地产市场调控"突袭"的形势下,在2009年取得业绩丰收的嘉凯城并没有控制住扩张的步伐,连续在青岛、武汉等地区拿下超级大盘。

财通证券分析称,嘉凯城项目有85.2%分布于限购区域,产品主要定位中高端市场,受政策调控影响较大,影响了公司项目结算进度。截至2012年上半年,嘉凯城总资产为261.72亿元,其中存货为200.67亿元,占总资产的比例高达76.67%。

问题讨论:

1. 为什么说嘉凯城的"燃眉之急"或许是即将到来的高额的短期借款?

2. 试从企业产品定位、存货比重、负债结构、外部市场形势等角度分析造成目前资金链持续紧张的原因,解决其困局你有何建议?

(案例来源:徐学成.高负债扩张酿"恶果" 嘉凯城短期借款超货币资金近1倍 [EB/OL]. http://finance.sina.com.cn/roll/20120912/012313110436.shtml.)

【案例分析题2】

某白酒企业集团拥有厂房9 000万元,车子15辆。企业主营生产销售白酒;兼营酒吧营业服务。税务部门确定该企业增值税率17%,消费税率20%,营业税率5%,城建税和教育费附加税率分别为7%和3%。该企业当月销售白酒3 000万元,30 000瓶(每瓶500克),当月酒吧服务收入100万元。当月进货可抵扣的进项税额51万元,该集团房产税扣除房产原值30%后按1.2%计征,车辆合计交车船税7 200元,印花税25元。(企业所得税和个人所得税不予考虑)

问题讨论:

1. 该企业集团会涉及哪些税种?如何计算?

2. 企业涉及的税种如何进行会计处理?

【思考题】

1. 职工薪酬包括哪些内容?如何核算?

2. 短期负债与长期负债的区别有哪些?

3. 一般纳税人和小规模纳税人进行增值税核算有何区别?

4. 借款费用如何进行会计核算?

5. 如何进行应交税费内容的确定和会计核算?

第九章　所有者权益

【学习目标】

☆ 熟悉所有者权益的概念及其分类

☆ 掌握实收资本的会计核算

☆ 掌握资本公积的来源与运用及其会计核算

☆ 掌握盈余公积的会计核算

☆ 掌握未分配利润的会计核算

【引导案例】

20×5 年 2 月,正明会计师事务所的注册会计师在审计海虹公司 20×4 年度财务报表时,发现存在下列问题:(1)海虹公司 20×4 年度实收资本有异常,有关资料显示,海虹公司 20×4 年 3 月份将资本公积 400 万元转增资本,海虹公司截至转增资本之日财务报表累计亏损为 280 万元;(2)20×4 年 12 月,海虹公司将以前年度从税后利润提取的盈余公积 200 万元全部转回到"本年利润"账户,以弥补亏损。

问题讨论:海虹公司的上述处理存在哪些错误? 说明理由。

第一节　所有者权益概述

一、所有者权益的概念和特征

(一)所有者权益的概念

所有者权益是指企业资产扣除企业全部负债后由所有者享有的剩余权益。公司的所有者权益又称为股东权益。所有者权益的内容包括所有者投入的资本、直接计入所有者权益的利得和损失、留存收益。

所有者投入的资本是指所有者所有投入的资本部分,它既包括构成企业注册资本或者股本部分的金额,也包括投入资本超过注册资本或者股本部分的金额,即资本溢价或者股本溢价。

直接计入所有者权益的利得和损失,是指不应计入当期损益、会导致所有者权益发生增减变动的、与所有者投入资本或者向所有者分配利润无关的利得或者损失。利得是指由企业非日常活动所形成的、会导致所有者权益增加的、与所有者投入资本无关的经济利益的流入。损失是指由企业非日常活动所形成的、会导致所有者权益减少的、与向所有者分配利润无关的经济利益的流出。

留存收益是企业历年实现的净利润留存于企业的部分,主要包括盈余公积和未分配利润两部分。

（二）所有者权益的特征

企业所有者权益有如下特征：

1. 所有者权益既是一种财产权利，又是一种剩余权益

所有者权益作为一种财产权利，包括所有者对投入资产的所有权、使用权、处置权和收益分配权。所有者权益作为一种剩余权益，主要是从法律上来讲的。虽然所有者和债权人都是企业财产的提供者，都对企业的财产享有要求权，但从法律角度来看，负债的要求权优先于所有者的要求权，即只有负债的要求权得到满足后，剩余的才能归属于所有者。

2. 所有者权益是一种来自投资行为的权利

所有者权益是与投资者的投资行为相伴而生的，没有投资者的投资行为，便没有企业的所有者权益。投资者不论是国家、企业、个人，他们的权益性质是相同的，在数量上则取决于投资额的大小。投资行为一旦结束，投资者的权益就取决于企业的经营状况。如果企业经营得当，实现了净利润，那么所有者权益就会随之增加；如果企业经营不当，发生了亏损，那么所有者权益就会减少。由此可见，企业的所有者承担了企业经营活动的最终风险，因而也享有最终的权益。

3. 所有者权益具有长期性

投资者投资设立企业总是期望该企业确实能够不断发展、壮大、长期存在；同时，企业在发展过程中不仅需要投资者的原始投入资本，而且还需要吸收更多的资本。这就意味着投资人的资本通常不能抽回，要供企业长期使用。尽管在现实经济生活中，也有一些企业由于经营不善或者其他原因而解散，但这些企业在何时解散往往无法预计。因此，所有者权益作为剩余权益，具有长期性，不存在确切的、约定的偿付期限。

4. 所有者权益计量的间接性

所有者权益在数量上除了投资者投入资本时能够直接计量外，在企业存续期内任何一点，都不是直接计量的，而是通过计量资产和负债来间接计量的。

5. 所有者权益的构成包括所有者的投入资本、企业的资产增值以及经营利润

所有者的投入资本不仅是企业实收资本的来源，也是资本公积的主要来源。在企业资本额不变的情况下，所有者权益的增加主要依靠企业的有效经营。经营利润是所有者承担投资风险和企业经营风险的一种回报。企业盈利时，所有者权益随之增加；企业亏损时，所有者权益随之减少。

二、所有者权益的分类

（一）实收资本

实收资本是指投资人按照企业章程或合同、协议的约定，实际投入企业的各种财产、物资的价值。实收资本按投资主体，又可以分为国家投资、法人投资、外商投资和个人投资。

（二）资本公积

资本公积是指企业收到投资者的超出其在企业注册资本（或股本）中所占份额的投资，以及直接计入所有者权益的利得和损失。主要包括资本（或股本）溢价和直接计入所有者权益的利得和损失。

（三）盈余公积

盈余公积是指按税后利润的一定比例提取、具有特定用途的留存收益。盈余公积包括法定盈余公积和任意盈余公积。

（四）未分配利润

未分配利润是指企业净利润分配后剩余部分。未分配利润有两层含义：一是留待以后年度处理的利润，二是未指定特定用途的利润。从数量上来讲，未分配利润是期初未分配利润，加上本期实现的净利润，减去提取的各种盈余公积和分配利润后的余额。

第二节　实收资本

一、实收资本的概述

按照我国有关法律规定，投资者设立企业必须投入资本。实收资本就是投资者投入资本形成法定资本的价值。所有者向企业投入的资本一般情况下无须偿还，可以长期周转使用，未经一定的减资手续，不得以任何形式减少或退回，以保障债权人的权益。实收资本的构成比例，即投资者的出资比例或股东的股份比例，通常是确定所有者在企业所有者权益中所占的份额和参与企业财务经营决策的基础，也是企业进行利润分配或股利分配的依据，同时还是企业清算时确定所有者对净资产要求权的依据。

投资者可以用货币出资，也可以用实物、知识产权、土地使用权等能以货币估价并能依法转让的非货币资产作价出资。但是，法律、行政法规规定不得作为出资的财产除外。对作为出资的非货币财产应当评估作价，核实财产，不得高估或低估作价，法律法规对评估作价有规定的从其规定。全体股东的货币出资的金额不得低于公司注册资本的30％。

投资人投入的资本，必须经中国注册会计师验资，出具验资报告。投资后不允许抽回投资，若在企业成立后，有抽逃行为的，责令改正并处罚金。构成犯罪的，依法追究刑事责任。

二、实收资本的确认与计量

由于企业的组织形式不同，实收资本的核算也不尽相同。下面分别介绍不同组织形式下实收资本的核算。

（一）有限责任公司实收资本的确认与计量

有限责任公司收到投资者投入的资本，应通过"实收资本"账户核算，该账户应按各投资者设置明细账，以分别反映各投资者投入资本的详细情况。

有限责任公司初建时，各投资者按合同、协议或公司章程投入企业的货币资本，记入"实收资本"账户。在经营过程中,有限责任公司增资扩股时,如有新投资者加入,新加入的投资者缴纳的出资额大于其按约定比例计算的在注册资本中所占份额的部分,记入"资本公积"账户。但是,一人有限责任公司和国有独资公司由于投资主体单一,依然将增资额全部记入"实收资本"账户,不产生资本公积。

企业接受非现金资产投资时,应按投资合同或协议约定价值确定非现金资产价值(但投资合同或协议约定价值不公允的除外)和在注册资本中应享有的份额。

【例 9-1】 甲公司是由 A,B,C 共同出资设立的有限责任公司,注册资本 500 万元人民币。A,B,C 分别出资 100 万元、100 万元、300 万元,占甲有限责任公司注册资本20%,20% 和 60%。投资日,甲公司如期收到各投资者一次性缴足的款项。甲公司会计处理如下:

借:银行存款		5 000 000
贷:实收资本——A		1 000 000
——B		1 000 000
——C		3 000 000

【例 9-2】 甲公司收到乙公司投入的生产用机器一台,账面价值为 200 000 元,双方确认的价值为 180 000 元,已办好财产转移手续。乙公司在甲公司中所占份额为150 000元。甲公司会计处理如下:

借:固定资产		180 000
贷:实收资本——乙		150 000
资本公积——资本溢价		30 000

(二)股份有限公司股本的确认与计量

1. 股份有限公司的设立

股份有限公司的设立有发起式和募集式两种。

(1)发起设立。发起式设立的特点是公司的股份全部由发起人认购,不向发起人以外的任何人募集股份。由于股东是固定的,无须聘请证券商发售股票,因此,其募资费用较低;而且募资风险小,一般不会发生设立公司失败的情况。公司对于所发生的筹资费用,可以直接计入当期损益。

(2)募集设立。募集式设立的特点是公司股份除了发起人认购外,还可以采用向其他法人或自然人发行股票的方式进行募集。采用募集设立筹资对象广泛,需要由企业发起人聘请中介机构发行股票,企业要为此支付较高的发行费用。对于支付的发行费用,在会计上应进行如下处理:如股票溢价发行的,发行费用从发行股票的溢价中抵销,股票发行没有溢价或溢价金额不足以支付发行费用的部分,应将不足支付的发行费用直接计入当期财务费用。另外,由于采用社会募集股份,其募集对象比较广泛,在资本市场不景气或股票的发行价格不适当时,有可能发行失败,风险较大。根据规定,如果发行失败,其损失由发起人负担。包括承担筹建费用,承担公司筹建过程中的债务,偿还认股人已缴纳的股款,并支付银行同期存款利息。

2. 股本的确认与计量

股份有限公司应设置"股本"账户核算股东投入企业的资本。为提供企业股份构成情况,企业应在"股本"账户下按普通股和优先股及股东单位或姓名设置明细账进行明细核算。

如果股票发行价格与股票面值相等为平价发行,股票发行价格大于股票面值为溢价发行,股票发行价格小于股票面值为折价发行。我国不允许企业折价发行股票。在按面值发行股票的情况下,企业发行股票取得的收入,应全部记入"股本"账户。在溢价发行股票的情况下,企业应将相当于股票面值的部分记入"股本"账户,将发行价格超过股票面值的溢价收入作为股本溢价记入"资本公积——股本溢价"账户。

发行股票过程中发生的相关手续费、佣金等交易费用如果是溢价发行的,应从溢价中抵扣,冲减"资本公积——股本溢价"账户;无溢价发行或溢价金额不足以抵扣的,应将不足抵扣的部分冲减盈余公积和未分配利润。

【例 9-3】 甲股份有限公司采用募集方式设立,于 20×4 年 3 月 20 日发行普通股 10 000 万股,每股面值 1 元,股票每股的发行价为 6 元。发行手续费为发行收入的 2%。发行收入扣除手续费后的股款已全部收到存入银行。不考虑其他因素。甲公司会计处理如下:

发行总收入 = 100 000 000 × 6 = 600 000 000(元)

手续费 = 600 000 000 × 2% = 12 000 000(元)

实际收到股款 = 600 000 000 - 12 000 000 = 588 000 000(元)

借:银行存款   588 000 000

 贷:股本   100 000 000

   资本公积——股本溢价   488 000 000

三、实收资本(或股本)增减变动的核算

一般情况下,公司的实收资本(或股本)固定不变。但在某些情况下,实收资本(或股本)也有可能发生变化。当企业发生实收资本(或股本)增减变动时,应进行相应的会计处理。

(一)实收资本(或股本)增加的核算

一般企业增加资本主要有三个途径:接受投资者追加投资、资本公积转增资本和盈余公积转增资本。此外,股份制企业还可以通过发放股票股利方式、将可转换债券转换成股票方式、债务转为资本方式以及以权益结算的股份支付换取职工或其他方提供服务方式实现增资。

1. 资本公积、盈余公积转增资本

当企业用资本公积、盈余公积转增资本时,应借记"资本公积""盈余公积"账户,贷记"实收资本"或"股本"账户。以法定盈余公积转增资本的,转增后,该项盈余公积的留存数不得低于转增前注册资本的 25%。

【例 9-4】 甲股份有限公司经股东大会同意和有关证券部门批准,在办理增资手续

后,将资本公积中的股本溢价 10 000 000 元,转作每股面值 1 元的普通股 10 000 000 股。甲公司会计处理如下:

借:资本公积——股本溢价 10 000 000

　　贷:股本 10 000 000

2. 投资者增加投资

投资者增加投资包括企业原投资者追加投入资本和新投资者投入资本。企业在收到投资者投入的资本时,借记"银行存款"等账户,贷记"实收资本"或"股本"账户,按两者的差额,贷记"资本公积"账户。

3. 发放股票股利实现增资

股份有限公司发放股票股利,在办妥相关手续后,借记"利润分配——转作股本的股利"账户,贷记"股本"账户。

【例 9-5】 甲公司经股东大会决议,当年分配股利,每 10 股普通股派发 1 股股票股利,当年发行在外普通股 5 000 万股,每股面值 1 元。当公司办妥相关手续时,甲公司会计处理如下:

借:利润分配——转作股本的股利 5 000 000

　　贷:股本 5 000 000

4. 可转换债券转换成股票实现增资

发行可转换债券的股份公司,在可转换公司债券持有人行使转换权利,将其持有的债券转换为股票时,应按可转换公司债券的余额,借记"应付债券——可转换公司债券(面值)、(利息调整)"账户,按其权益成分的金额,借记"资本公积——其他资本公积"账户,按面值和转换的股数计算的股票面值总额贷记"股本"账户,按其差额贷记"资本公积——股本溢价"账户。

(二) 实收资本(或股本)减少的核算

企业实收资本减少的原因一般有两种:一是资本过剩,二是企业发生重大亏损而需要减少实收资本。

1. 企业因资本过剩减资

企业按照法定程序报经批准减少注册资本的,应按照减资的金额,借记"实收资本"或"股本"账户,贷记"银行存款"账户。

股份有限公司采用收回本公司发行在外的股票方式减资的,需要设置"库存股"账户,反映库存股的收回和处置情况。库存股是指公司已经发行但由于各种原因回到公司手中,为公司所持有的股票。公司的库存股,主要有经批准减资而回收的股票、为奖励职工而回收的股票等。尚未发行的股票,不属于库存股。

股份有限公司回购股票所支付的价款高于购回股票面值的,如果收购的股票原是溢价发行的,则超面值的收购款先冲减溢价收入,不足部分冲减盈余公积,若盈余公积不足冲减的,则冲减未分配利润;如果收购的股票原是按面值发行的,则超面值的收购款直接冲减盈余公积,盈余公积不足冲减,则冲减未分配利润。如果购回股票支付的价款低于回购股票面值的,其差额计入资本公积。

【例 9-6】 甲公司 20×4 年 12 月 31 日的股本为 2 亿股,面值为每股 1 元,资本公积(股本溢价)5 000 万元,盈余公积 8 000 万元。由于情况变化资本过剩,经股东大会批准,甲公司以现金回购本公司股票 3 000 万股并注销。假定甲公司按每股 3 元回购股票。甲公司会计处理如下:

(1)回购本公司股票时,

借:库存股 90 000 000

    贷:银行存款 90 000 000

(2)注销本公司股票时,

借:股本 30 000 000

    资本公积——股本溢价 50 000 000

    盈余公积 10 000 000

    贷:库存股 90 000 000

2. 企业因严重亏损减资

企业发生重大亏损,在短期内用利润、盈余公积无法弥补时,可以用实收资本(股本)弥补亏损,借记"实收资本"或"股本"账户,贷记"利润分配——未分配利润"账户。这样处理是因为企业如有未弥补亏损就不能发放股利或分配当期利润,以后年度有利润首先需要弥补亏损。如果一个企业长期不发放股利,会动摇投资者的信心,影响其投资信誉,所以经股东大会决议,并履行减资手续后用实收资本(股本)弥补亏损,从而使企业放下包袱转入正常经营。

第三节　资本公积

一、资本公积的概述

资本公积是企业收到投资者的超出其在企业注册资本(或股本)中所占份额的投资,以及直接计入所有者权益的利得和损失等。资本公积包括资本溢价(或股本溢价)和直接计入所有者权益的利得和损失。

资本公积从来源上看,它不是由企业实现的利润转化而来的,从本质上讲应属于投入资本范畴。因此,它与留存收益有根本区别,因为后者是由企业实现的利润转化而来的。

资本公积与实收资本虽然都属于投入资本的范畴,但两者又有区别。实收资本是投资者对企业的投入,并通过资本的投入谋求一定的经济利益,它属于法定资本,与企业的注册资本相一致,因此,实收资本在来源与金额上,有比较严格的限制;资本公积归所有投资者共同享有,它有特定的来源,在金额上也不受限制,也并不一定需要谋求投资回报。

二、资本公积的确认与计量

为了核算资本公积,企业应设置"资本公积"账户,并下设"资本溢价(股本溢价)"

"其他资本公积"账户进行明细分类核算。

资本溢价和股本溢价

1. 资本溢价

除股份有限公司以外的其他类型的企业,在企业创立时,投资者认缴的出资额与注册资本一致,投资者认缴的出资额全部记入"实收资本"账户,不会产生资本溢价。但在企业重组或有新的投资者加入的情况下,常常会出现资本溢价。因为在企业进行正常生产经营后,其资本利润率通常要高于企业初创阶段,另外,企业内部的积累,新投资者加入企业后,对这些资本公积也要分享,所以新加入的投资者往往要付出大于原投资者的出资额,才能取得与原投资者相同的投资比例。新投资者出资额中大于按其投资比例计算的部分,计入"资本公积——资本溢价"账户。

【例 9-7】 甲有限责任公司由 A,B 两位股东各出资 100 万元设立。经过三年经营,已形成留存收益 120 万元。三年后有 C 投资者有意投资该公司且愿意出资 170 万元而占该公司股份的 1/3。甲公司在收到 C 投资者出资时,会计处理如下:

借:银行存款		1 700 000
贷:实收资本——C		1 000 000
资本公积——资本溢价		700 000

2. 股本溢价

股份有限公司是通过发行股票的方式来筹集资本的。股票可以按面值发行,也可以溢价发行,我国目前不准折价发行。在面值发行的情况下,企业发行股票取得收入应全部作为股本处理;在溢价发行股票情况下,公司发行股票的收入,等于股票面值部分记入"股本"账户,超出股票面值的溢价收入应作为股本溢价处理。

发行股票相关的手续费、佣金等交易费用,如果是溢价发行的,应从溢价中抵扣,冲减资本公积(股本溢价);无溢价发行股票或溢价金额不足以抵扣的,应将不足抵扣的部分冲减盈余公积和未分配利润。

三、其他资本公积的核算

其他资本公积是指除资本溢价(或股本溢价)项目以外所形成的资本公积,其中主要是直接计入所有者权益的利得和损失。形成企业其他资本公积的主要情形有:

(一)长期股权投资采用权益法核算的,在持股比率不变的情况下,被投资单位除净损益以外所有者权益的其他变动,企业按持有比例计算应享有的份额所形成的资本公积

企业对被投资单位的长期股权投资采用权益法核算的,在持股比率不变的情况下,对因被投资单位除净损益以外所有者权益的其他变动,如果是利得,则应按持股比例计算其应享有被投资企业所有者权益的增加数额;如果是损失,则作相反的分录。在处置采用权益法核算的长期股权投资时,应当将原来记入资本公积的相关金额转入投资收益。

【例 9-8】 甲有限责任公司于 20×4 年 1 月 1 日向乙公司投资 6 000 000 元,拥有该公司 30% 的股份,并对该公司有重大影响,因而对乙公司长期股权投资采用权益法核算。20×4 年 12 月 31 日,乙公司净利润以外的所有者权益增加了 800 000 元。假定除此以外,乙公司的所有者权益没有变化,甲有限责任公司的持股比例没有变化,乙公司资产的账面价值与公允价值一致,不考虑其他因素。甲公司会计处理如下:

借:长期股权投资——乙公司(其他权益变动)　　　　　　　　　　240 000
　　贷:资本公积——其他资本公积　　　　　　　　　　　　　　　　240 000

假定甲公司20×5年6月30日将此项长期股权投资转让时,上述资本公积的金额要转入"投资收益"账户:

借:资本公积——其他资本公积　　　　　　　　　　　　　　　　240 000
　　贷:投资收益　　　　　　　　　　　　　　　　　　　　　　　　240 000

(二)以权益结算的股份支付换取职工或其他方提供服务过程中形成的资本公积

以权益结算的股份支付换取职工或其他方提供服务的,应按确定的金额,借记"管理费用"账户,贷记"资本公积——其他资本公积";在行权日,应按实际行权的权益工具数量计算确定的金额,借记"资本公积——其他资本公积"账户,按计入实收资本或股本的金额,贷记"实收资本"或"股本"账户,按其差额,贷记"资本公积——资本溢价(或股本溢价)"账户。

(三)自用房地产或存货转换为采用公允价值模式计量的投资性房地产过程中形成的资本公积

将作为存货的房地产转换为采用公允价值模式计量的投资性房地产,应按其在转换日的公允价值,借记"投资性房地产"账户,原已计提跌价准备的,借记"存货跌价准备"账户,按其账面余额,贷记"开发产品"等账户;同时,转换日的公允价值大于账面价值的,按其差额,贷记"资本公积——其他资本公积"账户,转换日的公允价值小于账面价值的,按其差额,借记"公允价值变动损益"账户。

将自用房地产转换为采用公允价值模式计量的投资性房地产,应按其在转换日的公允价值,借记"投资性房地产"账户,按已计提的累计折旧等,借记"累计折旧"等账户,按已计提跌价准备的,借记"固定资产减值准备"账户,按其账面余额,贷记"固定资产"等账户,按其差额,贷记"资本公积——其他资本公积"或借记"公允价值变动损益"账户。

(四)将持有至到期投资重分类为可供出售金融资产,或将可供出售金融资产重分类为持有至到期投资的过程形成的资本公积

将可供出售金融资产重分类为采用成本或摊余成本计量的金融资产的,对于原记入资本公积的金额,应分不同情况进行处理:有固定到期日的应在该项金融资产的剩余期限内,在资产负债表日,按采用实际利率法计算确定的摊销金额,借记或贷记"资本公积——其他资本公积"账户,贷记或借记"投资收益"账户;没有固定到期日的,应在处置该项金融资产时,借记或贷记"资本公积——其他资本公积"账户,贷记或借记"投资收益"账户。

四、资本公积转增资本的核算

经股东大会或类似机构决议,用资本公积转增资本时,应冲减资本公积,同时按照转增前的实收资本(或股本)的结构或比例,将转增的金额记入"实收资本(或股本)"账户下各所有者的明细分类账。

第四节　留存收益

一、留存收益的概述

留存收益是指企业从历年实现净利润中提取或形成的留存于企业的内部积累。它来源于公司的生产经营活动所实现的净利润,在性质上与投资人投入的资本一样属于所有者权益。它与实收资本和资本公积的区别在于:实收资本和资本公积来源于企业的投入,而留存收益则来源于企业的净利润。

留存收益由盈余公积和未分配利润两部分组成。盈余公积已经拨定了用途,亦称之为拨定留存收益;未分配利润则未拨定用途,亦称之为未拨定留存收益。

二、盈余公积

盈余公积是企业按规定从税后利润中提取并已指定用途的留存收益。企业盈余公积包括法定盈余公积和任意盈余公积两种。

(一)盈余公积的提取

法定盈余公积是指企业按规定的比例从税后利润中提取的盈余公积。公司制企业法定盈余公积应按税后利润的10%提取,非公司制企业法定盈余公积的提取比率可超过税后利润的10%。法定盈余公积累计额达到注册资本的50%时,可以不再提取。值得注意的是,计算提取法定盈余公积基数时,不应包括企业年初未分配利润。

公司制企业可根据股东大会的决议提取任意盈余公积。非公司制企业经类似权力机构批准,也可以提取任意盈余公积。任意盈余公积是企业出于实际需要或采取审慎经营策略,经股东大会或类似机构批准,按照规定的比例从税后利润中提取的企业内部积累。所谓任意,指出于企业自愿而非法规硬性规定,其提取比例由企业自行决定。法定盈余公积与任意盈余公积的区别在于其各自计提的依据不同,前者以国家的法律法规为依据,后者由企业的权力机构自行决定。

【例9-9】　甲公司本年度实现净利润1 000万元,按规定提取10%法定盈余公积,同时企业根据自身需要,决定再按5%比例提取任意盈余公积。甲公司会计处理如下:

借:利润分配——提取法定盈余公积	1 000 000
——提取任意盈余公积	500 000
贷:盈余公积——法定盈余公积	1 000 000
——任意盈余公积	500 000

(二)盈余公积的使用

企业提取的法定盈余公积和任意盈余公积的用途相同,主要有以下几个方面。

1. 用于弥补亏损

企业发生的亏损,其弥补渠道主要有三个方面:一是由以后年度税前利润弥补。按现行制度规定,企业发生亏损时,可以由以后年度税前利润连续弥补五年。二是用以后年度税后利润弥补。企业发生的亏损经过五年时间税前利润弥补后,未弥补完的亏损应由企业税后利润弥补。三是以盈余公积弥补亏损。企业用提取的盈余公积弥补亏损,应由董事会提议,经股东大会批准。

【例 9-10】 甲公司以前年度累积未弥补亏损 800 000 元,按规定已超过了税前利润弥补亏损的时间,公司董事会提议并经股东大会批准,以盈余公积弥补以前年度未弥补亏损。甲公司会计处理如下:

借:盈余公积 　　　　　　　　　　　　　　　　　　　800 000
　贷:利润分配——盈余公积补亏 　　　　　　　　　　　　800 000
借:利润分配——盈余公积补亏 　　　　　　　　　　　　800 000
　贷:利润分配——未分配利润 　　　　　　　　　　　　　800 000

2. 转增资本

企业用盈余公积转增资本,必须经股东大会批准。转增资本后,留存的法定盈余公积不得低于注册资本的 25%。盈余公积转增资本时,借记"盈余公积"账户,贷记"股本(或实收资本)"账户。

企业从税后利润提取形成的盈余公积,无论是用于弥补亏损,还是用于转增资本,只不过是所有者权益内部结构的变动,并不影响所有者权益的总额。

【例 9-11】 甲公司经董事会决议,将盈余公积 4 500 000 元转增资本。甲公司会计处理如下:

借:盈余公积 　　　　　　　　　　　　　　　　　　4 500 000
　贷:股本 　　　　　　　　　　　　　　　　　　　　4 500 000

3. 发放现金股利和利润

在特殊情况下,当企业累积的盈余公积比较多,而未分配利润比较少,为了维护企业形象,给投资者以合理回报,对于符合规定条件的企业,也可以用盈余公积发放现金股利或利润。但股利分派后,企业的法定盈余公积不得低于注册资本的 25%。

【例 9-12】 甲公司 20×4 年 12 月 31 日普通股股本为 4 000 万股,每股面值 1 元,可供投资者分配的利润为 600 万元,盈余公积 1 800 万元。20×5 年 3 月 20 日,股东大会批准了 20×4 年度利润分配方案,以 20×4 年 12 月 31 日为登记日,按每股 0.25 元发放现金股利。甲公司共需要分配 1 000 万元现金股利,其中动用可供投资者分配的利润 600 万元、盈余公积 400 万元。甲公司会计处理如下:

(1)宣告分配股利时,

借:利润分配——应付现金股利 　　　　　　　　　　6 000 000
　　盈余公积 　　　　　　　　　　　　　　　　　　4 000 000
　贷:应付股利 　　　　　　　　　　　　　　　　　10 000 000

(2)支付股利时,

借:应付股利 　　　　　　　　　　　　　　　　　10 000 000
　贷:银行存款 　　　　　　　　　　　　　　　　　10 000 000

三、未分配利润

未分配利润是企业留待以后年度分配的利润,也是企业留存收益的重要组成部分。

相对于所有者权益的其他部分,企业对未分配利润的使用分配有较大的自主权。从数量上看,未分配利润等于期初未分配利润加上本期实现的税后利润,再减去提取的各种盈余公积和分配利润后的余额。

未分配利润是通过"利润分配——未分配利润"账户核算。年度终了,企业将全部实现的净利润,从"本年利润"账户转入"利润分配——未分配利润"账户,如为盈利,应借记"本年利润"账户,贷记"利润分配——未分配利润"账户;如为亏损,作相反分录。同时,将"利润分配"账户下其他明细账的余额转入"利润分配——未分配利润"账户。结转后,"利润分配——未分配利润"账户若为贷方余额,表示历年累积的未分配利润;若为借方余额,则表示历年累积的未弥补亏损。

【例9-12】　甲公司20×4年年初未分配利润为600 000元,本年实现净利润800 000元。以前年度未发生亏损,按10%提取法定盈余公积,按5%提取任意盈余公积,宣告分配现金股利500 000元。

甲公司会计处理如下:

(1)结转本年利润时,

借:本年利润		800 000
贷:利润分配——未分配利润		800 000

(2)提取盈余公积时,

借:利润分配——提取法定盈余公积		80 000
——提取任意盈余公积		40 000
贷:盈余公积——提取法定盈余公积		80 000
——提取任意盈余公积		40 000

(3)宣告发放现金股利时,

借:利润分配——应付现金股利		500 000
贷:应付股利		500 000

(4)结转本年分配的利润时,

借:利润分配——未分配利润		620 000
贷:利润分配——提取法定盈余公积		80 000
——提取任意盈余公积		40 000
——应付现金股利		500 000

结转后,甲公司20×4年年末未分配利润为780 000元(即600 000+800 000-620 000)。

【引导案例的解析】

20×4年海虹公司的上述处理均存在错误。首先,海虹公司20×4年3月份将资本公积400万元转增资本不符合《公司法》的有关规定。《公司法》规定,累计亏损未经全额弥补前,公司不得用资本公积转增资本。本案例中海虹公司截至转增资本之日财务报表累计亏损仍有280万元,不具备资本公积转增资本的条件。其次,海虹公司盈余公积的使用不符合规定。按照规定,企业提取的盈余公积主要是用于弥补亏损,但海虹公司将以前年度提取的盈余公积 200 万元全部转回到"本年利润"账户,用以弥补亏损的做法不准确。因为用盈余公积补亏的会计处理是:借记"盈余公积"账户,贷记"利润分配——盈余公积补亏"账户;而后再将"利润分配——盈余公积补亏"账户,转入"利润分配——未分配利润"账户,借记"利润分配——盈余公积补亏"账户,贷记"利润分配——未分配利润"账户。

【案例分析题 1】

2000 年,顾雏军投资的格林柯尔在香港创业板上市,一举融资 5.5 亿港元,并由此开始在内地资本市场翻云覆雨。自 2001 年起,顾雏军控制的格林柯尔系公司先后收购了广东科龙电器、美菱电器、亚星客车、ST 襄轴等多家上市公司,控制的总资产达到 130 多亿元。2005 年 1 月 20 日,顾雏军登上了第二届"胡润资本控制 50 强"榜首。格林柯尔是如何扩张的?

顺德格林柯尔的身世

2001 年 10 月 1 日,顺德格林柯尔企业发展有限公司(简称顺德格林柯尔)成立,注册资本为 12 亿元人民币,顾雏军以 10.8 亿元出资额拥有 90% 的股权,包括以 1.8 亿元的货币和 9 亿元的知识产权出资。顾善鸿(顾雏军父亲)以货币出资 1.2 亿元拥有 10% 的股权。

当月,顺德格林柯尔收购科龙电器 20.6% 的股权。

2002 年 5 月 14 日,顾雏军从科龙电器划拨 1.87 亿元资金到设在天津的格林柯尔制冷剂(中国)有限公司(简称天津格林柯尔)的账户上,当日天津格林柯尔与顺德管理科发生数额为 1.8 亿元、1.7 亿元、1.6 亿元、1.5 亿元的四笔资金对倒,合计放大为 6.6 亿元。顾雏军将此 6.6 亿元作为天津格林柯尔对顺德格林柯尔的现金出资。同时,顾雏军及顾善鸿原享有的货币出资 3 亿元也转让天津格林柯尔。随后,顺德格林柯尔变更工商登记,天津格林柯尔以货币出资 9.6 亿元人民币拥有 80% 的股权,顾雏军则以其专利投入享有 20% 股权。

江西格林柯尔的创业史——"资本包装术"的范本

江西格林柯尔于 2002 年 6 月 24 日成立。公司最初注册资本为 2 400 万美元,股东为天津格林柯尔和注册自英属维尔京群岛的格林柯尔企业控股有限公司(简称格林柯尔企业控股),两公司均为顾雏军私人所有的格林柯尔系公司。前者以现金 1 080 万美元入股,后者以 120 万美元现金加一项专利入股,专利估值 1.26 亿元人民币(折合 1 521 万美元),其中 1 200 万美元作为注册资本。

一年后,格林柯尔企业控股的此项专利(名为"顾氏热力循环热工装置的工作介质"),被再度估值为 5.32 亿元人民币,作为顾雏军个人出资,注入 2003 年 6 月成立的扬州格林柯尔创业投资有限公司(简称扬州格林柯尔)。

江西格林柯尔创立未久,第三家股东进入。这家股东名为格林柯尔资本有限公司(简称格林柯尔资本公司),注册地为英属维尔京群岛,与格林柯尔企业控股同为顾雏军私人公司。2002年9月,这家公司在南昌经济技术开发区获得2 378亩熟地,格林柯尔资本公司一次付清476万元土地出让金。当年11月,上述土地被估值为4.71亿元人民币(折合5 689万美元),其作为格林柯尔资本公司对江西格林柯尔的注资,其中5 100万美元作为实收资本。

两年后的2004年7月,江西格林柯尔再次增资,新增资本来自格林柯尔企业控股,其同样以一项专利折资入股,作价2 000万美元,全部作为注册资本注入。

问题讨论:

1. 顺德格林柯尔的出资存在什么问题?为什么要变更公司登记?如果你是一个注册会计师,通过哪些审计手段可以查出这些错误?

2. 在江西格林柯尔的案例中,经过两次增资后,最终江西格林柯尔的实收资本和资本公积分别是多少?站在市场监管者的立场,你认为江西格林柯尔资本扩张中有哪些不合法的地方?

3. 实收资本对于企业的意义何在?顾雏军为什么要在顺德格林柯尔、江西格林柯尔的实收资本上做文章?

4. 在本案例中,顺德格林柯尔、江西格林柯尔的资本扩张中出现的问题,相关责任应该由谁来承担?

(案例来源:彭萍.中级财务会计案例与实训教程[M].成都:西南财经大学出版社,2011.)

【案例分析题2】

甲公司为一家民营的股份有限公司。2014年1月,经批准发行了5 000万股普通股。股票每股的面值为1元,发行价为5元,发行手续费为发行收入的2%。由于溢价发行股票,甲公司产生了20 000万元的溢价收入,为此,甲公司财务人员记录"资本公积"账户增加20 000万元。对于发行股票支付的500万元手续费,甲公司的财务人员将其计入"财务费用"账户。

问题讨论:

1. 甲公司记录增加资本公积金20 000万元的会计处理是否正确?为什么?

2. 甲公司对于发行股票手续费的会计处理是否得当?说明其后果。

【思考题】

1. 什么是所有者权益?包括哪些内容?

2. 什么是实收资本?企业增加资本的途径主要有哪些?

3. 资本公积有哪些来源?它的主要用途是什么?

4. 留存收益包括哪些内容?它们的主要区别是什么?

5. 简述企业盈余公积的用途及其会计处理方法。

第十章 收入、费用和利润

【学习目标】

☆ 理解收入、费用、利润的定义、特点及其分类

☆ 掌握销售商品收入、提供劳务收入和让渡资产使用权收入的确认、计量和会计核算

☆ 掌握费用的确认、计量及其会计核算

☆ 掌握利润的形成与分配的会计核算

☆ 掌握企业所得税的会计核算

【引导案例】

华兴公司为境内上市公司,主要从事电子设备的生产、设计和安装业务。该公司系增值税一般纳税企业,适用的增值税率为17%。注册会计师在对该公司20×4年度会计报表进行审计过程中发现以下事实:

(1) 20×4年9月20日,该公司与甲企业签订产品委托代销合同。合同规定,采用视同买断方式进行代销,甲企业代销A电子设备100台,每台销售价格为(不含增值税价格,以下同)50万元。至12月31日,该公司向甲企业发出80台电子设备,收到甲企业寄来的代销清单上注明已销售40台A电子设备。该公司在20×4年度确认销售80台A电子设备的销售收入,并结转了相应的成本。

(2) 20×4年10月15日,该公司与乙企业签订销售安装C设备1台的合同,合同总价款为800万元。合同规定:该公司向乙企业销售C设备1台并承担安装调试任务;乙企业在合同签订的次日预付价款700万元;C设备安装调试并试运行正常,且经乙企业验收合格后一次性支付余款100万元。至12月31日,该公司已将C设备运抵乙企业,安装工作尚未开始。C设备的销售成本为每台500万元。该公司在20×4年度按800万元确认销售C设备的销售收入,并按500万元结转销售成本。

(3) 20×4年10月18日,该公司与丙企业签订一项电子设备的设计合同,合同总价款为240万元。该公司自11月1日起开始该电子设备的设计工作,至12月31日已完成设计工作量的30%,发生设计费用60万元;按当时的进度估计,20×5年3月30日将全部完工,预计将再发生费用40万元。丙企业按合同已于20×4年12月1日一次性支付全部设计费用240万元。该公司在20×4年将收到的240万元全部确认为收入,并将已发生的设计费用60万元结转为成本。

问题讨论:华兴公司上述有关收入的确认是否正确?并说明理由。

第一节 收入的核算

一、收入的概念与分类

(一) 收入的概念

收入,是指企业在日常活动中形成的、会导致所有者权益增加的、与所有者投入资本无关的经济利益的总流入。其中,"日常活动",是指企业为完成其经营目标所从事的经常性活动以及与之相关的活动。例如,工业企业制造并销售产品、商业企业销售商品、咨询公司提供咨询服务、软件企业为客户开发软件、安装公司提供安装服务等,均属于企业为完成其经营目标所从事的经常性活动,由此产生的经济利益的总流入构成收入;企业处置固定资产、无形资产等活动,不是企业为完成其经营目标所从事的经常性活动,由此产生的经济利益的总流入是利得而不是收入。

(二) 收入的分类

收入可以按不同的标准进行分类:

1. **按照收入的成因分类**

按照收入的成因分类,可以将收入分为销售商品收入、提供劳务收入、让渡资产使用权收入等。

2. **按照经营业务的主次分类**

按照经营业务的主次分类,可以将收入分为主营业务收入和其他业务收入,企业应根据企业自身业务特点以及营业执照上注明的营业范围合理划分主营业务收入和其他业务收入。

二、销售商品收入的确认与计量

(一) 销售商品收入的确认

企业确认的销售商品收入,必须同时满足五个条件:

1. **企业已将商品所有权上的主要风险和报酬转移给购货方**

风险主要指商品由于贬值、损坏、报废等造成的损失;报酬是指商品中包含的未来经济利益,包括商品因升值等给企业带来的经济利益。如果一项商品发生的任何损失均不需要本企业承担,带来的经济利益也不归本企业所有,则意味着该商品所有权的风险和报酬已转移出该企业。

判断企业是否已将商品所有权上的主要风险和报酬转移给购货方,应当关注交易的实质,并结合所有权凭证的转移进行判断。通常情况下,转移商品所有权凭证并交付实物后,商品所有权上的主要风险和报酬随之转移,如大多数零售商品。某些情况下,转移商品所有权凭证但未交付实物,商品所有权上的主要风险和报酬随之转移,企业只保留了次要风险和报酬。有时,已交付实物但未转移商品所有权凭证,商品所有权上的主要风险和报酬未随之转移,因而不能确认收入。

2. 企业既没有保留通常与所有权相联系的继续管理权,也没有对已售出的商品实施控制

如果商品所有权上的主要风险和报酬已转移给购货方,但销货企业仍保留与其所有权相联系的继续管理权,则说明该项商品销售交易没有完成,不能确认收入。

3. 收入的金额能够可靠地计量

收入的金额能够可靠地计量,是确认收入的基本前提。收入的金额不能可靠计量,则无法确认收入。通常情况下,企业在销售商品时,商品销售价格已经确定,企业应当按照从购货方已收或应收的合同或协议价款确定收入金额,但销售过程中由于某种不确定因素,也有可能出现售价变动的情况,则新的售价未确定前不应确认收入。

4. 与交易相关的经济利益能够流入企业

在销售商品交易中,与交易相关的经济利益主要是销售商品的价款。销售商品价款有把握收回,是收入确认的重要条件。企业销售商品时,如果估计价款收回的可能性不大,即使收入确定的其他条件已经满足,也不能确认收入。

5. 相关的已发生或将发生的成本能够可靠地计量

根据收入和费用的配比原则,与同一项销售有关的收入和成本应在同一会计期间予以确认。因此,如果已发生或将发生的成本不能够可靠地计量,即使收入确定的其他条件已经满足,也不能确认收入。

(二)商品销售收入的计量

企业销售商品满足收入确认条件时,应当按照已收或应收合同或协议价款确定销售商品的收入金额。企业销售商品时也会涉及商业折扣、现金折扣、销售折让等问题,应当分不同情况进行处理。

对于销售商品涉及商业折扣的,应当按照扣除商业折扣后的金额确定销售商品收入金额。对于销售商品涉及现金折扣的,《企业会计准则》规定采用总额法处理,即企业在确定销售商品收入金额时,不考虑各种预计可能发生的现金折扣,现金折扣在实际发生时计入发生当期财务费用。对于销售商品涉及销售折让的,企业应分不同情况进行处理:(1)已确认收入的售出商品发生销售折让的,通常应当在发生时冲减当期销售商品收入,如税法允许扣减当期销项税额,应同时冲减销项税额;(2)已确认收入的销售折让属于资产负债表日后事项的,应当按照《企业会计准则第 29 号——资产负债表日后事项》的规定进行处理。

(三)销售商品收入的会计处理

1. 一般销售交易的会计处理

销售商品交易发生时,如果符合准则所规定的五个确认条件,企业应及时确认收入并结转相关销售成本。通常情况下,采用托收承付方式销售商品的,应在办妥托收手续时确认收入。如果商品已经发出且办妥托收手续,但由于各种原因与发出商品所有权有关的风险和报酬没有转移的,企业不应确认收入。企业采用预收款方式销售商品的,销售方直到收到最后一笔款项才将商品交付购货方,表明商品所有权上的主要风险和

报酬只有在收到最后一笔款项时才转移给购货方，企业通常应在发出商品时确认收入，在此之前预收的货款应确认为负债。

【例 10-1】 甲公司 20×4 年 8 月销售一批产品给乙公司，按照合同约定，该批产品售价为 40 万元，增值税税率 17%，甲公司已按合同约定发出产品并收到乙公司支付的款项。该批产品的成本为 22 万元。甲公司会计处理如下：

借：银行存款	468 000
贷：主营业务收入	400 000
应交税费——应交增值税（销项税额）	68 000
借：主营业务成本	220 000
贷：库存商品	220 000

2. 商业折扣、现金折扣和销售折让的账务处理

企业销售商品收入的金额通常按照从购货方已收或应收的合同或协议价款确定。在确定销售商品收入的金额时，应注意区分现金折扣、商业折扣和销售折让及其不同的账务处理方法。总的来讲，确定销售商品收入的金额时，不应考虑预计可能发生的现金折扣、销售折让，即应按总价法确认，但应是扣除商业折扣后的净额。

【例 10-2】 甲公司在 20×4 年 5 月 1 日向乙公司销售一批商品，开出的增值税专用发票上注明的销售价格为 10 000 元，增值税额为 1 700 元。为及早收回货款，甲公司和乙公司约定的现金折扣条件为：2/10,1/20,n/30。假定计算现金折扣时不考虑增值税额。甲公司会计处理如下：

（1）5 月 1 日销售实现时，按销售总价确认收入

借：应收账款	11 700
贷：主营业务收入	10 000
应交税费——应交增值税（销项税额）	1 700

（2）如果乙公司在 5 月 9 日付清货款，则按销售总价 10 000 元的 2% 享受现金折扣 200 元（即 10 000×2%），实际付款 11 500 元（即 11 700−200）

借：银行存款	11 500
财务费用	200
贷：应收账款	11 700

（3）如果乙公司在 5 月 18 日付清货款，则按销售总价 10 000 元的 1% 享受现金折扣 100 元（即 10 000×1%），实际付款 11 600 元（即 11 700−100）

借：银行存款	11 600
财务费用	100
贷：应收账款	11 700

（4）如果乙公司在 5 月底才付清货款，则按全额付款

借：银行存款	11 700
贷：应收账款	11 700

【例 10-3】 甲公司在 20×4 年 6 月 1 日向乙公司销售一批商品，开出的增值税专

用发票上注明的销售价格为 800 000 元,增值税额为 136 000 元,款项尚未收到;该批商品成本为 640 000 元。乙公司在验收过程中发现商品外观上存在瑕疵,基本上不影响使用,要求甲公司在价格上(不含增值税额)给予 5% 的减让。假定甲公司已确认销售收入,与销售折让有关的增值税额税务机关允许冲减,销售折让不属于资产负债表日后事项。甲公司会计处理如下:

(1) 20×4 年 6 月销售实现时,

借:应收账款 936 000
　　贷:主营业务收入 800 000
　　　　应交税费——应交增值税(销项税额) 136 000
借:主营业务成本 640 000
　　贷:库存商品 640 000

(2) 发生销售折让时,

借:主营业务收入 40 000
　　应交税费——应交增值税(销项税额) 6 800
　　贷:应收账款 46 800

(3) 实际收到款项时,

借:银行存款 889 200
　　贷:应收账款 889 200

3. 销售退回的账务处理

销售退回,指企业销售出去的商品,因其品种、质量不符合要求等原因而发生的退货。销售退回若发生在确认收入之前,只需将已计入"发出商品"账户的商品成本转回"库存商品"账户。如果销售退回发生在确认收入之后,应视具体情况作不同处理:

(1) 本年度销售或以前年度销售的商品,在年度资产负债表日至财务报告批准报出日之间发生退回,应按《企业会计准则第 29 号——资产负债表日后事项》的规定进行处理。

(2) 其他情况的销售退回,直接冲减退回当月的主营业务收入及相关的成本和税金,涉及现金折扣、销售折让的也应一并冲减。

【例 10-4】 甲公司于 20×1 年 10 月 8 日向丁公司出售 400 件商品,每件商品售价为 600 元,适用的增值税税率为 17%,每件商品成本为 460 元,货款尚未收到,假定该笔交易符合收入确认条件。10 月 20 日,甲公司收到丁公司因质量问题而退回的商品 20件。因丁公司提出的退货要求符合销售合同约定,甲公司同意退货,并按规定向丁公司开具了增值税专用发票(红字)。10 月 25 日,丁公司支付扣除退回商品后的全部价款。根据上述资料,甲公司会计处理如下:

(1) 10 月 8 日,确认销售商品收入,

借:应收账款 280 800
　　贷:主营业务收入 240 000
　　　　应交税费——应交增值税(销项税额) 40 800

借：主营业务成本	184 000	
贷：发出商品		184 000

（2）10月20日，收到退回商品并验收入库，

借：主营业务收入	12 000	
应交税费——应交增值税（销项税额）	2 040	
贷：应收账款		14 040
借：库存商品	9 200	
贷：主营业务成本		9 200

（3）10月25日，收到货款及增值税，

借：银行存款	266 760	
贷：应收账款		266 760

（四）特殊销售交易的处理

1. 商品需要安装和检验的销售

商品需要安装和检验的销售，是指售出的商品需要经过安装和检验等过程的销售方式。在这种销售方式下，在购买方接受交货以及安装和检验完毕前，销售方通常不应确认收入。如果安装程序比较简单或检验是为了最终确定合同或协议价格而必须进行的程序，销售方可以在商品发出时或商品装运时确认收入。

2. 订货销售

订货销售，是指已收到全部或部分货款而库存没有现货，需要通过制造等程序才能将商品交付购买方的销售方式。在这种销售方式下，应在商品交付给购买方时确认收入的实现，预收的货款作为一项负债入账。

3. 房地产销售

房地产销售有两种情形，一种是房地产商自行开发房地产，并在市场上进行的销售；另一种是房地产商事先与买方签订合同，按合同要求开发房地产。如果是房地产商自行开发并销售房地产，其会计处理与一般商品销售相类似，按照销售商品收入的确认原则进行处理；如果是房地产商按合同要求开发房地产，则应按照《企业会计准则第15号——建造合同》进行处理。

4. 附有销售退回条件的商品销售

附有销售退回条件的商品销售，是指购买方依照有关协议有权退货的销售方式。在这种销售方式下，企业根据以往经验能够合理估计退货可能性且确认与退货相关负债的，通常应在发出商品时确认收入；企业不能合理估计退货可能性的，通常应在售出商品退货期满时确认收入。

【例10-5】 甲公司是一家健身器材销售公司，20×4年1月1日，甲公司向乙公司销售5 000件健身器材，单位销售价格为500元，单位成本为400元，开出的增值税专用发票上注明的销售价格为2 500 000元，增值税额为425 000元。协议约定，乙公司应于2月1日之前支付货款，在6月30日之前有权退还健身器材。健身器材已经发出，款项尚未收到。假定甲公司根据过去的经验，估计该批健身器材退货率约为20%；健身器材

发出时纳税义务已经发生;实际发生销售退回时有关的增值税额允许冲减。甲公司会计处理如下:

(1) 1月1日发出健身器材时,

借:应收账款	2 925 000
贷:主营业务收入	2 500 000
应交税费——应交增值税(销项税额)	425 000
借:主营业务成本	2 000 000
贷:库存商品	2 000 000

(2) 1月31日确认估计的销售退回,

借:主营业务收入	500 000
贷:主营业务成本	400 000
预计负债——预计退货	100 000

(3) 2月1日前收到货款时,

借:银行存款	2 925 000
贷:应收账款	2 925 000

(4) 6月30日发生销售退回,实际退货量为1 000件,款项已经支付,

借:库存商品	400 000
应交税费——应交增值税(销项税额)	85 000
预计负债——预计退货	100 000
贷:银行存款	585 000

如果实际退货量为800件时,

借:库存商品	320 000
应交税费——应交增值税(销项税额)	68 000
主营业务成本	80 000
预计负债——预计退货	100 000
贷:银行存款	468 000
主营业务收入	100 000

如果实际退货量为1 200件时,

借:库存商品	480 000
应交税费——应交增值税(销项税额)	102 000
主营业务收入	100 000
预计负债——预计退货	100 000
贷:主营业务成本	80 000
银行存款	702 000

5. 代销商品

代销商品一般有两种形式:视同买断方式代销和收手续费方式代销。

(1) 视同买断方式代销商品,是指委托方和受托方签订协议,委托方按协议价收取所代销的货款,实际售价可由受托方自定,实际售价与协议价之间的差额归受托方所有

的销售方式。在账务处理时,应视代销合同或协议的内容分不同情况进行处理。如果委托方和受托方之间的协议明确规定,受托方在取得代销商品后,无论是否能够卖出、是否获利,均与委托方无关,那么委托方和受托方之间的代销商品交易,与委托方直接销售给受托方没有实质差别。在符合销售商品收入确认条件时,委托方应确认相关销售商品收入。如果委托方和受托方之间的协议明确标明,将来受托方没有将商品售出时可以将商品退给委托方,或受托方因代销商品出现亏损时可以要求委托方补偿,那么委托方在交付商品时不确认收入,受托方也不作购进商品处理;受托方将商品售出后,按实际售价确认销售收入,并向委托方开具代销清单;委托方收到代销清单时,再确认本企业的销售收入。

【例 10-6】 甲公司和乙公司均为增值税一般纳税义务人。甲公司委托乙公司销售 200 件商品,协议价为 100 元/件,成本为 80 元/件。代销协议规定,乙公司不能将未售出的商品退回甲公司;甲公司将该批商品交付给乙公司时发生增值税纳税义务,金额为 3 400 元。甲公司会计处理如下:

借:应收账款——乙公司		23 400
贷:主营业务收入		20 000
应交税费——应交增值税(销项税额)		3 400
借:主营业务成本		16 000
贷:库存商品		16 000

【例 10-7】 承【例 10-6】假定代销协议规定,乙公司可以将未售出的商品退回甲公司。本期代销商品 80 件,对外销售单价 110 元/件(不含税),货款已收到。

(1)甲公司会计处理:

①甲公司将商品交付乙公司时,

借:发出商品	16 000
贷:库存商品	16 000

②甲公司收到代销清单时,

借:应收账款——乙公司	9 360
贷:主营业务收入	8 000
应交税费——应交增值税(销项税额)	1 360
借:主营业务成本	6 400
贷:发出商品	6 400

③收到乙公司汇来的货款 9 360 元时,

借:银行存款	9 360
贷:应收账款——乙公司	9 360

(2)乙公司会计处理:

①收到商品时,

借:受托代销商品(或代理业务资产)	20 000
贷:受托代销商品款(或代理业务负债)	20 000

②实际销售时，

```
借：银行存款                                              10 296
    贷：主营业务收入                                         8 800
        应交税费——应交增值税（销项税额）                     1 496
借：主营业务成本                                           8 000
    贷：受托代销商品（或代理业务资产）                        8 000
借：受托代销商品款（或代理业务负债）                         8 000
    贷：应付账款——甲公司                                  8 000
```

③向甲公司递交代销清单，收到增值税专用发票，支付甲公司货款时，

```
借：应付账款——甲公司                                     8 000
    应交税费——应交增值税（进项税额）                        1 360
    贷：银行存款                                          9 360
```

（2）收手续费方式代销商品，是指委托方和受托方签订合同或协议，委托方根据代销商品金额或数量向受托方支付手续费的销售方式。对于委托方而言，收取的手续费实际上是一种劳务收入。在这种方式下，委托方发出商品时，商品所有权的主要风险和报酬并未转移给受托方，因此，委托方在发出商品时通常不应确认销售商品收入，而应在收到受托方开具的代销清单时确认销售商品收入；受托方在商品销售后，按合同或协议约定的方法计算确定的手续费确认收入。

【例 10-8】　沿用【例 10-6】，假定乙公司按协议价 100 元/件出售代销商品。甲公司按售价的 10% 支付乙公司手续费。乙公司实际对外销售 80 件，开具的增值税专用发票上注明的销售价格 8 000 元、增值税额 1 360 元。甲公司收到代销清单时，向乙公司开具一张相同金额的增值税发票。

（1）甲公司会计处理如下：

①交付代销商品时，

```
借：发出商品                                             16 000
    贷：库存商品                                         16 000
```

②收到代销清单并开具增值税发票时，

```
借：应收账款——乙公司                                     9 360
    贷：主营业务收入                                       8 000
        应交税费——应交增值税（销项税额）                    1 360
借：主营业务成本                                          6 400
    贷：库存商品                                          6 400
```

③计算应付手续费：8 000×10% = 800（元），

```
借：销售费用——代销手续费                                   800
    贷：应收账款——乙公司                                    800
```

④收到代销商品款时，

```
借：银行存款                                             8 560
    贷：应收账款——乙公司                                   8 560
```

（2）乙公司会计处理如下：

①收到代销商品时，

借：受托代销商品（或代理业务资产）	20 000	
贷：受托代销商品款（或代理业务负债）		20 000

②实际销售商品时，

借：银行存款	9 360	
贷：受托代销商品（或代理业务资产）		8 000
应交税费——应交增值税（销项税额）		1 360

③开出代销清单，收到委托方增值税发票时，

借：应交税费——应交增值税（进项税额）	1 360	
受托代销商品款（或代理业务负债）	8 000	
贷：应付账款——甲公司		9 360

④计算应收手续费，支付代销商品款时，

借：应付账款——甲公司	9 360	
贷：主营业务收入（或其他业务收入）		800
银行存款		8 560

6. 具有融资性质的商品销售

通常情况下，企业应按从购货方已收或应收的合同或协议价款确定销售商品收入的金额。但是，合同或协议价款的收取采用递延方式，实质上具有融资性质的，在符合收入确认条件时，企业应当按照应收的合同或协议价款的公允价值确定收入金额。应收的合同或协议价款的公允价值，通常应当按照其未来现金流量现值或商品现销价格计算确定。应收的合同或协议价款与其公允价值之间的差额，应当在合同或协议期间内，按照应收款项的摊余成本和实际利率计算确定的金额进行摊销，计入当期损益（冲减财务费用）。其中，实际利率是指具有类似信用等级的企业发行类似工具的现时利率，或者将应收的合同或协议价款折现为商品现销价格时的折现率等。在实务中，基于重要性要求，应收的合同或协议价款与其公允价值之间的差额，按照应收款项的摊余成本和实际利率进行摊销与采用直线法进行摊销结果相差不大的，也可以采用直线法进行摊销。

对于采用递延方式分期收款、具有融资性质的销售商品满足收入确认条件的，企业应按应收合同或协议价款，借记"长期应收款"账户，按应收合同或协议价款的公允价值（折现值），贷记"主营业务收入"账户，按其差额，贷记"未实现融资收益"账户。

【例 10-9】 20×1 年 1 月 1 日，甲公司以分期收款方式销售 B 产品 50 件，产品单价 20 万元，单位成本 16 万元。根据分期收款合同，该销售价款分五年平均收取，每年末收款一次。在现销方式下，该批产品的销售单价为 18 万元。假定甲公司发出商品时开出增值税专用发票，注明的增值税额为 170 万元，并于当天收到增值税额 170 万元。

根据上述资料，甲公司应当确认的销售商品收入金额为 900 万元（即 50×18）。采

用插值法计算实际利率如下：

未来五年收款额的现值＝现销方式下应收款项金额

可以得出：$2\ 000\ 000 \times (P/A, r, 5) = 9\ 000\ 000$（元）

可在多次测试的基础上，计算出折现率 r。

当 $r = 3\%$ 时，$2\ 000\ 000 \times 4.5797 = 9\ 159\ 400 > 9\ 000\ 000$

当 $r = 4\%$ 时，$2\ 000\ 000 \times 4.4518 = 8\ 903\ 600 < 9\ 000\ 000$

因此，$3\% < r < 4\%$。用插值法计算如下：

现值	利率
9 159 400	3%
9 000 000	r
8 903 600	4%

$(9\ 159\ 400 - 9\ 000\ 000) \div (9\ 159\ 400 - 8\ 903\ 600) = (3\% - r) \div (3\% - 4\%)$

$r = 3.62\%$

各期财务费用和已收本金的金额如表 10-1 所示。

表 10-1

财务费用和已收本金计算表

日期	未收本金 ①＝期初①－③	财务费用 ②＝①×3.62%	已收本金 ③＝④－②	收现额 ④
20×1.1.1	9 000 000			
20×1.12.31	7 325 800	325 800	1 674 200	2 000 000
20×2.12.31	5 590 994	265 194	1 734 806	2 000 000
20×3.12.31	3 793 388	202 394	1 797 606	2 000 000
20×4.12.31	1 930 709	137 321	1 862 679	2 000 000
20×5.12.31	0	692 91*	1 930 709	2 000 000
合计		1 000 000	9 000 000	10 000 000

* 尾数调整

根据表 10-1 的计算结果，甲公司会计处理如下：

(1) 20×1 年 1 月 1 日销售实现时，

借：长期应收款		10 000 000
银行存款		1 700 000
贷：主营业务收入		9 000 000
未实现融资收益		1 000 000
应交税费——应交增值税（销项税额）		1 700 000
借：主营业务成本		8 000 000
贷：库存商品		8 000 000

(2) 20×1 年 12 月 31 日收款时，

借：银行存款   2 000 000

 贷：长期应收款   2 000 000

借：未实现融资收益   325 800

 贷：财务费用   325 800

(3) 20×2 年 12 月 31 日收款时，

借：银行存款   2 000 000

 贷：长期应收款   2 000 000

借：未实现融资收益   265 194

 贷：财务费用   265 194

(4) 20×3 年 12 月 31 日收款时，

借：银行存款   2 000 000

 贷：长期应收款   2 000 000

借：未实现融资收益   202 394

 贷：财务费用   202 394

(5) 20×4 年 12 月 31 日收款时，

借：银行存款   2 000 000

 贷：长期应收款   2 000 000

借：未实现融资收益   137 321

 贷：财务费用   137 321

(6) 20×5 年 12 月 31 日收款时，

借：银行存款   2 000 000

 贷：长期应收款   2 000 000

借：未实现融资收益   69 291

 贷：财务费用   69 291

7. 售后回购

售后回购是指卖方售出商品后将其买回的交易。售后回购在多数情况下应视为融资交易，不应确认收入。但是，如果卖方有回购的选择权，并且回购价以回购当日的市价为基础确定，在回购的可能性很小的情况下，并且有其他迹象表明该售出商品的主要风险和报酬已转移，也可在售出商品时确认收入的实现。

【例 10-10】 甲公司因融资需要，于 20×4 年 3 月 1 日销售给乙公司一批商品，销售价格为 1 000 000 元，增值税 170 000 元，销售成本 800 000 元。双方协议约定 6 个月后甲公司以 1 120 000 元的价格予以购回。乙公司于 20×4 年 1 月 1 日支付了购货款，甲公司于 20×4 年 9 月 1 日按协议价将该批商品购回，款项于当日支付。根据上述资料，甲公司会计处理如下：

(1) 20×4 年 3 月 1 日销售商品时，

借：银行存款   1 170 000

 贷：其他应付款   1 000 000

应交税费——应交增值税（销项税额）	170 000

（2）假定甲公司对销售价格与回购价格之间的差额平均记入销售与回购期间内的各月损益，则每月应计提利息 20 000 元（即 120 000/6）。

借：财务费用	20 000
贷：其他应付款	20 000

（3）20×4 年 9 月 1 日回购商品时，

借：其他应付款	1 120 000
应交税费——应交增值税（进项税额）	190 400
贷：银行存款	1 310 400

8. 售后租回

售后租回，是指销售商品的同时，销售方同意在日后再将同样的商品租回的销售方式。在这种方式下，销售方应根据合同或协议条款判断企业是否已将商品所有权上的主要风险和报酬转移给购货方，以确定是否确认销售商品收入。在大多数情况下，售后租回属于融资交易，企业不应确认销售商品收入，收到的款项应确认为负债，售价与资产账面价值之间的差额应当分不同情况进行会计处理。

（1）售后租回形成融资租赁。如果售后租回交易认定为融资租赁的，售价与资产账面价值之间的差额应当予以递延，并按照该项目租赁资产的折旧进度进行分摊，作为折旧费用的调整。

（2）售后租回形成经营租赁。如果售后租回认定为经营租赁的，售价与资产账面价值之间的差额应当予以递延，并在租赁期内按照与确认租金费用相一致的方法进行分摊，作为租金费用的调整。但是，有确凿证据表明认定为经营租赁的售后租回交易是按照公允价值达成的，销售的商品按售价确认收入，并按账面价值结转成本。

9. 以旧换新销售

以旧换新销售，是指销售方在销售商品的同时回收与所售商品相同的旧商品。在这种销售方式下，销售的商品按照商品销售的方法确认收入，回收的商品作为购进商品处理。

三、提供劳务收入

（一）提供劳务收入的确认

按照《企业会计准则》的规定，提供劳务收入的确认要区分下列情况：

第一，在同一会计年度内开始并完成的劳务，应在完成劳务时确认收入。

第二，如劳务的开始和完成分属不同的会计年度，在资产负债表日，提供劳务交易的结果能够可靠估计的情况下，企业应当在资产负债表日按完工百分比法确认相应的劳务收入。

（1）判断劳务结果能否可靠估计，依据四个条件进行：①与交易相关的经济利益很可能流入企业；②收入的金额能够可靠地计量；③劳务的完成程度能够可靠地确定；④交易中已发生和将发生的成本能够可靠地计量。

（2）劳务收入和劳务成本可以采用完工百分比法计量。完工百分比法，是指按照劳务的完成程度确认收入和费用的方法。完工百分比（完工程度）的确定，可以选用以下方法：①已完工作的测量，是由专业测量师对已经提供的劳务进行测量，并按一定方法计算确定提供劳务交易的完成程度；②已经提供劳务占应提供劳务总量的比例，这种方法主要以劳务量为标准确定提供劳务交易的完成程度；③已经发生的成本占估计总成本的比例，这种方法主要以成本为标准确定提供劳务交易的完工程度。

第三，在提供劳务交易的结果不能够可靠估计的情况下，企业应在资产负债表日按已经发生并预计能够得到补偿的劳务成本金额确认收入，并按相同的金额结转成本；如果预计已经发生的劳务成本不能得到补偿的，则不应确认收入，但应将已经发生的劳务成本确认为当期费用。

（二）提供劳务收入的计量

提供劳务总收入应按企业与接收劳务方签订的合同或协议的金额确定，现金折扣应在发生时确认为当期费用。在完工百分比法下，收入和相关费用应按下列公式计算：

$$本期确认的收入 = 劳务总收入×至本期末止劳务完成程度－以前年度累计已确认收入$$
$$本期确认的成本 = 劳务总成本×至本期末止劳务完成程度－以前年度累计已确认成本$$

（三）提供劳务收入的账务处理

企业按完工百分比法确认提供劳务收入时，应按计算确定的提供劳务收入的金额，借记"应收账款""银行存款"等账户，贷记"主营业务收入"或"其他业务收入"账户；结转提供劳务成本时，借记"主营业务成本"账户，贷记"劳务成本"账户。

【**例 10-11**】 甲安装工程公司于 20×4 年 10 月 1 日接受乙公司的一项设备安装任务，安装期 5 个月，合同总收入 400 000 元，到年末已预收款项 250 000 元，实际发生安装成本 180 000 元（假定均为安装人员薪酬），估计还会发生安装成本 180 000 元。假定成本估计较为准确，甲公司按实际发生的成本占估计总成本的比例确定劳务的完工程度。根据上述资料，甲公司会计处理如下：

（1）20×4 年实际发生成本：

借：劳务成本——设备安装		180 000
贷：应付职工薪酬		180 000

（2）20×4 年预收账款：

借：银行存款		250 000
贷：预收账款——乙公司		250 000

（3）20×4 年 12 月 31 日，按完工百分比法确认收入并结转成本：

20×4 年年末实际发生的成本占估计总成本的比例＝180 000÷（180 000＋180 000）
＝50％

20×4 年应确认劳务收入＝400 000×50％＝200 000（元）

20×4 年应结转劳务成本＝360 000×50％＝180 000（元）

借：预收账款——乙公司	200 000

贷：主营业务收入	200 000
借：主营业务成本	180 000
贷：劳务成本——设备安装	180 000

【例 10-12】 甲公司于 20×3 年 12 月 25 日接受乙公司委托，为其培训一批学员，培训期为 6 个月，20×4 年 1 月 1 日开学。协议约定，乙公司应向甲公司支付的培训费总额为 60 000 元，分三次等额支付，第一次在开学时预付，第二次在 20×4 年 3 月 1 日支付，第三次在培训结束时支付。

20×4 年 1 月 1 日，乙公司预付第一次培训费。20×4 年 2 月 29 日，甲公司发生培训成本 15 000 元（假定均为培训人员薪酬）。20×4 年 3 月 1 日，甲公司得知乙公司经营发生困难，后两次培训费能否收回难以确定。甲公司会计处理如下：

（1）20×4 年 1 月 1 日收到乙公司预付的培训费时，

借：银行存款	20 000
贷：预收账款	20 000

（2）实际发生培训支出 15 000 元时，

借：劳务成本	15 000
贷：应付职工薪酬	15 000

（3）20×4 年 2 月 29 日确认劳务收入并结转劳务成本时，

借：预收账款	15 000
贷：主营业务收入	15 000
借：主营业务成本	15 000
贷：劳务成本	15 000

（四）特殊劳务交易的处理

1. 安装费

安装费应在资产负债表日根据安装的完成程度确认收入。如果安装工作是销售商品的附带条件，安装费在确认销售商品实现时确认收入。

2. 宣传媒介收费

宣传媒介的佣金收入应在相关的广告或商业行为开始出现于公众面前时予以确认。广告的制作佣金收入则应在期末时根据项目的完成程度确认收入。

3. 包括在商品售价内可区分的服务费

如果商品的售价中包括可区分在售后一定期限内的服务费，企业应在提供服务的期间内分期确认收入。

4. 入场费

因艺术表演、招待宴会以及其他特殊活动而产生的收入，应在这些活动发生时确认收入。如果是一笔预收几项活动的费用，则这笔预收款应合理分配给每项活动。企业收到的预收款项，记入"预收账款"账户，或"应收账款"账户。

5. 申请入会费和会员费

申请入会费和会员费收入应以所提供服务的性质为依据。如果所收费用只允许取得会员资格,而所有其他服务或商品都要另行收费,则应在款项收回不存在任何不确定性时确认为收入。如果所收费用能使会员在会员期内得到各种服务或出版物,或者以低于非会员所负担的价格购买商品或劳务,则该项收费应在整个受益期内分期确认收入,在这种情况下,尚未确认的收入在"递延收益"账户核算。

6. 特许权费

特许权费收入包括提供初始及后续服务、设备和其他有形资产及专门技术等方面的收入。其中属于提供设备和其他有形资产的部分,应在这些资产的所有权转移时,确认为收入;属于提供初始及后续服务的部分,在提供服务时确认为收入。未确认的特许权费收入,应在收到时记入"递延收益"账户。

7. 定制软件收费

定制软件主要是指为特定客户开发软件,不包括开发通用软件。定制软件收入应在资产负债表日根据开发的完工程度确认收入。

8. 定期收费

有的企业与客户签订合同,长期为客户提供某一种或几种重复的劳务,客户按期支付劳务费。在这种情况下,企业应在合同约定的收款日期确认收入。

四、让渡资产使用权收入

(一)让渡资产使用权收入的确认与计量

让渡资产使用权收入包括利息收入、使用费收入等。企业对外出租资产收取的租金、进行债权投资收取的利息、进行股权投资取得的现金股利等,也构成让渡资产使用权收入,分别参照相关章节的内容。

让渡资产使用权收入同时满足下列条件时,才能予以确认:(1)相关的经济利益很可能流入企业;(2)收入的金额能够可靠地计量。对于利息收入,企业应在资产负债表日,按照他人使用本企业货币资金的时间和实际利率计算确定利息收入金额;对于使用费收入,应按合同或协议规定的收费时间和收费办法确认。

(二)让渡资产使用权收入的账务处理

1. 利息收入的账务处理

企业应在每个会计期末,按未收回的存款或贷款等的本金、存续期间和适当的利率计算并确认利息收入。具体处理时,按所确认的利息收入,借记"应收利息""银行存款"等账户,贷记"利息收入""其他业务收入"等账户。

2. 使用费收入的账务处理

企业应在每个会计期末,按合同或协议规定的收费时间和收费办法确认使用费收入。但是,不同的使用费收入,其收费时间和收费办法不尽相同,有的是一次性收取全部使用费,有的则是在合同、协议规定的有效期内分期等额收款和非等额收款。如果合同、协议规定使用费一次支付,且不提供后期服务的,应视同该项资产的销售一次确认收入;如提供后期服务,应在合同、协议规定的有效期内分期确认收入。如果合同、协议规定分期支付使用费,应按合同、协议规定的收费时间、收费办法分期确认收入。

【例 10-13】 甲公司向乙公司转让一项软件的使用权,协议规定:甲公司向乙公司一次性收取使用费 100 000 元,不提供后期服务。根据上述资料,甲公司会计处理如下:

借:应收账款——乙公司　　　　　　　　　　　　　　　　100 000
　　贷:其他业务收入——转让使用权收入　　　　　　　　　　　100 000

第二节　费用的核算

一、费用的概念与分类

(一)费用的概念

费用,是指企业在日常活动中发生的、会导致所有者权益减少的、与向所有者分配利润无关的经济利益的总流出。费用有广义与狭义之分,广义的费用泛指企业在日常活动中所发生的所有耗费。狭义的费用是指企业为取得营业收入而发生的耗费,即与收入相配比的那部分耗费。本节所讨论的费用是指狭义的费用。

(二)费用的分类

按照费用与收入的关系,费用一般可分为营业成本、期间费用、税金及附加等。

1. 营业成本

营业成本,是指企业所销售商品或者提供劳务的成本,包括主营业务成本和其他业务成本。

2. 期间费用

期间费用,是指企业本期发生的、不能直接或间接归入营业成本,而是直接计入当期损益的各项费用,包括销售费用、管理费用和财务费用。

3. 税金及附加

税金及附加,是指企业按国家税法的规定以实现的营业收入为依据计算交纳的各种税费,包括营业税、消费税、城市维护建设税、资源税、土地增值税和教育费附加等。

二、费用的确认与计量

(一)费用的确认

费用的确认除了应当符合定义外,也应当满足严格的条件,即费用只有在经济利益很可能流出从而导致企业资产减少或者负债增加、经济利益的流出额能够可靠计量时才能予以确认。费用的确认至少应当符合以下条件:一是与费用相关的经济利益应当很可能流出企业;二是经济利益流出企业的结果会导致资产的减少或者负债的增加;三是经济利益的流出额能够可靠计量。

费用根据不同的内容采用不同的方法确认,营业成本是与一定的营业收入有直接联系的,故应按配比原则,在确认销售收入的同时或会计期末,确认相应的营业成本。期间费用是与一定的会计期间相联系的应根据权责发生制原则,在发生时予以确认并按会计期间进行归集。税金及附加通常是与营业收入相联系的,在确认营业收入的同时或期末予以确认。

（二）费用的计量

营业成本按企业销售商品、材料的实际成本计量，其他业务按取得营业收入过程中的耗费计量；期间费用按实际发生额（采用预提和摊销的按权责发生制计算分配）计量；税金及附加按税法规定计算的税额计量。

三、费用的会计处理

（一）营业成本

企业营业成本的核算，应设置"主营业务成本"和"其他业务成本"账户，借方登记营业成本的发生，贷方登记营业成本的结转，月末无余额。其具体的账务处理已在本章"收入"一节有所论述，这里不再赘述。

（二）期间费用

1. 管理费用

管理费用，是指企业行政管理部门为管理和组织生产经营活动发生的各项费用，具体包括：企业在筹建期间内发生的开办费、董事会和行政管理部门在企业的经营管理中发生的或者应由企业统一负担的公司经费（行政管理部门职工工资及福利费、物料消耗、低值易耗品摊销、办公费和差旅费等）、工会经费、董事会费（包括董事会成员津贴、会议费和差旅费等）、聘请中介机构费、咨询费（含顾问费）、诉讼费、业务招待费、房产税、车船使用税、土地使用税、印花税、技术转让费、矿产资源补偿费、研究费用、排污费等。

为了反映企业发生的各项管理费用，应设置"管理费用"账户进行核算。发生管理费用时记借方，期末结转"本年利润"账户时记入贷方，结转后该账户应无余额。"管理费用"账户按费用项目设置明细账户。

【例 10-14】 甲公司 20×4 年 3 月份购入办公用品 2 000 元；当月交纳印花税 500元；支付聘请会计师事务所的审计费用 15 000 元，支付开拓市场的业务招待费 45 000元，上述款项已由银行存款支付。另外，企业按规定计提本月的工会经费 10 000 元，职工教育经费 13 500 元。根据上述资料，甲公司会计处理如下：

（1）支付办公用品、印花税、审计费、业务招待费时，

借：管理费用——办公费		2 000
管理费用——印花税		500
管理费用——审计费		15 000
管理费用——业务招待费		45 000
贷：银行存款		62 500

（2）计提工会经费、职工教育经费时，

借：管理费用——工会经费		10 000
管理费用——职工教育经费		13 500
贷：应付职工薪酬		23 500

2. 销售费用

销售费用,是指企业销售商品和材料、提供劳务的过程中发生的各种费用,具体包括:保险费、包装费、展览费和广告费、商品维修费、预计产品质量保证损失、运输费、装卸费等以及为销售本企业商品而专设的销售机构(含销售网点、售后服务网点等)的职工薪酬、业务费、折旧费等经营费用。

为了反映和监督销售费用发生情况,应设置"销售费用"账户。发生销售费用时记借方,期末结转"本年利润"账户时记贷方,结转后该账户应无余额。"销售费用"账户按费用项目设置明细账户。

【例 10-15】 甲公司 20×4 年 12 月份,以银行存款支付广告费 50 000 元,支付销售商品由本公司承担的运费 3 000 元。另外,企业按规定计提"三包"费用 100 000 元。根据上述资料,甲公司会计处理如下:

(1)支付广告费、运输费时,

借:销售费用——广告费   50 000

    ——运输费   3 000

 贷:银行存款   53 000

(2)计提"三包"费用时,

借:销售费用——三包费用   100 000

 贷:预计负债——三包费用   100 000

3. 财务费用

财务费用,是指企业为筹集生产经营所需资金等而发生的筹资费用,包括利息支出(减利息收入)、汇兑损益以及相关的手续费、企业发生的现金折扣或收到的现金折扣等。

为了反映和监督企业发生的各种财务费用,应设置"财务费用"账户进行核算。发生财务费用时,记入该账户借方,期末结转"本期利润"账户时记入贷方,结转后该账户应无余额。"财务费用"账户按费用项目设置明细账户。

【例 10-16】 甲公司 20×4 年 8 月份以银行存款 25 元,支付委托收款手续费。另外,企业按规定计提长期借款利息费用 2 500 元。根据上述资料,甲公司会计处理如下:

(1)支付托收手续费时,

借:财务费用   25

 贷:银行存款   25

(2)计提长期借款利息时,

借:财务费用   25 000

 贷:长期借款——利息   2 500

(三)税金及附加

税金及附加包括企业按营业收入计算交纳的营业税、消费税、城市维护建设税、资源税、土地增值税和教育费附加等。

为了反映和监督企业发生的上述各种税费,应设置"税金及附加"账户进行核算。

企业计提上述税费时,记入该账户借方,期末结转"本期利润"账户时记入贷方,结转后该账户应无余额。

【例 10-17】 20×4 年 9 月,甲公司增值税的销项税 220 000 元,进项税 200 000 元,甲公司应交增值税额为 20 000 元。按税法规定,甲公司应交的城市维护建设税 1 400 元、教育费附加 600 元。根据上述资料,甲公司会计处理如下:

借:税金及附加 2 000
　贷:应交税费——应交城市维护建设税 1 400
　　　　　　——应交教育费附加 600

第三节 利润的核算

一、利润的概念及构成

(一)利润的概念

利润,是指企业在一定会计期间的经营成果。利润包括收入减去费用后的净额、直接计入当期利润的利得和损失等。其中,直接计入当期利润的利得和损失,是指应当计入当期损益、最终会引起所有者权益发生增减变动的、与所有者投入资本或者向所有者分配利润无关的利得或者损失。利润的确认主要依赖于收入和费用以及利得和损失的确认,其金额的确定也主要取决于收入、费用、利得、损失金额的计量。

(二)利润的构成

利润由营业利润、利润总额和净利润三部分构成。

1. 营业利润

营业利润是指企业在经营活动中所取得的营业收入扣除营业成本、费用、税金及附加等项目后的余额,是企业利润的主要来源。其计算公式为:

营业利润=营业收入-营业成本-税金及附加-销售费用-管理费用-财务费用-资产减值损失+公允价值变动收益(-公允价值变动损失)+投资收益(-投资损失)

其中,"营业收入"和"营业成本"项目分别反映企业经营主要业务和其他业务所确认的收入总额和实际成本总额;"税金及附加"项目反映企业经营业务应负担的营业税、消费税、城市维护建设税、资源税、土地增值税和教育费附加等;"销售费用"项目,反映企业在销售商品过程中发生的包装费、广告费等费用和为销售本企业商品而专设的销售机构的职工薪酬、业务费等经营费用;"管理费用"项目,反映企业为组织和管理生产经营发生的管理费用;"财务费用"项目,反映企业筹集生产经营所需资金等而发生的筹资费用;"资产减值损失"项目,反映企业各项资产发生的减值损失;"公允价值变动净收益"项目,反映企业按照相关准则规定应当计入当期损益的资产或负债公允价值变动净收益,如交易性金融资产当期公允价值的变动额;"投资收益"项目,反映企业以各种方式对外投资所取得的收益。

2. 利润总额

利润总额,是企业在一定会计期间全部的营业利润和营业外收支之和。利润总额的计算公式为:

利润总额＝营业利润＋营业外收入－营业外支出

其中,"营业外收入",反映企业发生的应计入当期损益的利得,如非流动资产处置利得、非货币性资产交换利得等;"营业外支出",反映企业发生的应计入当期损益的损失,如非流动资产处置损失、非货币性资产交换损失等。

3. 净利润

净利润,也称税后利润,反映企业在一定会计期间的最终经营成果,其金额为利润总额扣除所得税费用后的净额。净利润的计算公式为:

净利润 ＝ 利润总额－所得税费用

其中,"所得税费用",反映企业确认的应从利润总额中扣除的所得税费用,包括当期所得税费用和递延所得税费用(减收益)。

二、营业外收支的核算

(一) 营业外收入

营业外收入,是指企业发生的与其日常活动无直接关系的各项利得。营业外收入并不是由企业经营资金耗费所产生的,不需要企业付出代价,实际上是一种纯收入,不可能也不需要与有关费用进行配比。因此,在会计核算上,应当严格区分营业外收入与营业收入的界限。营业外收入的具体内容包括非流动资产处置利得、非货币性资产交换利得、债务重组利得、政府补助、盘盈利得、捐赠利得等。

非流动资产处置利得,包括固定资产处置利得和无形资产出售利得。

非货币性资产交换利得,指在非货币资产交换中换出资产为固定资产、无形资产的,换入资产公允价值大于换出资产账面价值的差额,扣除相关费用后计入营业外收入的金额。

债务重组利得,指重组债务的账面价值超过清偿债务的现金、非现金资产的公允价值、所转股份的公允价值或者重组后债务账面价值之间的差额。

盘盈利得,指企业对于现金等清查盘点中盘盈的现金等,报经批准后计入营业外收入的金额。固定资产盘盈应作为前期差错调整留存收益,记入"以前年度损益调整"账户,不计入营业外收入。

政府补助,指企业从政府无偿取得货币性资产或非货币性资产形成的利得。

捐赠利得,指企业接受捐赠产生的利得。

罚没利得,是指企业收到的滞纳金、违约金及其他形式的罚款,在弥补了由于对方违约而造成的损失后的净收益。

企业应当设置"营业外收入"账户,核算营业外收入的取得和结转情况。该账户可按营业外收入项目进行明细核算。期末,应将该账户余额转入"本年利润"账户,结转后该账户无余额。

（二）营业外支出

营业外支出，是指企业发生的与日常活动无直接关系的各项损失。营业外支出的具体内容包括非流动资产处置损失、非货币性资产交换损失、债务重组损失、公益性捐赠支出、非常损失、罚款支出、盘亏损失等。

非流动资产处置损失，包括固定资产处置损失和无形资产出售损失。

非货币性资产交换损失，是指在非货币资产交换中换出资产为固定资产、无形资产的，换入资产公允价值小于换出资产账面价值的差额，扣除相关费用后计入营业外支出的金额。

债务重组损失，是指重组债权的账面余额与受让资产的公允价值、所转股份的公允价值或者重组后债权的账面价值之间的差额。

公益性捐赠支出，是指企业对外进行公益性捐赠发生的支出。

非常损失，是指企业对于因客观因素（如自然灾害等）造成的损失，在扣除保险公司赔偿后计入营业外支出的净损失。

罚款支出，是指企业由于违反合同、违法经营、偷税漏税、拖欠税款等而支付的违约金、罚款、滞纳金等支出。

盘亏损失，是指企业由于自然灾害等客观原因造成的财产损失，在扣除保险公司赔偿和残料价值后，应计入当期损益的净损失。

企业应通过"营业外支出"账户，核算营业外支出的发生及结转情况。该账户可按营业外支出项目进行明细核算。期末，应将该账户余额转入"本年利润"账户，结转后该账户无余额。

需要指出的是，营业外收入和营业外支出应当分别核算，不得以营业外支出直接冲减营业外收入，也不得以营业外收入冲减营业外支出。

三、本年利润的核算

企业应设置"本年利润"账户，核算企业本年度内实现的净利润（或净亏损）。期末，企业将各收益类账户的余额转入"本年利润"账户，其具体做法为：将收入类账户的发生额转入"本年利润"账户的贷方，将费用类账户的发生额转入"本年利润"账户的借方。结转后"本年利润"账户如为贷方余额即为本期净利润，"本年利润"账户如为借方余额则为本期亏损。年度终了，企业应将"本年利润"账户结平，转入"利润分配——未分配利润"账户，结转后，"本年利润"账户应无余额。

【例 10-18】 甲公司 20×4 年 1—11 月累计实现的利润 140 000 元，12 月份各损益账户的发生额如下：

账户名称	借方	贷方
主营业务收入		1 000 000
主营业务成本	800 000	
税金及附加	85 000	
销售费用	24 000	

管理费用	57 000	
财务费用	11 000	
其他业务收入		65 000
其他业务成本	61 000	
投资收益		3 000
营业外收入		5 000
营业外支出	1 000	

（1）将收入类账户发生额，转入"本年利润"贷方时，

借：主营业务收入　　　　　　　　　　　　　　　　　1 000 000
　　其他业务收入　　　　　　　　　　　　　　　　　　 65 000
　　投资收益　　　　　　　　　　　　　　　　　　　　　3 000
　　营业外收入　　　　　　　　　　　　　　　　　　　　5 000
　　贷：本年利润　　　　　　　　　　　　　　　　　 1 073 000

（2）将费用类账户发生额，转入"本年利润"借方时，

借：本年利润　　　　　　　　　　　　　　　　　　 1 039 000
　　贷：主营业务成本　　　　　　　　　　　　　　　　800 000
　　　　税金及附加　　　　　　　　　　　　　　　　　 85 000
　　　　销售费用　　　　　　　　　　　　　　　　　　 24 000
　　　　管理费用　　　　　　　　　　　　　　　　　　 57 000
　　　　财务费用　　　　　　　　　　　　　　　　　　 11 000
　　　　其他业务成本　　　　　　　　　　　　　　　　 61 000
　　　　营业外支出　　　　　　　　　　　　　　　　　　1 000

（3）20×4 年甲公司利润总额 ＝140 000＋(1 073 000－1 039 000)＝174 000(元)。

第四节　所得税费用的核算

　　会计与税收是经济领域两个不同的分支，分别遵循不同的原则，规范不同的对象。因此，在企业会计准则和税收法规中，均体现了会计和税收各自相对的独立性和适当分离的原则。企业的税前会计利润是指根据《企业会计准则》核算的、在一定时期内扣除当期所得税费用前的利润总额，它反映了企业一定时期内产生的经营成果，体现了企业收入与费用的配比。应纳税所得额是指企业根据税法的规定确认的、在一定时期内应缴纳所得税的收益额。它是企业计算应纳所得税额的依据。由于会计与税法在确认收益实现和费用扣减的时间，以及收入和费用确认的范围不同，因此，按照企业会计准则计算的税前会计利润与按照税法规定计算的应纳税所得额必然不同，从而产生税前会计利润与应纳税所得额之间的差异。这种差异分为永久性差异和暂时性差异两类。

一、永久性差异

　　永久性差异，是指某一会计期间由于企业会计准则和税法在计算收益、费用或损失时的口径不同、标准不同，所产生的税前会计利润与应税所得之间的差异。永久性差异

在本期发生,随着本期净收益确定而结转,并不在以后各经营期间转回。永久性差异会计处理的原则是:该差异一经发生,即在本期调整。

永久性差异有以下四种基本类型。

(一) 会计收益非应税收益

会计收益非应税收益,是指企业会计准则作为收益计入利润表,但按税法在计算应税所得额时不作为应税收益。主要有:

(1) 企业购买国债的利息收入,会计上作为投资收益,包括在税前会计利润(即利润总额)中,但按照税法规定,国债利息收入免税,不计入应税所得。

(2) 企业从国内其他单位分回的税后利润,会计上作为投资收益纳入利润总额。因为被投资单位已按 25％ 的税率计算缴纳过所得税,则分回的利润按税法规定不再缴纳所得税。

(二) 应税收益非会计收益

应税收益非会计收益,是指按税法规定应计入应税所得,但按照《企业会计准则》不确认收入,不计入利润表。主要有:

(1) 企业与关联企业以不合理的手段减少纳税所得额,税法规定税务机关有权合理调整增加企业应纳税所得额。

(2) 企业收到的价外费用、视同销售等,会计上可能不作为收入,但在税法上要求作应税收入。

(三) 会计费用非应税费用

会计费用非应税费用,是指按企业会计准则规定核算时确认为费用或损失项目计入利润表,但税法在计算应税所得时则不允许扣减。具体有两种情况:一是范围不同,即会计上作为费用或损失的项目,税法规定不作为扣除项目处理;二是标准不同,即有些在会计上作为费用或损失的项目,税法允许作扣除项目,但规定了应税费用的标准限额,超限额部分会计上仍列为费用或损失,但税法不允许抵扣应税所得。

(1) 范围不同的项目主要有:

①违法经营的罚款、被没收财物的损失、各项税收的滞纳金和罚金。会计上作为"营业外支出"处理,但税法不允许扣减应税所得。

②各种非公益性、救济性捐赠和赞助支出。会计上据实列入"营业外支出",但税法规定不得抵扣应税所得。

③资产减值准备的计提。会计上列作"资产减值损失",但税法要求企业只有按照税法标准认定该项资产实际发生损失时,其损失金额才可在税前扣除,未经核定的准备金不得在税前扣除。

(2) 标准不同的项目主要有:

①利息支出。会计上在"财务费用"中据实列支,但税法规定向非金融机构借款的利息支出,高于按照金融机构同类、同期贷款利率计算的部分,不准扣减应纳税所得额。

②公益性、救济性捐赠。会计上列为"营业外支出",但税法规定,公益性、救济性捐

赠未超过年度会计利润总额 12% 的部分准予扣除,超额部分不得扣除。

③业务招待费。会计上列作"管理费用",但税法规定按实际发生额的 60% 扣除,并且最高不得超过企业全年营业收入的 5‰,超过限额部分应计入应纳税所得额。

④广告和业务宣传费。会计上列作"销售费用",但税法规定企业每一年度发生的符合条件的广告费和业务宣传费,除国务院财政、税务主管部门另有规定外,不超过当年销售(营业)收入 15% 的部分,准予扣除;超过部分,准予在以后纳税年度结转扣除。

⑤工会经费。会计上列入相关的成本、费用,但税法规定建立工会组织的企业按每月全部职工工资总额的 2% 向工会拨缴的经费,凭工会组织开具的"工会经费拨缴款专用收据"在税前扣除,凡不能出具"工会经费拨缴款专用收据"的,其提取的职工工会经费不得在企业所得税前扣除。

⑥职工教育经费。会计上列入相关的成本、费用,但税法规定职工教育经费每月按不超过工资总额的 2.5% 的部分,准予扣除;超过部分,准予在以后纳税年度结转扣除。

⑦职工福利类支出。这里指的职工福利类支出,是指企业为职工缴纳的医疗保险费、养老保险费、失业保险费、工伤保险费、生育保险费等社会保险费和住房公积金。会计上列入相关的成本、费用,但税法规定列入成本、费用的金额不得超过工资总额的一定比例,超过部分应计入应纳税所得额。

(四)应税费用非会计费用

应税费用非会计费用,是指按照《企业会计准则》规定核算时不确认为费用或损失,但在计算应税所得时则允许扣减。主要有:

①研究与开发费。企业为开发新技术、新产品、新工艺发生的研究开发费用,未形成无形资产计入当期损益的,按照规定在据实扣除的基础上,按照研究开发费用的 50% 加计扣除;形成无形资产的,按照无形资产成本的 150% 摊销。

②安置残疾人员就业的工资。企业安置残疾人员的,在按照支付给残疾职工工资据实扣除的基础上,按照支付给残疾职工工资的 100% 加计扣除。

二、暂时性差异

暂时性差异,是指资产或负债的账面价值与其计税基础之间的差额。

资产、负债的账面价值,是指企业按照相关《企业会计准则》的规定进行核算后在资产负债表中列示的金额。具体来说,资产的账面价值是指资产的账面余额减去其各项备抵后的金额;负债的账面价值就等于负债的账面余额。总体来说,在企业会计核算中,资产和负债的账面价值比较容易取得,因此计算暂时性差异的关键在于确定资产和负债的计税基础。

(一)资产的计税基础与暂时性差异

1. 资产的计税基础

资产的计税基础,是指企业收回资产账面价值过程中,计算应纳税所得额时按照《企业所得税法》规定可以自应税经济利益中抵扣的金额。即某项资产在未来期间计算

应纳税所得额时按照《企业所得税法》规定可予税前扣除的金额,用公式表示为:

资产的计税基础＝资产在未来期间按照税法规定可予税前扣除的金额

资产在初始确认时,其计税基础通常为其取得成本,因此,资产初始计量时的账面价值与其计税基础是一致的。在资产持续持有过程中,其计税基础是指资产的取得成本减去以前期间按照税法规定已经税前扣除的金额后的余额。

【例 10-19】　甲公司于 20×4 年 12 月 10 日,以 50 万元购入一台生产设备,该台设备的预计使用寿命为 10 年,会计上按照年限平均法计提折旧,预计净残值为 0。假定该固定资产税法规定的折旧年限、折旧方法及净残值与会计规定相同。20×6 年 12 月 31 日,甲公司估计该项固定资产的可收回金额为 35 万元。

该项固定资产 20×6 年年末的净值为 40 万元(即 50－50÷10×2),可收回金额为 35 万元,则甲公司年末计提了减值准备 5 万元。而税法并不认可因计提减值准备而形成的损失,资产的计税基础不会随资产减值准备的提取而发生变化。

该固定资产的年末的账面价值、计税基础和暂时性差异金额为:

该项固定资产在 20×6 年年末的账面价值＝50－50÷10×2－5＝35(万元)

该项固定资产在 20×6 年年末的计税基础＝50－50÷10×2＝40(万元)

暂时性差异＝40－35＝5(万元)

【例 10-20】　甲公司 20×4 年发生研究与开发支出共计 600 万元,其中研究阶段支出 120 万元,开发阶段符合资本化条件前发生的支出为 80 万元,符合资本化条件后至达到预定用途前发生的支出为 400 万元。假定开发形成的无形资产在 20×4 年年末已达到预定用途,但尚未开始摊销,预期使用寿命 20 年。

甲公司当期发生的研究开发支出中,按照企业会计准则规定,形成无形资产的成本为 400 万元。按照《企业会计准则》规定,形成无形资产的部分,税法规定按照无形资产成本的 150% 作为计算未来期间摊销额的基础。

该无形资产的账面价值、计税基础和暂时性差异的金额为:

该无形资产在初始确认时的账面价值＝400(万元)

该无形资产在初始确认时的计税基础＝400×150%＝600(万元)

暂时性差异＝600－400＝200(万元)

【例 10-21】　甲公司 20×4 年 10 月 20 日,甲公司以 50 万元取得乙公司股票 10 万股作为交易性金融资产核算,20×4 年 12 月 31 日,甲公司尚未出售所持有乙公司股票,乙公司股票公允价值为每股 4.5 元。

按照企业会计准则规定,交易性金融资产期末应将公允价值变动形成的利得或损失计入当期损益,并调整交易性金融资产账户。而税法规定,对于交易性金融资产,持有期间公允价值的变动金额不计入当期应纳税所得额,待出售时一并计算计入应纳税所得额。

该交易性金融资产 20×4 年年末的账面价值、计税基础和暂时性差异的金额为:

该项交易性金融资产 20×4 年年末的账面价值＝期末公允价值＝45(万元)

该项交易性金融资产 20×4 年年末的计税基础,应维持原取得成本不变＝50(万元)

暂时性差异＝50－45＝5(万元)

【例 10-22】 甲公司 20×4 年 12 月 31 日应收账款余额为 1 000 万元,该公司期末对应收账款计提了 100 万元的坏账准备。

税法规定,不符合国务院财政、税务主管部门规定的各项资产减值准备,在计算应纳税所得额时不允许税前扣除。

该应收账款的账面价值、计税基础和暂时性差异的金额为:

该项应收账款在 20×4 年年末的账面价值＝1 000－100＝900(万元)

该项应收账款的计税基础不会因坏账准备的提取而发生变化,其在 20×4 年年末的计税基础仍为 1 000 万元。

暂时性差异＝1 000－900＝100(万元)

2. 负债的计税基础

负债的计税基础,是指负债的账面价值减去未来期间计算应纳税所得额时按照税法规定可予抵扣的金额。即

负债的计税基础＝负债的账面价值－未来期间按照税法规定可予税前扣除的金额

通常情况下,负债的确认和偿还不会对当期损益和应纳税所得额产生影响,未来期间计算应纳税所得额时按照税法规定可予抵扣的金额为 0,其计税基础即为账面价值。但是,在某些情况下,负债的确认可能会影响损益,并影响不同期间的应纳税所得额,使其计税基础与账面价值之间产生差额。

【例 10-23】 某企业 20×4 年因销售产品承诺提供 3 年的保修服务,在当年的利润表中确认了 300 万元的销售费用,同时确认为预计负债,当年度未发生任何保修支出。按照税法规定,与产品售后服务相关的费用在实际发生时允许税前扣除。

该预计负债的账面价值、计税基础和暂时性差异的金额为:

该项预计负债在 20×4 年年末的账面价值＝300(万元)

该项预计负债的计税基础＝负债的账面价值 300 万元－可从未来经济利益中扣除的金额 300 万元＝0,即计税基础等于 0。

暂时性差异＝300－0＝300(万元)

【例 10-24】 甲公司于 20×4 年 12 月 15 日自客户收到一笔合同预付款,金额为 150 万元,作为预收账款核算。假定税法规定,该款项应计入取得当期应纳税所得额计算交纳所得税。

该预计账款的账面价值、计税基础和暂时性差异的金额为:

该预收账款在 20×4 年年末预计负债的账面价值＝150(万元)

按照税法规定,该项预收账款应计入取得当期的应纳税所得额计算交纳所得税,与该项负债相关的经济利益已在取得当期计算交纳所得税,未来期间按照《企业会计准则》规定应确认收入时,不再计入应纳税所得额,即其于未来期间计算应纳税所得额时可予税前扣除的金额为 150 万元。

计税基础＝账面价值 150 万元－可从未来经济利益中扣除的金额 150 万元＝0

3. 应纳税暂时性差异和可抵扣暂时性差异

暂时性差异,是指资产或负债的账面价值与其计税基础之间的差额。按照暂时性差异对未来期间应税金额的影响,可分为两类:应纳税暂时性差异和可抵扣暂时性差异。当资产的账面价值大于其计税基础或者负债的账面价值小于其计税基础时,将产生应纳税暂时性差异,应确认相关的递延所得税负债;当资产的账面价值小于其计税基础或者负债的账面价值大于其计税基础时,将产生可抵扣暂时性差异,应确认相关的递延所得税资产。

暂时性差异及确认递延所得税的情况列表如下:

表 10-2

	资产	负债
账面价值＞计税基础	应纳税暂时性差异 (确认递延所得税负债)	可抵扣时间性差异 (确认递延所得税资产)
账面价值＜计税基础	可抵扣暂时性差异 (确认递延所得税资产)	应纳税暂时性差异 (确认递延所得税负债)

4. 特殊项目的暂时性差异

(1) 未作为资产、负债确认的项目产生的暂时性差异。

某些交易或事项发生以后,因为不符合资产、负债的确认条件而未体现为资产负债表中的资产或负债,但按照税法规定能够确定其计税基础的,其账面价值 0 与计税基础之间的差异也构成暂时性差异。如税法规定,企业发生的符合条件的广告费和业务宣传费支出,除另有规定外,不超过销售收入 15％的部分准予扣除;超过部分准予向以后纳税年度结转扣除。该类费用在发生时按照《企业会计准则》规定即计入当期损益,不形成资产负债表中的资产。但按照税法规定可以确定其计税基础,两者之间的差异也形成暂时性差异。

【例 10-25】 甲公司 20×4 年发生了 1 600 万元广告支出,发生时已作为销售费用计入当期损益,税法规定,该类支出不超过当年销售收入 15％的部分允许当期税前扣除,超过部分允许向以后纳税年度结转税前扣除。甲公司 20×4 年实现销售收入10 000万元。

按照企业会计准则规定,该广告费用支出在发生时已计入当期损益,不体现为资产负债表中的资产,如果将其视为资产,20×4 年 12 月 31 日的账面价值为 0。

按照税法规定,该类支出税前列支有一定标准限制,根据当期甲公司销售收入 15％计算,当期可予税前扣除 1 500 万元(即 10 000×15％),当期未予税前扣除的 100 万元(即 1 600－1 500)可以向以后纳税年度结转扣除,其计税基础为 100 万元。

该项资产的账面价值 0 与其计税基础 100 万元之间产生了 100 万元的暂时性差异,该暂时性差异在未来期间可减少企业的应纳税所得额,为可抵扣暂时性差异,符合确认条件时,应确认相关的递延所得税资产。

(2) 可抵扣亏损及税款抵减产生的暂时性差异。

对于按照税法规定可以结转以后年度的未弥补亏损及税款抵减，虽不是因资产、负债的账面价值与计税基础不同产生的，但本质上可抵扣亏损和税款抵减与可抵扣暂时性差异具有同样的作用，均能减少未来期间的应纳税所得额，进而减少未来期间的应交所得税。因此，会计处理上可视同可抵扣暂时性差异，在符合确认条件的情况下，应确认与其相关的递延所得税资产。

【例10-26】 甲公司于20×4年因政策性原因发生经营亏损4 000万元，按照税法规定，该亏损可用于抵减以后5个年度的应纳税所得额。该公司预计其于未来5年期间能够产生足够的应纳税所得额利用该经营亏损。

虽然该经营亏损不是因为资产、负债的账面价值与其计税基础不同产生的，但从其性质上来看，可以减少未来期间企业的应纳税所得额和应交所得税，视同可抵扣暂时性差异。在企业预计未来期间能够产生足够的应纳税所得额利用该可抵扣亏损时，应确认相关的递延所得税资产。

三、所得税会计的核算

对于所得税会计的核算方法，主要有应付税款法和资产负债表债务法两种。这两种方法分别为我国《小企业会计准则》和《企业会计准则》所采用。

（一）应付税款法

应付税款法，是指本期税前会计利润与应纳税所得额之间的差异造成的影响纳税的金额直接计入当期损益，而不递延到以后各期的会计处理方法。

1. 应付税款法的特点

本期所得税费用等于当期应交的所得税。

本期所得税费用 ＝ 本期应交所得税 ＝ 应纳税所得额×所得税税率

2. 应付税款法的核算程序

（1）确定会计利润，即按照企业会计准则规定计算出本期会计利润。

（2）根据税法的规定，确定出各类需要调整的差异额，包括永久性差异和暂时性差异。

（3）按照会计利润加、减各类纳税调整额，计算出本期应纳税所得额。

（4）按照应纳税所得额乘以适用的所得税税率，计算出本期应纳的所得税额。

（5）按照计算出的应纳所得税额进行会计处理。

3. 应付税款法下的账户设置

在应付税款法下，企业需要设置"所得税费用"和"应交税费——应交所得税"账户进行核算。"所得税费用"账户，用以核算企业按规定从本期损益中扣减的所得税。该账户的借方反映企业计入当期损益的所得税费用；贷方反映转入"本年利润"账户的所得税费用；期末结转本年利润后，"所得税费用"账户无余额。

4. 应付税款法的会计处理

应付税款法核算的特点是本期所得税费用等于当期应交的所得税，不确认递延所得税。

【例10-27】 甲公司20×4年实现商品销售收入8 000 000元，利润总额1 200 000

元;该公司发生业务招待费 30 000 元,取得国库券利息收入 18 000 元;当年计提坏账准备 15 000 元,预计产品"三包"费用 120 000 元。甲公司所得税的核算采用应付税款法,所得税税率为 25%。甲公司会计处理如下:

$$本期的应纳税所得额 = 1\ 200\ 000 + 30\ 000 \times 40\% - 18\ 000 + 15\ 000 + 120\ 000$$
$$= 1\ 299\ 000(元)$$

本期应交的所得税 = 1 299 000 × 25% = 324 750(元)

(1) 确认所得税费用时,

借:所得税费用　　　　　　　　　　　　　　　　　324 750
　　贷:应交税费——应交所得税　　　　　　　　　　　　324 750

(2) 实际交纳所得税时,

借:应交税费——应交所得税　　　　　　　　　　　324 750
　　贷:银行存款　　　　　　　　　　　　　　　　　　　324 750

(3) 结转本年所得税费用时,

借:本年利润　　　　　　　　　　　　　　　　　　324 750
　　贷:所得税费用　　　　　　　　　　　　　　　　　　324 750

(二) 资产负债表债务法

1. 资产负债表债务法的特点

资产负债表债务法是指从资产负债表出发,通过比较资产负债表上列示的资产、负债按照《企业会计准则》确定的账面价值与按照税法确定的计税基础,对于两者之间的差异分别应纳税暂时性差异与可抵扣暂时性差异,确认相关的递延所得税负债与递延所得税资产,并在此基础上确定每一会计期间利润表中的所得税费用。

2. 资产负债法的核算程序

(1) 确定资产和负债的账面价值。企业应当按照《企业会计准则》规定,确定资产负债表中除递延所得税资产、递延所得税负债以外的其他资产、负债项目的账面价值。

(2) 确定资产和负债的计税基础。企业应当按照税法的规定,确定资产负债表中有关资产和负债项目的计税基础。

(3) 确定暂时性差异。企业在确定了资产负债表中有关资产、负债项目的账面价值和计税基础后,应对两者进行比较。两者之间若存在差异,为暂时性差异。对暂时性差异,应分析其性质,分别确认为应纳税暂时性差异与可抵扣暂时性差异。

(4) 确定当期应予确认的或者应予转销的递延所得税负债和递延所得税资产金额。除《企业会计准则》中规定的特殊情况外,企业应当分别应纳税暂时性差异与可抵扣暂时性差异,确定资产负债表日递延所得税负债和递延所得税资产的应有余额,并与期初递延所得税负债和递延所得税资产的现有余额比较,确定当期应予进一步确认的递延所得税负债和递延所得税资产金额或应予转销的金额,作为利润表中应予确认的所得税费用的一个组成部分——递延所得税。

(5) 确定当期所得税。对于当期发生的交易或事项,企业按照税法的规定计算确定当期应纳税所得额,将应纳税所得额与适用的所得税税率计算的结果确认为当期应交所得税,作为利润表中应予确认的所得税费用的另一个组成部分——当期所得税。

(6)确定利润表中的所得税费用。利润表中的所得税费用包括当期所得税费用和递延所得税费用两个组成部分,企业在计算确定了当期所得税费用和递延所得税费用后,两者之和(或之差)即为利润表中的所得税费用。

3. 资产负债表债务法的账户设置

在资产负债表债务法下,除了设置"所得税费用""应交税费——应交所得税"账户之外,还要设置"递延所得税资产"和"递延所得税负债"账户进行核算。

"递延所得税资产"是资产类账户,用以核算企业确认的可抵扣暂时性差异产生的所得税资产。确认递延所得税资产时,记入借方;转销递延所得税资产时,记入贷方;余额在借方,表示企业已确认的递延所得税资产。

"递延所得税负债"是负债类账户,用以核算企业确认的应纳税暂时性差异产生的所得税负债。确认递延所得税负债时,记入贷方;转销递延所得税负债时,记入借方;余额在贷方,表示企业已确认的递延所得税负债。

4. 资产负债表债务法的会计处理

资产负债表债务法下利润表中的所得税费用由两部分组成,即当期所得税和递延所得税,递延所得税又分为递延所得税资产和递延所得税负债。计算公式如下:

所得税费用＝当期所得税＋递延所得税

【例 10-28】 某企业 20×4 年按照《企业会计准则》计算确定的利润总额为 3 000 万元。该企业 20×4 年年初"递延所得税资产"账户余额为 54.25 万元、"递延所得税负债"账户余额为 25 万元。20×4 年度发生的有关交易和事项中,会计处理与税收处理存在以下各项差异:

(1)20×4 年 1 月 1 日开始投入使用的一项设备,会计上采用双倍余额递减法计提折旧,税法规定允许采用直线法计提折旧。该设备取得成本为 1 500 万元,使用年限为 10 年,净残值为 0,计税时按直线法计列折旧,使用年限及净残值税法规定与会计相同。

(2)向关联方捐赠现金 500 万元。

(3)营业外支出中有 250 万元为违反税法支付的罚款。

(4)当期取得作为交易性金融资产核算的股票投资成本为 800 万元,20×4 年 12 月 31 日的公允价值为 1 200 万元。税法规定,以公允价值计量的金融资产持有期间市价变动金额不计入应纳税所得额。

(5)期末对持有的存货计提了 75 万元的存货跌价准备。

除上述项目外,该企业其他资产、负债的账面价值与其计税基础不存在差异,适用的所得税税率为 25%。该公司预计在未来期间能够产生足够的应纳税所得额用来抵扣可抵扣暂时性差异。

该公司 20×4 年度所得税的会计处理如下:

①应调整应纳税所得额增加的永久性差异金额＝500＋250＝750(万元)

②应纳税暂时性差异＝1 200－800＝400(万元)

递延所得税负债期末应有余额＝400×25％＝100(万元)

递延所得税负债期初余额＝25(万元)

递延所得税负债本期发生额＝100－25＝75(万元)

③可抵扣暂时性差异＝[(1 500×2÷10)－1 500÷10]＋75＝225(万元)

递延所得税资产期末应有余额＝225×25％＝56.25(万元)

递延所得税资产期初余额＝54.25(万元)

递延所得税资产本期发生额＝56.25－54.25＝2(万元)

④递延所得税＝(100－25)－(56.25－54.25)＝73(万元)

⑤本期应纳税所得额＝3 000＋150＋500－400＋250＋75＝3 575(万元)

⑥当期应交所得税＝3 575×25％＝893.75(万元)

⑦计算利润表中应确认的所得税费用：

所得税费用＝当期所得税费用＋递延所得税费用＝893.75＋73＝966.75(万元)

借：所得税费用　　　　　　　　　　　　　　　　　9 667 500

　　递延所得税资产　　　　　　　　　　　　　　　　20 000

　贷：应交税费——应交所得税　　　　　　　　　　　8 937 500

　　　递延所得税负债　　　　　　　　　　　　　　　750 000

第五节　利润分配的核算

一、利润分配的顺序

根据有关规定,企业当年实现的净利润,除国家另有规定外,一般应当按照如下顺序进行分配：

1. 弥补以前年度亏损

我国《公司法》规定："公司的法定公积金不足以弥补以前年度亏损的,在提取法定公积金之前,应当先用当年利润弥补。"

2. 提取法定盈余公积

法定盈余公积按照税后利润10％的比例提取。公司法定盈余公积累计额为公司注册资本的50％以上时,可以不再提取。

3. 提取任意公积金

公司在提取法定盈余公积后,经股东大会决议,可以提取任意公积金。

4. 向投资者分配利润或股利

公司弥补亏损和提取盈余公积后的剩余利润,可以向股东(投资者)分配利润。

二、利润分配的核算

(一)利润分配账户的设置

企业应设置"利润分配"账户,核算企业利润的分配(或亏损的弥补)和历年分配(或弥补)后的积存余额。"利润分配"账户下应分别设置"提取法定盈余公积""提取任意盈余公积""应付现金股利或利润""转作股本的股利""盈余公积补亏"和"未分配利润"等明细账账户,进行明细分类核算。

企业按照规定从净利润中提取盈余公积时,借记"利润分配——提取法定盈余公积、提取任意盈余公积"账户,贷记"盈余公积——法定盈余公积、任意盈余公积"账户。经股东大会或类似机构决议,分配给股东或投资者的现金股利或利润时,借记"利润分配——应付现金股利或利润"账户,贷记"应付股利"账户。经股东大会或类似机构决议,分配给股东股票股利,应在办理增资手续后,借记"利润分配——转作股本的股利"账户,贷记"股本"账户。企业用盈余公积弥补亏损,借记"盈余公积"账户,贷记"利润分配——盈余公积补亏"账户。

年度终了,企业应将全年实现的净利润,转入"利润分配——未分配利润"账户,借记"本年利润"账户,贷记"利润分配——未分配利润"账户,如为净亏损,作相反的会计分录;同时,将"利润分配"账户下的其他明细账户的余额转入"利润分配——未分配利润"明细账户。结转后,除"利润分配——未分配利润"明细账户外,"利润分配"账户的其他明细账户均无余额。"利润分配"账户年末余额,反映企业历年累计的未分配利润或未弥补亏损。

(二)利润分配的账务处理

【例 10-29】 甲股份有限公司 20×4 年实现净利润 800 000 元,按 10% 提取法定盈余公积;按 5% 提取任意盈余公积;分配给普通股股东现金股利 300 000 元。甲公司会计处理如下:

(1)结转本年利润时,

借:本年利润	800 000
贷:利润分配——未分配利润	800 000

(2)提取法定盈余公积和提取任意盈余公积时,

借:利润分配——提取法定盈余公积	80 000
——提取任意盈余公积	40 000
贷:盈余公积——法定盈余公积	80 000
——任意盈余公积	40 000

(3)分配现金股利时,

借:利润分配——应付现金股利	300 000
贷:应付股利	300 000

(4)结转利润分配账户中的各明细账户时,

借:利润分配——未分配利润	420 000
贷:利润分配——提取法定盈余公积	80 000
——提取任意盈余公积	40 000
——应付现金股利	300 000

三、亏损弥补的核算

企业弥补亏损的渠道主要有三条:一是用以后年度税前利润弥补,二是用以后年度税后利润弥补,三是以盈余公积弥补。

1. 用利润弥补亏损

税法规定,纳税人发生年度亏损的,可以用下一纳税年度的所得弥补;下一纳税年度的所得不足弥补的,可以逐年延续弥补,但是延续弥补期最长不得超过五年。经过五年仍未弥补的,尚未弥补的亏损应该改用税后利润弥补。企业无论用税前利润还是用税后利润补亏,均不需专门进行账户处理,因为企业以前年度的亏损是反映在"利润分配——未分配利润"账户的借方,而企业以后年度实现利润,期末要转入"利润分配——未分配利润"的贷方,结转后就将"利润分配——未分配利润"的借方亏损给弥补了。

2. 用盈余公积弥补亏损

用盈余公积弥补亏损时,应当由公司董事会提议,并经股东大会批准。用盈余公积补亏时,借记"盈余公积"账户,贷记"利润分配——盈余公积补亏"账户。

【例10-30】 甲公司 20×4 年年初"利润分配——未分配利润"账户余额为借方余额 600 万元,该亏损为 20×2 年尚未弥补的亏损。20×4 年甲公司实现税前利润 750 万元。甲公司适用的所得税税率 25%。假定无其他纳税调整事项,甲公司会计处理如下:

(1)实现的利润先补亏,补亏后剩余的利润缴纳所得税,

  20×4 年应交所得税=(750-600)×25%=37.5(万元)

借:所得税费用		375 000
贷:应交税费——应交所得税		375 000

(2)结转所得税费用时,

借:本年利润		375 000
贷:所得税费用		375 000

(3)结转本年利润时,

借:本年利润		7 125 000
贷:利润分配——未分配利润		7 125 000

结转后,20×4 年年初亏损额 600 万元,自然弥补。"利润分配——未分配利润"账户贷方余额为 112.5 万元。

【引导案例的解析】

本案例(1)属于代销商品销售收入的确认。对于代销商品销售收入的确认,应当以收到的代销清单上注明的销售数量及销售价格确认代销商品的销售收入。本案例(1)中,该公司向甲企业发出 A 电子设备 80 台,但收到甲企业寄来的代销清单上注明的销售数量为 40 台。所以应按 40 台确认相应的收入和成本。

本案例(2)属于需要安装和检验的商品销售的确认。在确认收入时,必须考虑该交易需要安装和检验。在本案例中,在本期虽然已经将商品运至对方,但安装工作尚未开始,所以不应确认收入。

本案例(3)属于提供劳务合同相关的收入确认。对于提供劳务合同收入的确认,首先应当判断该合同是否属于当期内完成的合同,如果不属于当期内完成的合同,则要考

虑采用完工百分比法确认收入;其次,在确定采用完工百分比法确认收入时,还应当确定本年应当确认收入的金额。本案例中该公司只完成合同规定的设计工作量的30%,70%的工作量将在第二年完成,所以应按照已完成的30%的工作量确认劳务合同收入。

【案例分析题1】

科龙电器(股票代码:000921)发布未审计的半年报称:关于2004年本公司人民币5.76亿元的货物销售事项的跟踪前任审计师在其2004年度审计报告的审计意见中提出本公司对两家国内客户销售人民币5.76亿元的货物,但未能从客户取得直接的回函确认,而且截至2004年12月31日该笔货款尚未收回。本公司董事会与管理当局对此事作了积极的跟踪,该事项的跟踪处理情况如下:经查证,前任审计意见中所提及的人民币5.76亿元的销售,是依据本公司2004年向两家客户实际开销售发票金额人民币2.03亿元,加上本公司2004年底向两家客户已出库未开票货物补记收入人民币4.27亿元,再减去本公司2004年对两家客户确认的退货人民币0.54亿元后计算得来的。而实际上本公司2004年向两家客户开销售发票金额人民币2.03亿元中有人民币1.21亿元属于本公司对2003年度的已出库未开票货物补开发票,该笔销售本公司在2003年已经确认了销售收入,所以当中只有人民币0.82亿元包含在本公司2004年度的收入中,本公司2004年度实际上向该两家客户销售了人民币4.27亿元加上人民币0.82亿元总共人民币5.09亿元的货物,其中已经收到货款的销售为人民币0.78亿元,另外人民币4.31亿元的货物由于该两家客户到期未能付款,在本公司要求下已将货物陆续退回本公司,该批退回的货物大部分已经在2005年上半年销售给其他客户。对于该笔人民币4.31亿元的退货,由于占2004年度对该客户的销售比例不正常,并且前任审计师对该笔销售的真实性做出怀疑,本公司管理层认为该笔人民币4.31亿元的销售在2004年确认收入不适当,所以本公司按追溯调整法进行了处理,此项追溯调整调减了本公司2005年年初未分配利润人民币1.12亿元。

这个解释表明,科龙电器2004年度确实虚增巨额的收入和利润,而实际上,从该解释我们也可以发现,计入2003年度1.2亿元收入确认也是有疑问的,怀疑计入2004年度更恰当;事实上,2003年度确认收入有多少属于2004年度可能还有待进一步核查,这只是一份管理层没有变动情况下未审计的半年报,相信还有更多的财务舞弊手法还未为人所知。实际上,结合2004年报对提取退货准备的解释,可以判断科龙2003年度也犯了同样的错误,至少有1.2亿元收入怀疑是虚构的或有提前确认之嫌。

此前有消息称,2002年12月份,科龙针对当月销售出台了一个销售政策,要点如下:①空调淡季当旺季;②经销商12月份打款享受9月份的贴息政策;③经销商用科龙账上金额提货,享受提货奖励和年度奖励;④经销商可以不把货提走,科龙的各分公司仓库调整出部分位置放经销商的货;⑤如2003年价格调整,享受补差政策;⑥如经销商所提之货,旺季不能销售,可换货;⑦12月份的客户发票全部留在科龙各分公司,用于退货冲账。

现在分析这段话的真假,笔者认为可信度非常高,调节经销商库存是企业最常用的会计数字游戏手法之一,填塞渠道极端表现是假销售及假退货,科龙 2003 年度退回 2 亿多元也怀疑是使用填塞渠道游戏的迹象;此外,科龙还怀疑使用了臭名昭著的开票持有方式,这种销售方式经销商连货都没提,还放在科龙电器的仓库中(当然这个仓库也可能是他秘密租赁的),科龙电器两个经销商 2005 年上半年发生 4.31 亿元的销售退回,怀疑根本就是虚构收入或未转移货物所有权的收入确认。

问题讨论:科龙电器是如何虚增收入的,其目的何在?

(案例来源:申草.中国上市公司九大收入陷阱案例分析.新浪财经[EB/OL]. [2005-11-07]http://finance.sina.com.cn.)

【案例分析题 2】

民生酒股份有限公司(以下简称民生公司)20×3 年 10 月 12 日销售 10 000 瓶(500 克/瓶)的民生牌白酒给新风食品有限公司,出厂价格(含税)每瓶 117 元,民生公司同意给买方含税售价 4% 的商业折扣,即每瓶 112.32 元,总价款为 112.32 万元。民生公司按照 20% 的比例税率和 0.5 元/500 克的定额复合计算缴纳消费税,计 19.7 万元;增值税税率为 17%,计 16.32 万元,民生公司对新风食品有限公司一直采用赊销政策,规定的信用期限为 60 天,付款条件为(2/30,n/60)。

新风食品公司未能在折扣期内付款,60 天到期时支付了 50% 的含税的货款,即 56.16 万元,余款一直到 20×4 年 6 月才支付 16.16 万元,尚欠 40 万元。之后新风食品有限公司财务状况一直欠佳,最终于 20×5 年 12 月实施破产清算,民生公司只能收回 25 万元的货款,15 万元成为坏账。

问题讨论:

1. 民生公司应当何时确认销售商品收入? 20×3 年 10 月,还是 20×5 年 12 月?

2. 民生公司在计量销售收入时,其中的增值税和消费税是否应当扣除?

3. 民生公司在计量销售收入时,4% 的商业折扣和 2% 的现金折扣如何处理?

4. 15 万元的坏账应当作为收入的减少还是损失的增加?

【思考题】

1. 销售商品收入的确认条件有哪些?

2. 商业折扣与现金折扣有何不同? 对于销售商品收入的计量有何影响?

3. 管理费用、销售费用和财务费用包括哪些内容?

4. 企业所得税的核算有哪两种方法? 简述资产负债法的核算程序。

5. 简述企业利润分配的一般程序。

第十一章 财务报表

【学习目标】

☆ 理解财务报表的构成及其列报要求

☆ 掌握资产负债表的列示及编制方法

☆ 掌握利润表的列示及编制方法

☆ 掌握现金流量表的列示及编制方法

☆ 掌握所有者权益变动表的列示及编制方法

☆ 理解附注的性质及披露方法

【引导案例】

贾淼是某民营企业总经理。20×4 年 12 月份他清楚地记得有 3 笔较大应收款尚未收回,其中 1 笔是老客户,2 笔是新客户,3 笔应收账款总计金额 52 万元。20×4 年年底公司财务报表上应收账款项目的金额只有 49.4 万元。贾淼怀疑公司财务报表编制可能有错误,遂向财务人员询问。财务人员告诉他,财务报表上的金额没有错误,资产负债表上应收账款项目的金额是按账面价值来编制的。贾淼认为公司应收账款账面价值应该就是 52 万元,他感到困惑。

问题讨论:什么是账面价值?贾淼产生疑问的原因是什么?

第一节 财务报表概述

一、财务报告的概念

财务报告,是指企业对外提供的反映企业某一特定日期的财务状况和某一会计期间的经营成果、现金流量状况的书面文件。财务报告包括财务报表和其他应当在财务报告中披露的信息与资料。

财务报表至少应当包括"四表一注",即资产负债表、利润表、现金流量表、所有者权益变动表及其附注,财务报表上述组成部分具有同等的重要程度。其他信息和资料包括管理层预测和财务分析等。

二、财务报告的作用

（一）为企业的投资者和债权人提供有助于决策的信息

在现代企业制度下,企业的投资者、债权人往往不直接参与企业的生产经营活动,不能够直接从中获得其所需的信息。但是,企业现有的和潜在的投资者可以通过企业财务报告评价企业的盈利能力、偿债能力、资产管理效率以及产生现金流量的能力,以此作为是否对企业投资和信贷以及是否追加投资决策的重要依据,从而帮助他们将有限资源投入到能够有效利用并能为其带来较高收益的企业,最终实现社会资源的合理配置。

(二)为国家宏观经济管理提供信息

国家宏观经济管理离不开企业的微观会计信息。财政、税务、审计、证券监管部门等政府有关部门,通过财务报告可以了解企业资金的筹集和使用情况,了解企业经营成果和利润分配、亏损弥补情况,检查企业应上交的税费是否及时足额上交,信贷资金是否按照规定用途使用,企业的各种收支是否符合国家财经法规和有关规定,以便进一步完善宏观调控,优化资源配置。

(三)为企业管理当局改善经营管理提供信息

企业管理当局可以通过财务报告的信息了解企业当前生产经营活动的基本情况,评价自身的经营业绩,分析工作中可能存在的问题,以便采用有效措施,提高企业的经营管理水平和经济效益。

三、财务报表分类

(一)按编报期间

按财务报表编报期间的不同,财务报表分为中期财务报表和年度财务报表。中期财务报表是以短于一个完整会计年度的报告期间为基础编制的财务报表,包括月报、季报和半年报等。中期财务报表至少应当包括资产负债表、利润表、现金流量表和附注。其中,中期资产负债表、利润表和现金流量表应当是完整报表,其格式和内容应当与年度财务报表相一致。与年度财务报表相比,中期财务报表中的附注披露可适当简略。

(二)按编报主体

按财务报表编报主体的不同,财务报表分为个别财务报表和合并财务报表。个别财务报表是由企业在自身会计核算基础上对账簿记录进行加工而编制的财务报表,它主要用以反映企业自身的财务状况、经营成果和现金流量情况。合并财务报表是以母公司和子公司组成的企业集团为会计主体,根据母公司和所属子公司的财务报表,由母公司编制的综合反映企业集团财务状况、经营成果及现金流量的财务报表。

(三)按时间特征

按财务报表反映的时间特征不同,财务报表分为静态报表和动态报表。静态报表是指综合反映企业一定时点的各类资源及其权益的存量报表,如资产负债表就是反映企业一定日期资产、负债和所有者权益的存量,是一张静态报表。动态报表是指反映企业一定期间内资源流动的流量报表,利润表、现金流量表和所有者权益变动表都属于动态报表。

四、财务报表列报的基本要求

企业在编制财务报表时,除应做到数字真实、计算准确、内容完整、报送及时等基础工作要求外,还应遵循以下要求:

（一）财务报表应当依据各项会计准则确认和计量的结果来编制

企业应当根据实际发生的交易和事项,遵循各项具体会计准则的规定进行确认和计量,并在此基础上编制财务报表。企业不应以在附注中披露代替对交易和事项的确认和计量。同时审计师需要对所审计的财务报表是否遵循会计准则发表审计意见。

（二）财务报表应以持续经营为列报基础

持续经营是会计的基本前提,是会计确认、计量及编制财务报表的基础。在编制财务报表的过程中,企业管理层应当对企业持续经营的能力进行评价,需要考虑的因素包括市场经营风险、企业目前或长期的盈利能力、偿债能力、财务弹性以及企业管理层改变经营政策的意向等。评价后对企业持续经营的能力产生严重怀疑的,应当在附注中披露导致对持续经营能力产生重大怀疑的重要的不确定因素。

非持续经营是企业在极端情况下出现的一种情况。一般而言,企业如果存在以下情况之一,则通常表明其处于非持续经营状态:(1)企业已在当期进行清算或停止营业;(2)企业已经正式决定在下一个会计期间进行清算或停止营业;(3)企业已确定在当期或下一个会计期间没有其他可供选择的方案而将被迫进行清算或停止营业。企业处于非持续经营状态时,应当采用其他基础编制财务报表,比如破产企业的资产采用可变现净值计量、负债按照其预计的结算金额计量等。

（三）财务报表项目应以重要性为选择标准

性质或功能不同的项目,除不具有重要性的项目外,应当在财务报表中单独列报;性质或功能类似的项目,一般可以合并列报,但是对其具有重要性的类别应该单独列报。

上述所谓的重要性是从使用者做经济决策的角度来判断的。所以,"重要性",是指如果财务报表某项目的省略或错报会影响使用者据此做出经济决策的,则该项目就具有重要性。判断项目的重要性时,应当根据所处环境,从项目的性质和金额大小两方面予以判断。判断项目性质的重要性时,应当考虑该项目的性质是否属于企业日常活动、是否对企业的财务状况和经营成果具有较大影响等因素;判断项目金额大小的重要性时,应当通过单项金额占资产总额、负债总额、所有者权益总额、营业收入总额、净利润等直接相关项目金额的比重而加以确定。

（四）财务报表项目应当具有可比性

可比性是会计信息质量的一项重要质量要求,其目的是使同一企业不同期间和同一期间不同企业的财务报表相互可比。为此,财务报表项目的列报应当在各个会计期间保持一致,不得随意变更,这一要求不仅只针对财务报表中的项目名称,还包括财务报表项目的分类、排列顺序等方面。当会计准则要求改变或企业经营业务的性质发生重大变化后、变更财务报表项目的列报能够提供更可靠、更相关的会计信息时,财务报表项目的列报是可以改变的。

（五）财务报表项目金额间不得随意相互抵销

财务报表中资产项目和负债项目的金额、收入项目和费用项目的金额不能以相互抵销后的净额列报,而应当各自独立列报,企业会计准则另有规定的除外。以下两种情况不属于抵销,可以以净额列示:(1)资产项目应当按扣除减值准备后的净额列示,不属于抵销;(2)非日常活动产生的损益,以收入扣除费用后的净额列示,并不属于抵销,如非流动资产处置形成的利得和损失,应按处置收入扣除该资产的账面金额和相关销售费用后的余额列示。

(六)财务报表比较信息的列报

企业在列报当期财务报表时,至少应当提供所有列报项目上一可比会计期间的比较数据,以及与理解当期财务报表相关的说明。目的是向报表使用者提供对比数据,提高信息在会计期间的可比性。财务报表的列报项目发生变更的,企业应当对上期比较数据按照当期的列报要求进行调整,并在附注中披露调整的原因和性质,以及调整的各项目金额。对上期比较数据进行调整不切实可行的,则应当在附注中披露不能调整的原因。

(七)财务报表表首的列报要求

财务报表一般分为表首、正表两部分,其中,在表首部分企业应当概括地说明下列基本信息:(1)编报企业的名称;(2)资产负债表日或财务报表涵盖的会计期间;(3)企业应当以人民币货币列报,并标明金额单位等;(4)财务报表是合并财务报表的,应当予以标明。

(八)财务报表报告期间

企业至少应当编制年度财务报表。根据《中华人民共和国会计法》的规定,会计年度自公历1月1日起至12月31日止。在编制年度财务报表时,可能存在年度财务报表涵盖的期间短于一年的情况,比如企业在年度中间(如3月1日)开始设立等,在这种情况下,企业应当披露年度财务报表的实际涵盖期间及其短于一年的原因,并应当说明由此引起财务报表项目与比较数据不具可比性这一事实。

第二节　资产负债表

一、资产负债表的概念和作用

(一)资产负债表的概念

资产负债表是反映企业在某一特定日期(如月末、季末、年末)的财务状况的报表,因此,它也称为"财务状况表"。它是揭示企业在某一时点财务状况的静态报表。资产负债表,根据"资产=负债+所有者权益"这一会计等式,展现了企业资产、负债、所有者权益的各自总额及内部构成。

(二)资产负债表的作用

(1)可以提供某一日期资产的总额及其结构,表明企业拥有或控制的资源及其分布情况,使用者可以一目了然地从资产负债表上了解企业在某一特定日期所拥有的资产总量及其结构,从而分析企业资产结构是否合理、资产的质量是否良好。

（2）可以提供某一日期的负债总额及其结构，表明企业未来需要用多少资产或劳务清偿债务以及清偿时间。通过资产和负债的对比，可以衡量企业的负债水平，分析企业的偿债能力。

（3）可以反映所有者所拥有的权益，了解所有者权益结构，据以判断资本保值、增值的情况以及对负债的保障程度。

（4）通过资产负债表期初和期末的对比，可以反映财务状况的变动趋势。

二、资产负债表的结构

资产负债表的结构，一般有表首和表体两部分。其中，表首概括地说明报表名称、编制单位、编制日期、金额单位、报表编号等，表体则列示说明企业财务状况的各个项目。

资产负债表的基本格式有报告式和账户式两种。我国采用账户式（如表 11-1 所示）。所谓账户式就是将资产负债表分为左、右两方，左方列示资产各项目，右方反映负债和所有者权益各项目。资产按其流动性分类分项列示，包括流动资产与非流动资产；负债按其偿还期限分类分项列示，包括流动负债与非流动负债；所有者权益则按照留在企业的永久性程度，分为实收资本、资本公积、盈余公积和未分配利润四项列示。

表 11-1

项　目	期末余额	年初余额	项　目	期末余额	年初余额
资产： 流动资产 非流动资产	（略）	（略）	负债： 流动负债 非流动负债 所有者权益： 实收资本 资本公积 盈余公积 未分配利润	（略）	（略）
资产合计			负债和所有者权益合计		

三、资产负债表的编制方法

（一）资产负债表编制的基本方法

资产负债表是反映企业在某一特定日期财务状况的报表，属于静态报表。资产负债表内各项目数据都直接或间接来源于会计核算的账户余额，经分析、归集、整理填列。数据来源主要通过以下几种方式取得：

1. 根据总账账户余额直接填列

资产负债表各项目的数据来源，主要是根据总账账户期末余额直接填列，如"短期借款"项目，根据"短期借款"总账账户的期末余额直接填列；"实收资本""应付票据"等项目也是如此。

2. 根据总账账户余额计算填列

资产负债表某些项目需要根据若干个总账账户的期末余额计算填列，如"货币资金"

项目,根据"库存现金""银行存款""其他货币资金"账户的期末余额的合计数填列。

3. 根据明细账户余额计算填列

资产负债表某些项目不能根据一个或若干个总账账户的期末余额计算填列,而是需要根据有关账户所属的相关明细账户的期末余额计算填列,如"应收账款"项目,根据"应收账款""预收账款"账户的所属相关明细账户的期末借方余额计算填列。

4. 根据总账账户和明细账户余额分析计算填列

资产负债表某些项目不能根据有关总账账户的期末余额直接或计算填列,也不能根据有关账户所属相关明细账户的期末余额计算填列,需要根据总账账户和明细账户余额分析计算填列,如"长期借款"账户,根据"长期借款"总账账户余额扣除该账户所属明细账户中一年内到期的长期借款部分分析计算填列。

5. 根据相关账户的账面价值填列

如"长期股权投资"项目,根据"长期股权投资"账户的账面价值(即"长期股权投资"账户的期末余额减去"长期投资跌价准备"账户余额后的净额)填列;"固定资产""无形资产""在建工程"等项目也是如此。

(二) 资产负债表各项目的具体填制方法

资产负债表中"年初余额"栏内各项数字,应根据上年末资产负债表"期末余额"栏内所列数字填列。如果本年度资产负债表规定的各个项目的名称和内容与上年度不相一致,应对上年年末资产负债表各项目的名称和数字按照本年度的规定进行调整,填入本表"年初余额"栏内。资产负债表的"期末余额"是指某一会计期末的数字,即月末、季末、半年末或年末的数字,资产负债表的"期末余额"各项目的具体填列方法如下:

1. 资产项目的填列

(1)"货币资金"项目,应根据"库存现金""银行存款""其他货币资金"账户期末余额的合计数填列。

(2)"交易性金融资产"项目,应根据"交易性金融资产"账户的期末余额填列。

(3)"应收票据"项目,应根据"应收票据"账户的期末余额,减去"坏账准备"账户中有关应收票据计提的坏账准备期末余额后的金额填列。

(4)"应收账款"项目,应根据"应收账款"和"预收账款"账户所属明细账户的期末借方余额合计数,减去"坏账准备"账户中有关应收账款计提的坏账准备期末余额后的金额填列。如"应收账款"账户所属明细账户期末有贷方余额的,应在资产负债表"预收账款"项目内填列。

(5)"预付款项"项目,应根据"预付账款"和"应付账款"账户所属明细账户的期末借方余额合计数,减去"坏账准备"账户中有关预付款项计提的坏账准备期末余额后的金额填列。如"预付账款"账户所属明细账户期末有贷方余额的,应在资产负债表"应付账款"项目内填列。

(6)"应收利息"项目,应根据"应收利息"账户的期末余额,减去"坏账准备"账户中有关应收利息计提的坏账准备期末余额后的金额填列。

（7）"应收股利"项目，应根据"应收股利"账户的期末余额，减去"坏账准备"账户中有关应收股利计提的坏账准备期末余额后的金额填列。

（8）"其他应收款"项目，应根据"其他应收款"账户的期末余额，减去"坏账准备"账户中有关其他应收款计提的坏账准备期末余额后的金额填列。

（9）"存货"项目，应根据"材料采购""原材料""低值易耗品""库存商品""周转材料""委托加工物资""委托代销商品""生产成本"等账户的期末余额合计，减去"受托代销商品款""存货跌价准备"账户期末余额后的金额填列。材料采用计划成本核算，还应按加上或减去"材料成本差异"账户余额的金额填列。库存商品采用售价核算的企业，还要减去"商品进销差价"账户余额后的金额填列。

（10）"一年内到期的非流动资产"项目，应根据"持有至到期投资""长期应收款"和"长期待摊费用"账户所属有关明细账户的期末余额分析填列。

（11）"其他流动资产"项目，反映企业除上述流动资产项目外的其他流动资产。应根据有关账户的期末余额填列。

（12）"可供出售金融资产"项目，应根据"可供出售金融资产"账户的期末余额，减去"可供出售金融资产减值准备"账户期末余额后的金额填列。

（13）"持有至到期投资"项目，应根据"持有至到期投资"账户的期末余额，减去"持有至到期投资减值准备"账户期末余额后的金额填列。

（14）"长期应收款"项目，应根据"长期应收款"账户的期末余额，减去相应的"未实现融资收益"账户和"坏账准备"账户中有关长期应收款计提的坏账准备期末余额后的金额填列。

（15）"长期股权投资"项目，应根据"长期股权投资"账户的期末余额，减去"长期股权投资减值准备"账户期末余额后的金额填列。

（16）"投资性房地产"项目，应根据"投资性房地产"账户的期末余额，减去"投资性房地产累计折旧（摊销）"和"投资性房地产减值准备"账户期末余额后的金额填列；企业采用公允价值模式计量投资性房地产的，本项目应根据"投资性房地产"账户的期末余额填列。

（17）"固定资产"项目，应根据"固定资产"账户的期末余额，减去"累计折旧"和"固定资产减值准备"账户期末余额后的金额填列。

（18）"在建工程"项目，应根据"在建工程"账户的期末余额，减去"在建工程减值准备"账户期末余额后的金额填列。

（19）"工程物资"账户，应根据"工程物资"账户的期末余额填列。

（20）"固定资产清理"账户，应根据"固定资产清理"账户的期末借方余额填列。如"固定资产清理"账户为贷方余额，以"一"号填列。

（21）"生产性生物资产"项目，应根据"生产性生物资产"账户的期末余额，减去"生产性生物资产累计折旧"和"生产性生物资产减值准备"账户期末余额后的金额填列。

（22）"油气资产"项目，应根据"油气资产"账户的期末余额，减去"累计折耗"账户期末余额和相应减值准备后的金额填列。

（23）"无形资产"项目，应根据"无形资产"账户的期末余额，减去"累计摊销"和"无形资产减值准备"账户期末余额后的金额填列。

（24）"开发支出"项目，应根据"研发支出"账户中所属的"资本化支出"明细账户期末余额填列。

（25）"商誉"项目，应根据"商誉"账户的期末余额，减去"商誉减值准备"账户期末余额后的金额填列。

（26）"长期待摊费用"项目，应根据"长期待摊费用"账户的期末余额减去将于一年内（含一年）摊销的数额后的金额填列。

（27）"递延所得税资产"项目，应根据"递延所得税资产"账户的期末余额填列。

（28）"其他非流动资产"项目，反映企业除上述非流动资产项目外的其他非流动资产，应根据有关账户的期末余额填列。

2．负债项目的填列

（1）"短期借款"项目，应根据"短期借款"账户的期末余额填列。

（2）"交易性金融负债"项目，应根据"交易性金融负债"账户的期末余额填列。

（3）"应付票据"项目，应根据"应付票据"账户的期末余额填列。

（4）"应付账款"项目，应根据"应付账款"和"预付账款"账户所属各明细账户的期末贷方余额合计数填列；如"应付账款"账户所属明细账户期末有借方余额的，应在资产负债表"预付账款"项目内填列。

（5）"预收账款"项目，应根据"预收账款"和"应收账款"账户所属明细账户的期末贷方余额合计数填列。如"预收账款"账户所属明细账户期末有借方余额，应在资产负债表"应收账款"项目内填列。

（6）"应付职工薪酬"项目，反映企业根据有关规定应付给职工的工资、职工福利、社会保险费、住房公积金、工会经费、职工教育经费、非货币性福利、辞退福利等各种薪酬。外商投资企业按规定从净利润中提取的职工奖励及福利基金，也在本项目列示。如"应付职工薪酬"账户期末为借方余额，应以"－"号填列。

（7）"应交税费"项目，应根据"应交税费"账户的期末贷方余额填列。如"应交税费"账户期末为借方余额，应以"－"号填列。

（8）"应付利息"项目，应根据"应付利息"账户的期末余额填列。

（9）"应付股利"项目，应根据"应付股利"账户的期末余额填列。

（10）"其他应付款"项目，应根据"其他应付款"账户的期末余额填列。

（11）"一年内到期的非流动负债"项目，应根据"长期借款""应付债券""长期应付款"等非流动负债账户的期末余额分析填列。

（12）"其他流动负债"项目，反映企业除短期借款、交易性金融负债、应付票据、应付账款、应付职工薪酬、应交税费等流动负债以外的其他流动负债。本项目应根据有关账户的期末余额填列。

（13）"长期借款"项目，应根据"长期借款"账户的期末余额减去一年内到期的长期借款数额后的金额填列。

（14）"应付债券"项目，应根据"应付债券"账户的期末余额减去一年内到期的应付债券数额后的金额填列。

（15）"长期应付款"项目，应根据"长期应付款"账户的期末余额，减去相应的"未确认融资费用"账户的期末余额后的金额，再减去一年内到期的长期应付款数额后的金额填列。

（16）"专项应付款"项目，应根据"专项应付款"账户的期末余额减去一年内到期的专项应付款数额后的金额填列。

（17）"预计负债"项目，应根据"预计负债"账户的期末余额填列。

（18）"递延所得税负债"项目，应根据"递延所得税负债"账户的期末余额填列。

（19）"其他非流动负债"项目，应根据有关账户的期末余额减去将于一年内（含一年）到期偿还数后的余额填列。非流动负债各项目中将于一年内（含一年）到期的非流动负债，应在"一年内到期的非流动负债"项目内单独反映。

3. 所有者权益项目的填列

（1）"实收资本（或股本）"项目，应根据"实收资本（或股本）"账户的期末余额填列。

（2）"资本公积"项目，应根据"资本公积"账户的期末余额填列。

（3）"库存股"项目，应根据"库存股"账户的期末余额填列。

（4）"盈余公积"项目，应根据"盈余公积"账户的期末余额填列。

（5）"未分配利润"项目，应根据"本年利润"账户和"利润分配"账户的余额计算填列。未弥补的亏损在本项目内以"—"号填列。

四、资产负债表编制举例

【例 11-1】 华兴股份有限公司 20×0 年 12 月 31 日的资产负债表（年初余额略）和 20×1 年 12 月 31 日的账户余额表如表 11-2 和表 11-3 所示。该公司适用的增值税税率为 17%，适用的所得税税率为 25%，预计未来期间能够获得足够的应纳税所得额用来抵扣暂时性差异。

表 11-2

资产负债表

会企 01 表

编制单位：华兴股份有限公司　　20×0 年 12 月 31 日　　　　单位：元

资　产	期末余额	年初余额（略）	负债和所有者权益（或股东权益）	期末余额	年初余额（略）
流动资产：			流动负债：		
货币资金	1 117 750		短期借款	424 750	
交易性金融资产	15 000		交易性金融负债	0	
应收票据	212 500		应付票据	296 500	

续 表

资　产	期末余额	年初余额 （略）	负债和所有者权益 （或股东权益）	期末余额	年初余额 （略）
应收账款	3 200 000		应付账款	160 000	
预付款项	20 000		预收款项	0	
应收利息	0		应付职工薪酬	110 000	
应收股利	0		应交税费	6 900	
其他应收款	2 000		应付利息	0	
存货	2 402 400		应付股利	0	
一年内到期的非流动资产	0		其他应付款	66 850	
其他流动资产	0		一年内到期的非流动负债	0	
流动资产合计	7 029 650		其他流动负债	0	
非流动资产：			流动负债合计	1 065 000	
可供出售金融资产	180 000		非流动负债：		
持有至到期投资	0		长期借款	1 800 000	
长期应收款	0		应付债券	0	
长期股权投资	250 000		长期应付款	0	
投资性房地产	0		专项应付款	0	
固定资产	1 328 900		预计负债	0	
在建工程	1 500 000		递延所得税负债	0	
工程物资	0		其他非流动负债	0	
固定资产清理	0		非流动负债合计	1 800 000	
生产性生物资产	0		负债合计	2 865 000	
油气资产	0		所有者权益（或股东权益）：		
无形资产	606 450		实收资本（或股本）	5 000 000	
开发支出	0		资本公积	2 880 000	
商誉	0		减：库存股		
长期待摊费用	0		盈余公积	100 000	
递延所得税资产	0		未分配利润	50 000	
其他非流动资产	0		所有者权益（或股东权益）合计	8 030 000	
非流动资产合计	3 865 350				
资产合计	10 895 000		负债和所有者权益（或股东权益）合计	10 895 000	

表 11-3

账户余额表

20×1 年 12 月 31 日

单位：元

账户名称	借方余额	账户名称	贷方余额
库存现金	155 000	短期借款	149 150
银行存款	253 000	应付票据	320 000
其他货币资金	123 000	应付账款	160 000
交易性金融资产	20 000	其他应付款	51 500
应收票据	46 000	应付股利	0
应收账款	3 500 000	应付利息	0
坏账准备	−1 800	应付职工薪酬	180 000
预付账款	20 000	应交税费	8 000
应收股利	0	长期借款	1 360 000
其他应收款	2 000	递延所得税负债	1 250
原材料	1 122 425	实收资本	5 000 000
周转材料	30 000	资本公积	2 900 000
库存商品	1 771 275	盈余公积	180 000
生产成本	0	利润分配	610 000
制造费用	0		
可供出售金融资产	200 000		
长期股权投资	250 000		
固定资产	2 401 000		
累计折旧	−50 000		
固定资产清理	0		
固定资产减值准备	−40 000		
在建工程	478 000		
工程物资	150 000		
无形资产	960 000		
累计摊销	−480 000		
递延所得税资产	10 000		
合计	109 199 900	合计	10 919 900

根据上述资料,编制华兴股份有限公司20×1年12月31日的资产负债表,见表11-4。

表11-4

资产负债表

会企01表

编制单位:华兴股份有限公司　　20×1年12月31日　　单位:元

资　　产	期末余额	年初余额	负债和所有者权益 (或股东权益)	期末余额	年初余额
流动资产:			流动负债:		
货币资金	531 000	1 147 750	短期借款	149 150	424 750
交易性金融资产	20 000	15 000	交易性金融负债	0	0
应收票据	46 000	242 500	应付票据	320 000	296 500
应收账款	3 498 200	3 200 000	应付账款	160 000	160 000
预付款项	20 000	20 000	预收款项	0	0
应收利息	0	0	应付职工薪酬	180 000	110 000
应收股利	0	0	应交税费	8 000	6 900
其他应收款	2 000	2 000	应付利息	0	0
存货	2 923 700	2 402 400	应付股利	0	0
一年内到期的非流动资产	0	0	其他应付款	51 500	66 850
其他流动资产	0	0	一年内到期的非流动负债	0	0
流动资产合计	7 040 900	7 029 650	其他流动负债	0	0
非流动资产:			流动负债合计	868 650	1 065 000
可供出售金融资产	200 000	180 000	非流动负债:		
持有至到期投资	0	0	长期借款	1 360 000	1 800 000
长期应收款	0	0	应付债券	0	0
长期股权投资	250 000	250 000	长期应付款	0	0
投资性房地产	0	0	专项应付款	0	0
固定资产	2 311 000	1 328 900	预计负债	0	0
在建工程	478 000	1 500 000	递延所得税负债	1 250	0
工程物资	150 000	0	其他非流动负债	0	0
固定资产清理	0	0	非流动负债合计	1 361 250	1 800 000
生产性生物资产	0	0	负债合计	2 229 900	2 865 000
油气资产	0	0	所有者权益(或股东权益):		
无形资产	480 000	606 450	实收资本(或股本)	5 000 000	5 000 000

资　　产	期末余额	年初余额	负债和所有者权益 （或股东权益）	期末余额	年初余额
开发支出	0	0	资本公积	2 900 000	2 880 000
商誉	0	0	减：库存股		
长期待摊费用	0	0	盈余公积	180 000	100 000
递延所得税资产	10 000	0	未分配利润	610 000	50 000
其他非流动资产	0	0	所有者权益（或股东权 益）合计	8 690 000	8 030 000
非流动资产合计	3 879 000	3 865 350			
资产总计	10 919 900	10 895 000	负债和所有者权益（或股 东权益）总计	10 919 900	10 895 000

第三节　利润表

一、利润表的概念和作用

（一）利润表的概念

利润表，又称损益表或收益表，是反映企业在一定会计期间（如月度、季度、年度）经营成果的报表。利润表是一张动态报表。它把企业一定期间的收入与其相关的费用进行配比，以计算企业一定期间的净利润（或净亏损）。

（二）利润表的作用

1. 有助于分析企业的经营成果和获利能力

经营成果是一个绝对值指标，它是一定时期的营业收入、其他收入抵扣成本、费用、税金等的差额，它反映企业财富增长的规模。经营成果的信息可以直接由利润表取得。

获利能力是一个相对值指标，它是企业运用一定经济资源（如人力、物力）获取经营成果的能力，衡量获利能力的指标包括资产收益率、净资产收益率、成本收益率以及人均实现收益等。获利能力信息的取得，除利润表外还要借助于其他财务报表和附表、注释才能得到。

根据利润表提供的经营成果数据，信息使用者通过比较和分析企业在不同时期或不同企业在同一时期的有关指标，就可以解释、评价和预测企业的获利能力，并据以做出相关决策。

2. 有助于评价和考核管理人员的经营业绩

比较前后期利润表上各项收入、费用、成本及收益的增减变动情况，并考查其增减变动的原因，可以较为客观地评价各职能部门。各生产经营单位的绩效，以及这些部门和人员的绩效与整个企业经营成果的关系，以便评判各部门管理人员的功过得失，及时做出采购、生产销售、筹资和人事等方面的调整,使各项活动趋于合理。

3. 有助于解释、评价和预测企业的偿债能力

偿债能力指企业以资产清偿债务的能力。利润表本身并不提供偿债能力的信息,然而企业的偿债能力不仅取决于资产的流动性和资本结构,也取决于获利能力。企业在个别年份获利能力不足,不一定影响偿债能力,但若一家企业长期丧失获利能力,则资产的流动性必然由好转坏,资本结构也将逐渐由优变劣,陷入资不抵债的困境。因而一家数年收益很少、获利能力不强甚至亏损的企业,通常其偿债能力也不会很强。

债权人和管理部门通过分析和比较利润表的有关信息,可以间接地解释、评价和预测企业的偿债能力,尤其是长期偿债能力,并揭示偿债能力的变化趋势,进而做出各种信贷决策和改进企业管理工作的决策。

4. 有助于企业管理人员据以做出经营决策

比较和分析利润表中各种构成要素,可以把握收入、成本、费用与利润之间的消长趋势,发现各方面工作中存在的问题,揭露缺点,找出差距,改善经营管理,努力增收节支,杜绝损失的发生。

二、利润表的结构

利润表一般有表首和表体两部分。其中,表首概括地说明报表名称、编制单位、编制时期、金额单位、报表编号等,表体反映形成经营成果的各个项目和计算过程。

利润表的常见格式有两种:单步式利润表和多步式利润表。单步式利润表是将本期发生的所有收入汇集在一起,将所有的成本、费用也汇集在一起,然后将收入合计减去成本费用合计得出本期净利润。单步式利润表便于报表阅读者理解,但不能反映利润的形成过程。多步式利润表是通过对当期的收入、费用、支出项目按性质加以归类,按利润形成的主要环节列示一些中间性利润指标,分步计算当期净利润,便于会计信息使用者理解企业经营成果的不同来源。我国会计准则采用多步式利润表。

多步式利润表中,净利润的计算分为以下三步:

第一步,以营业收入为基础,减去营业成本、税金及附加、销售费用、管理费用、财务费用、资产减值损失,加上公允价值变动收益(减去公允价值变动损失)和投资收益(减去投资损失),计算出营业利润。

第二步,以营业利润为基础,加上营业外收入,减去营业外支出,计算出利润总额。

第三步,以利润总额为基础,减去所得税费用,计算出净利润(或净亏损)。

多步式利润的基本格式如表 11-6 所示。

三、利润表的编制方法

利润表设"本期金额"和"上期金额"两栏分别列报,以使报表使用者通过比较不同期间利润的实现情况,判断企业经营成果的未来发展趋势。

(一)"上期金额"栏的填列

利润表"上期金额"栏内各项数字,应根据上年该期利润表"本期金额"栏内所列数字填列。如果上年该期利润表规定的各个项目的名称和内容与本期不相一致,应对上

年该期利润表各项目的名称和数字按本期的规定进行调整,填入利润表"上期金额"栏内。

(二)"本期金额"栏的填列

利润表"本期金额"栏内各项数字,一般应根据损益类账户的发生额分析填列。具体各项目的填列方法如下:

(1)"营业收入"项目,反映企业经营业务所取得的收入总额。本项目应根据"主营业务收入"和"其他业务收入"账户的发生额合计填列。

(2)"营业成本"项目,反映企业经营主要业务和其他业务所发生的成本总额。本项目应根据"主营业务成本"和"其他业务成本"账户的发生额合计填列。

(3)"税金及附加"项目,反映企业经营主要业务应负担的消费税、城市维护建设税、资源税、土地增值税和教育费附加等。本项目应根据"税金及附加"账户的发生额分析填列。

(4)"销售费用"项目,反映企业在销售商品过程中发生的包装费、广告费等费用和为销售本企业商品而专设的销售机构的职工薪酬、业务费等经营费用。本项目应根据"销售费用"账户的发生额分析填列。

(5)"管理费用"项目,反映企业发生的管理费用。本项目应根据"管理费用"账户的发生额分析填列。

(6)"财务费用"项目,反映企业筹集生产经营所需资金等而发生的筹资费用。本项目应根据"财务费用"账户的发生额分析填列。

(7)"资产减值损失"项目,反映企业因资产减值而发生的损失。本项目应根据"资产减值损失"账户本期发生额分析填列。

(8)"公允价值变动损益",反映企业应当计入当期损益的资产或负债公允价值变动收益。本项目应根据"公允价值变动损益"账户发生额分析填列。如为公允价值变动损失,以"-"号填列。

(9)"投资收益"项目,反映企业以各种方式对外投资所取得的收益。本项目应根据"投资收益"账户的发生额分析填列;如为投资损失,以"-"号填列。

(10)"营业外收入"项目,反映企业发生的与其生产经营无直接关系的各项收入。本项目应根据"营业外收入"账户的发生额分析填列。

(11)"营业外支出"项目,反映企业发生的与其生产经营无直接关系的各项支出。本项目应根据"营业外支出"账户的发生额分析填列。

(12)"所得税费用"项目,反映企业按规定从本期损益中减去的所得税费用。本项目应根据"所得税费用"账户的发生额分析填列。

(13)"净利润"项目,反映企业实现的净利润。如为净亏损,以"-"号填列。

(14)"基本每股收益"和"稀释每股收益"项目,见本节"五、每股收益"。

(15)"其他综合收益"项目,反映企业根据企业会计准则规定未在损益中确认的各项利得和损失扣除所得税影响后的净额。本项目应根据"资本公积"等项目的发生额分析填列。

（16）"综合收益总额"项目，反映企业利润与其他综合收益的合计金额。如为亏损，本项目以"—"号填列。

四、利润表编制举例

【例 11-2】　沿用【例 11-1】的资料，华兴股份有限公司 20×1 年度损益类账户的发生额如表 11-5 所示。

表 11-5

损益类账户的发生额（20×1 年）

单位：元

账户名称	借方发生额	贷方发生额
主营业务收入		4 350 000
其他营业收入	1 300 000	
主营业务成本	2 475 000	
营业成本	710 000	
税金及附加	217 500	
销售费用	247 600	
管理费用	887 800	
财务费用	150 000	
资产减值损失	51 200	
公允价值变动损益		5 000
投资收益		30 000
营业外收入		56 800
营业外支出	19 700	
所得税费用	183 000	

根据上述资料，编制利润表，如表 11-6 所示。

表 11-6

利润表

会企 02 表

编制单位：华兴股份有限公司　　　　20×1 年　　　　单位：元

项　目	本期金额	上期金额（略）
一、营业收入	5 650 000	
减：营业成本	3 185 000	
税金及附加	217 500	
销售费用	247 600	

项 目	本期金额	上期金额（略）
管理费用	887 800	
财务费用	150 000	
资产减值损失	51 200	
加：公允价值变动收益（损失以"－"号填列）	5 000	
投资收益（损失以"－"号填列）	30 000	
其中：对联营企业和合营企业的投资收益		
二、营业利润（亏损以"－"号填列）	945 900	
加：营业外收入	56 800	
减：营业外支出	19 700	
其中：非流动资产处置损失		
三、利润总额（亏损总额以"－"号填列）	983 000	
减：所得税费用	183 000	
四、净利润（净亏损以"－"号填列）	800 000	
五、每股收益		
（一）基本每股收益	0.16	
（二）稀释每股收益	0.16	
六、其他综合收益	20 000	
七、综合收益总额	820 000	

五、每股收益

每股收益，亦称每股盈余或每股税后利润，是指普通股股东每持有一股所能享有的企业净利润或需承担的企业净亏损。每股收益通常被用于反映企业的经营成果，衡量普通股的获利水平及投资风险，是投资者、债权人等信息使用者据以评价企业盈利能力、预测企业成长潜力，进而做出相关经济决策的重要的财务指标之一。

按照《企业会计准则第 34 号——每股收益》规定，对于普通股或潜在普通股已公开交易的企业，以及正处于公开发行普通股或潜在普通股过程中的企业，需要列报基本每股收益和稀释每股收益，其他自愿列报每股收益信息的企业，也可以列报每股收益信息。

每股收益包括基本每股收益和稀释每股收益两类。基本每股收益是按照归属于普通股股东的当期净利润除以发行在外普通股的加权平均数计算的每股收益。稀释每股收益是以基本每股收益为基础，假定企业所有发行在外的稀释性潜在普通股均已转换为普通股，从而分别调整归属于普通股股东的当期净利润以及发行在外普通股的加权平均数计算的每股收益。基本每股收益仅考虑当期实际发行在外的普通股股份,而稀释每股收益的计算和列报主要是为了避免每股收益虚增可能带来的信息误导。

企业对外提供合并财务报表的,每股收益准则仅要求其以合并财务报表为基础计算每股收益,并在合并财务报表中予以列报;与合并财务报表一同提供的母公司财务报表中不要求计算和列报每股收益,如果企业自行选择列报的,应以母公司个别财务报表为基础计算每股收益,并在其个别财务报表中予以列报。

(一)基本每股收益

基本每股收益是指归属于普通股股东的当期净利润,除以发行在外普通股的加权平均数。其计算公式如下:

$$基本每股收益=\frac{归属于普通股股东的当期净利润}{当期发行在外普通股加权平均数}$$

公式中的分子,"归属于普通股股东的当期净利润",即企业当期实现的可供普通股股东分配的净利润或应由普通股股东分担的净亏损金额。发生亏损的企业,每股收益以负数列示。以合并财务报表为基础计算的每股收益,分子应当是归属于母公司普通股股东的当期合并净利润,即扣减少数股东损益后的余额。与合并财务报表一同提供的母公司财务报表中企业自行选择列报每股收益的,以母公司个别财务报表为基础计算的每股收益,分子应当是归属于母公司全部普通股股东的当期净利润。

公式中的分母,"当期发行在外普通股加权平均数",即期初发行在外普通股股数根据当期新发行或回购的普通股股数与相应时间权数的乘积进行调整后的股数。具体计算当期发行在外普通股的加权平均数,可按下列公式:

$$发行在外普通股加权平均数=期初发行在外普通股股数+当期新发行普通股股数×已发行时间÷报告期时间-当期回购普通股股数×已回购时间÷报告期时间$$

已发行时间、报告期时间和已回购时间通常按天数计算,在不影响计算结果合理性的前提下,也可以采用简化为按月数计算。公司库存股不属于发行在外的普通股,且无权参与利润分配,应当在计算分母时扣除。

新发行普通股股数,应当根据发行合同的具体条款,从应收对价之日(一般为股票发行日)起计算确定,通常包括下列情况:

(1)为收取现金而发行的普通股股数,从应收现金之日起计算。

(2)因债务转资本而发行的普通股股数,从停计债务利息之日或结算日起计算。

(3)非同一控制下的企业合并,作为对价发行的普通股股数,从购买日起计算;同一控制下的企业合并,作为对价发行的普通股股数,应当计入各列报期间普通股的加权平均数。

(4)为收购非现金资产而发行的普通股股数,从确认收购之日起计算。

【例11-3】 甲股份有限公司20×4年年初发行在外的普通股为20 000万股;7月1日新发行普通股4 000万股;12月1日回购普通股600万股,以备将来奖励职工之用。

该公司当年度实现净利润为 8 780 万元。该公司每股收益的计算过程如下：

(1) 发行在外普通股加权平均数＝20 000×12÷12＋4 000×6÷12－600×1÷12＝21 950(万股)

(2) 基本每股收益＝8 780÷21 950＝0.4(元/股)

（二）稀释每股收益

在存在潜在普通股的前提下，如果该潜在普通股具有稀释性，企业还应当计算稀释的每股收益。

潜在普通股，是指赋予其持有者在报告期或以后期间享有取得普通股权利的一种金融工具或其他合同，包括可转换公司债券、认股权证、股份期权等。稀释性潜在普通股，是指假设当期转换为普通股会减少每股收益的潜在普通股。

1. 计算稀释每股收益时，对基本每股收益公式中的分子、分母进行调整

(1) 分子"归属于普通股股东的当期净利润"的调整。

①当期已确认为费用的稀释性潜在普通股的利息。潜在普通股一旦假定转换成普通股，与之相关的利息等费用将不再发生，原本已从企业利润中扣除的费用应当加回来，从而增加归属于普通股股东的当期净利润。因此，在计算稀释每股收益时，这一因素一般作为一项调增因素对归属于普通股股东的当期净利润进行调整。

②稀释性潜在普通股转换时将产生的收益或费用。

上述调整应当考虑相关的所得税影响，即按照税后影响金额进行调整。对于包含负债和权益成分的金融工具，仅需调整属于金融负债部分的相关利息、利得或损失。

(2) 分母"当期发行在外普通股加权平均数"的调整。

计算稀释每股收益时，"当期发行在外普通股加权平均数"应当为计算基本每股收益时普通股的加权平均数与假定稀释性潜在普通股转换为已发行普通股而增加的普通股股数的加权平均数之和。

在计算稀释性潜在普通股转换为已发行普通股而增加的普通股股数的加权平均数时，以前期间发行的稀释性潜在普通股，应当假设在当期期初转换；当期发行的稀释性潜在普通股，应当假设在发行日转换。

2. 稀释每股收益的计算

(1) 可转换公司债券。

对于可转换公司债券，应考虑其稀释性。计算稀释每股收益时，分子的调整项目为可转换公司债券当期已确认为费用的利息等的税后影响额；分母的调整项目为假定可转换公司债券当期期初或发行日转换为普通股的股数加权平均数。

【例 11-4】 甲股份有限公司 20×4 年 1 月 1 日按面值发行 2 000 万元的可转换公司债券，票面利率为 4%，每 100 元面值债券可转换为 100 股面值为 1 元的普通股。20×4 年公司已发行在外普通股 8 000 万股，年内普通股股数未发生变化。本年实现的归属于普通股股东的净利润为 4 000 万元。该公司的所得税税率为 25%。假设不考虑可转换公司债券在负债和权益成分之间的分拆。该公司 20×4 年度每股收益的计算过

程如下：

$$①基本每股收益＝4\ 000÷8\ 000＝0.5(元)$$

$$②增加的净利润＝2\ 000×4\%×(1-25\%)＝60(万元)$$

$$③增加的普通股股数＝2\ 000(万股)$$

$$④稀释每股收益＝(4\ 000＋60)÷(8\ 000＋2\ 000)＝0.406(元)$$

（2）认股权证和股份期权。

当认股权证、股份期权等的行权价格低于当期普通股平均市场价格时，应当考虑其稀释性。计算稀释每股收益时，增加的普通股股数按下列公式计算：

$$增加的普通股股数＝拟行权时转换的普通股股数-行权价格×拟行权时转换的普通股股$$
$$数÷当期普通股平均市场价格$$

【例 11-5】　甲股份有限公司 20×4 年归属于普通股股东的净利润为 400 万元，年初发行在外普通股股数 1 000 万股，年内普通股股数未发生变化，该普通股平均市场价格为 8 元。年初，该公司对外发行 200 万份认股权证，发行价格 7 元。行权日为 20×5 年 7 月 1 日，每份认股权证可以在行权日以 7 元的价格认购该公司 1 股新发的股份。则该公司 20×4 年度每股收益的计算过程如下：

（1）基本每股收益＝400÷1 000＝0.4(元)

（2）增加的普通股股数＝200-200×7÷8＝25(万股)

（3）稀释每股收益＝400÷(1 000＋25)≈0.39(元)

第四节　现金流量表

一、现金流量表的概念和作用

（一）现金流量表的概念

现金流量表，是反映企业一定会计期间现金和现金等价物流入和流出的报表。编制现金流量表的主要目的，是为财务报表使用者提供企业一定会计期间内现金和现金等价物流入和流出的信息，以便于财务报表使用者了解和评价企业获取现金和现金等价物的能力，并据以预测企业未来现金流量。

（二）现金流量表的作用

（1）有助于评价企业支付能力、偿债能力和周转能力。

（2）有助于预测企业未来现金流量。

（3）有助于分析企业收益质量及影响现金净流量的因素，掌握企业经营活动、投资活动和筹资活动的现金流量，可以从现金流量的角度了解净利润的质量，为分析和判断企业的财务前景提供信息。

二、现金流量表的编制基础

现金流量表以现金及现金等价物为基础编制，划分为经营活动、投资活动和筹资活动，按照收付实现制原则编制，将权责发生制下的盈利信息调整为收付实现制下的现金流量信息。

（一）现　金

现金,是指企业库存现金以及可以随时用于支付的存款。它不仅包括"库存现金"账户核算的库存现金,还包括企业"银行存款"账户核算的存入金融企业,随时可以用于支付的存款,也包括"其他货币资金"账户核算的外埠存款、银行汇票存款、银行本票存款、信用证存款和存出投资款等其他货币资金。

需要注意的是,银行存款和其他货币资金中有些不能随时支取的定期存款等,不应作为现金;提前通知金融机构便可支取的定期存款,则应包括在现金范围内。

（二）现金等价物

现金等价物,是指企业持有的期限短、流动性强、易于转换为已知金额现金、价值变动风险很小的投资。其中,"期限短"一般是指从购买日起 3 个月内到期。例如可在证券市场上流通的 3 个月内到期的短期债券等。

根据现金等价物的概念,一项投资是否属于现金等价物必须同时满足四个条件:（1）期限短;（2）流动性强;（3）易于转换为已知金额的现金;（4）价值变动风险很小。现金等价物通常包括 3 个月内到期的短期债券投资。权益性投资变现的金额通常不确定,因而不属于现金等价物。

三、现金流量的分类

现金流量指企业现金和现金等价物的流入和流出。现金流量按照企业经营业务的性质可以分为三类:经营活动现金流量、投资活动现金流量和筹资活动现金流量。

1. 经营活动现金流量

经营活动是指企业投资活动和筹资活动以外的所有交易和事项。根据这一定义,经营活动的范围很广。一般来说,企业经营活动主要包括销售商品、提供劳务、经营租赁、购买商品、接受劳务、广告宣传、支付税费等。

经营活动产生的现金流入项目主要有销售商品、提供劳务收到的现金,收到的其他与经营活动有关的现金。

经营活动产生的现金流出项目主要有:购买商品、接受劳务支付的现金,支付给职工以及为职工支付的现金,支付的各项税费,支付的其他与经营活动有关的现金。

2. 投资活动现金流量

投资活动是指企业长期资产的购建和不包括在现金等价物范围内的投资及其处置活动。其中,长期资产是指固定资产、无形资产、在建工程、其他资产等持有期限在一年或一个营业周期以上的资产。

投资活动产生的现金流入项目主要有:收回投资所收到的现金,取得投资收益所收到的现金,处置固定资产、无形资产和其他长期资产所收回的现金净额,收到的其他与投资活动有关的现金。

投资活动产生的现金流出项目主要有:购建固定资产、无形资产和其他长期资产所支付的现金,投资所支付的现金,支付的其他与投资活动有关的现金。

3. 筹资活动现金流量

筹资活动是指导致企业资本及债务规模和构成发生变化的活动。所谓资本,是指实收资本(股本)和资本溢价(股本溢价);所谓债务,是指企业对外举债,包括向银行借款、发行债券以及偿还债务等。应付账款、应付票据等商业应付款等属于经营活动,不属于筹资活动。

筹资活动产生的现金流入项目主要有:吸收投资所收到的现金,取得借款所收到的现金,收到的其他与筹资活动有关的现金。

筹资活动产生的现金流出项目主要有:偿还债务所支付的现金,分配股利、利润或偿付利息所支付的现金,支付的其他与筹资活动有关的现金。

需要注意的是,企业现金形式的转换不会产生现金的流入和流出,如企业从银行提取现金,是企业现金存放形式的转换,并未流出企业,不构成现金流量;同样,现金与现金等价物之间的转换也不属于现金流量,比如,企业用现金购买将于 3 个月内到期的国库券。

四、现金流量表的基本格式

现金流量表分为两部分,第一部分为正表,第二部分为补充资料。正表有六项内容,补充资料有三项内容,具体格式如表 11-7 和表 11-8 所示。

表 11-7

现金流量表

会企 03 表

编制单位:黄山股份有限公司 20×1年 单位:元

项 目	本期金额	上期金额
一、经营活动产生的现金流量		
销售商品、提供劳务收到的现金		
收到的税费返还		
收到其他与经营活动有关的现金		
经营活动现金流入小计		
购买商品、接受劳务支付的现金		
支付给职工以及为职工支付的现金		
支付的各项税费		
支付其他与经营活动有关的现金		
经营活动现金流出小计		
经营活动产生的现金流量净额		
二、投资活动产生的现金流量		
收回投资收到的现金		

续　表

项　目	本期金额	上期金额
取得投资收益收到的现金		
处置固定资产、无形资产和其他长期资产收回的现金净额		
处置子公司及其他营业单位收到的现金净额		
收到其他与投资活动有关的现金		
投资活动现金流入小计		
购建固定资产、无形资产和其他长期资产支付的现金		
投资支付的现金		
取得子公司及其他营业单位支付的现金净额		
支付其他与投资活动有关的现金		
投资活动现金流出小计		
投资活动产生的现金流量净额		
三、筹资活动产生的现金流量		
吸收投资收到的现金		
取得借款收到的现金		
收到其他与筹资活动有关的现金		
筹资活动现金流入小计		
偿还债务支付的现金		
分配股利、利润或偿付利息支付的现金		
支付其他与筹资活动有关的现金		
筹资活动现金流出小计		
筹资活动产生的现金流量净额		
四、汇率变动对现金及现金等价物的影响		
五、现金及现金等价物净增加额		
加：期初现金及现金等价物余额		
六、期末现金及现金等价物余额		

表 11-8

现金流量表补充资料

单位：元

补 充 资 料	本期金额	上期金额
1. 将净利润调节为经营活动现金流量		
净利润		
加：资产减值准备		

续　表

补 充 资 料	本期金额	上期金额
固定资产折旧、油气资产折耗、生产性生物资产折旧		
无形资产摊销		
长期待摊费用摊销		
处置固定资产、无形资产和其他长期资产的损失（收益以"－"号填列）		
固定资产报废损失（收益以"－"号填列）		
公允价值变动损失（收益以"－"号填列）		
财务费用（收益以"－"号填列）		
投资损失（收益以"－"号填列）		
递延所得税资产减少（增加以"－"号填列）		
递延所得税负债增加（减少以"－"号填列）		
存货的减少（增加以"－"号填列）		
经营性应收项目的减少（增加以"－"号填列）		
经营性应付项目的增加（减少以"－"号填列）		
其他		
经营活动产生的现金流量净额		
2. 不涉及现金收支的重大投资和筹资活动		
债务转为资本		
一年内到期的可转换公司债券		
融资租入固定资产		
3. 现金及现金等价物净变动情况		
现金的期末余额		
减：现金的期初余额		
加：现金等价物的期末余额		
减：现金等价物的期初余额		
现金及现金等价物净增加额		

五、现金流量表各项目的填列

（一）经营活动产生的现金流量项目的填列

1. "销售商品、提供劳务收到的现金"项目

该项目反映企业销售商品、提供劳务实际收到的现金，包括销售收入和应向购买者收取的增值税销项税额，具体包括：本期销售商品、提供劳务收到的现金，以及前期销售和前期提供劳务本期收到的现金和本期预收的账款，减去本期销售本期退回的商品和

前期销售本期退回的商品支付的现金。企业销售材料和代购代销业务收到的现金,也在本项目反映。本项目可以根据"库存现金""银行存款""应收账款""应收票据""预收账款""应交税费""主营业务收入""其他业务收入"等账户的记录分析填列。

2．"收到的税费返还"项目

该项目反映企业收到返还的各种税费,如收到的增值税、消费税、营业税、所得税、教育费附加返还等。本项目可以根据"库存现金""银行存款""税金及附加"等账户的记录分析填列。

3．"收到的其他与经营活动有关的现金"项目

该项目反映企业除了上述各项目外,收到的其他与经营活动有关的现金流入,如罚款收入、流动资产损失中由个人赔偿的现金收入等。若某项其他与经营活动有关的现金流入金额较大,应单列项目反映。本项目可以根据"库存现金""银行存款""营业外收入""其他应付款""其他应收款"等账户的记录分析填列。

4．"购买商品、接受劳务支付的现金"项目

该项目反映企业购买材料、商品、接受劳务实际支付的现金,包括支付的货款以及与货款一并支付的增值税进项税额,具体包括:本期购买商品、接受劳务支付的现金,以及本期支付前期购入商品、接受劳务的未付款项和本期预付款项,减去本期发生的购货退回收到的现金。本项目可以根据"库存现金""银行存款""应付账款""应付票据""主营业务成本""其他业务成本"等账户的记录分析填列。

5．"支付给职工以及为职工支付的现金"项目

该项目反映企业实际支付给职工,以及为职工支付的现金,包括本期实际支付给职工的工资、奖金、各种津贴和补贴等,以及为职工支付的其他费用。不包括支付的离退休人员的各项费用和支付给在建工程人员的工资等。企业支付给离退休人员的各项费用,包括支付的统筹退休金以及未参加统筹的退休人员的费用,在"支付的其他与经营活动有关的现金"项目中反映;支付给在建工程人员的工资,在"购建固定资产、无形资产和其他长期资产所支付的现金"项目反映。本项目可以根据"应付职工薪酬""库存现金""银行存款"等账户的记录分析填列。

需指出的是,企业为职工支付的养老、失业等社会保险基金、补充养老保险、住房公积金、支付给职工的住房困难补助,以及企业支付给职工或为职工支付的其他福利费用等,应按职工的工作性质和服务对象,分别在本项目和"购建固定资产、无形资产和其他长期资产所支付的现金"项目反映。

6．"支付的各项税费"项目

该项目反映企业按规定支付的各种税费,包括本期发生并支付的税费,以及本期支付以前各期发生的税费和预交的税金,如支付的教育费附加、矿产资源补偿费、印花税、房产税、土地增值税、车船使用税、预交的营业税等。不包括计入固定资产价值、实际支付的耕地占用税等;也不包括本期退回的增值税、所得税,本期退回的增值税、所得税在"收到的税费返还"项目反映。本项目可以根据"应交税费""库存现金""银行存款"等账

户的记录分析填列。

7."支付的其他与经营活动有关的现金"项目

该项目反映企业除上述各项目外,支付的其他与经营活动有关的现金流出,如罚款支出、支付的差旅费、业务招待费现金支出、支付的保险费等,其他现金流出如价值较大的,应单列项目反映。本项目可以根据"库存现金""银行存款""管理费用""销售费用""营业外支出""其他应付款""其他应收款"等账户的记录分析填列。

(二)投资活动产生的现金流量项目的填列

1."收回投资所收到的现金"项目

该项目反映企业出售、转让或收回除现金等价物以外的对其他企业的权益工具、债务工具和合营中权益投资所收到的现金。收回债务工具实现的投资收益、处置子公司及其他营业单位收到的现金净额不包括在本项目内。本项目可根据"可供出售金融资产""持有至到期投资""长期股权投资""库存现金""银行存款"等账户的记录分析填列。

2."取得投资收益所收到的现金"项目

该项目反映企业除现金等价物以外的对其他企业的权益工具、债务工具和合营中的权益投资所分回的现金股利和利息等,不包括股票股利。本项目可根据"库存现金""银行存款""投资收益"等账户的记录分析填列。

3."处置固定资产、无形资产和其他长期资产所收回的现金净额"项目

该项目反映企业处置固定资产、无形资产和其他长期资产所取得的现金(包括因资产毁损收到的保险赔偿款),减去为处置这些资产而支付的有关费用后的净额。如所收回的现金净额为负数,则应在"支付其他与投资活动有关的现金"项目反映。本项目可以根据"固定资产清理""库存现金""银行存款"等账户的记录分析填列。

4."处置子公司及其他营业单位收到的现金净额"项目

该项目反映企业处置子公司及其他营业单位所取得的现金,减去相关处置费用以及子公司及其他营业单位持有的现金和现金等价物后的净额。本项目可以根据"长期股权投资""库存现金""银行存款"等账户的记录分析填列。

5."收到的其他与投资活动有关的现金"项目

该项目反映企业除了上述各项以外,收到的其他与投资活动有关的现金流入。比如,企业收回购买股票和债券时支付的已宣告但尚未领取的现金股利或已到付息期但尚未领取的债券利息。若其他与投资活动有关的现金流入金额较大,应单列项目反映。本项目可以根据"应收股利""应收利息""库存现金""银行存款"等账户的记录分析填列。

6."购建固定资产、无形资产和其他长期资产所支付的现金"项目

该项目反映企业本期购买、建造固定资产,取得无形资产和其他长期资产所支付的现金,不包括为购建固定资产而发生的借款利息资本化的部分,以及融资租入固定资产支付的租赁费。借款利息和融资租入固定资产支付的租赁费,在筹资活动产生的现金

流量中反映。本项目可以根据"固定资产""在建工程""无形资产""库存现金""银行存款"等账户的记录分析填列。

7. "投资支付的现金"项目

该项目反映企业取得除现金等价物以外的对其他企业的权益工具、债务工具和合营中的权益投资所支付的现金,以及支付的佣金、手续费等交易费用,但取得子公司及其他营业单位支付的现金净额除外。本项目可以根据"可供出售金融资产""持有至到期投资""长期股权投资""库存现金""银行存款"等账户的记录分析填列。

8. "取得子公司及其他营业单位支付的现金净额"项目

该项目反映企业购买子公司及其他营业单位购买出价中以现金支付的部分,减去子公司及其他营业单位持有的现金和现金等价物后的净额。本项目可以根据"长期股权投资""库存现金""银行存款"等账户的记录分析填列。

9. "支付的其他与投资活动有关的现金"项目

该项目反映企业除了上述各项以外,支付的其他与投资活动有关的现金流出。如企业购买股票时实际支付的价款中包含的已宣告但尚未领取的现金股利,购买债券时支付的价款中包含的已到期但尚未领取的债券利息等。若某项其他与投资活动有关的现金流出金额较大,应单列项目反映。本项目可以根据"应收股利""应收利息""库存现金""银行存款"等账户的记录分析填列。

(三)筹资活动产生的现金流量项目的填列

1. "吸收投资所收到的现金"项目

该项目反映企业收到的投资者投入的现金,包括以发行股票、债券等方式筹集的资金实际收到款项净额(发行收入减去支付的佣金等发行费用后的净额)。以发行股票、债券等方式筹集资金而由企业直接支付的审计、咨询等费用,在"支付的其他与筹资活动有关的现金"项目反映,不从本项目内减去。本项目可以根据"实收资本(或股本)""库存现金""银行存款"等账户的记录分析填列。

2. "取得借款收到的现金"项目

该项目反映企业举借各种短期、长期借款所收到的现金。本项目可以根据"短期借款""长期借款""库存现金""银行存款"等账户的记录分析填列。

3. "收到其他与筹资活动有关的现金"项目

该项目反映企业除上述各项目外,收到的其他与筹资活动有关的现金流入,如接受现金捐赠等。若某项其他与筹资活动有关的现金流入金额较大,应单列项目反映。本项目可以根据"库存现金""银行存款""营业外收入"等账户的记录分析填列。

4. "偿还债务所支付的现金"项目

该项目反映企业以现金偿还债务的本金,包括偿还金融企业的借款本金、偿还债券本金等。企业偿还的借款利息、债券利息,在"分配股利、利润或偿付利息所支付的现金"项目反映,不包括在本项目内。本项目可以根据"短期借款""长期借款""应付债券""库存现金""银行存款"等账户的记录分析填列。

5."分配股利、利润或偿付利息所支付的现金"项目

该项目反映企业实际支付的现金股利,支付给其他投资单位的利润以及支付的借款利息、债券利息等。本项目可以根据"应付股利""应付利息""财务费用""长期借款""库存现金""银行存款"等账户的记录分析填列。

6."支付其他与筹资活动有关的现金"项目

该项目反映企业除了上述各项外,支付的其他与筹资活动有关的现金流出,如捐赠现金支出、融资租入固定资产支付的租赁费等。若某项其他与筹资活动有关的现金金额较大,应单列项目反映。本项目可以根据"营业外支出""长期应付款""库存现金""银行存款"等账户的记录分析填列。

（四）汇率变动对现金及现金等价物的影响的填列

"汇率变动对现金的影响"项目。该项目反映企业外币现金流量及境外子公司的现金流量折算为人民币时,所采用的现金流量发生日的汇率或平均汇率折算的人民币金额与"现金及现金等价物净增加额"中外币现金净增加额按期末汇率折算的人民币金额之间的差额。

在编制现金流量表时,可逐笔计算外币业务发生的汇率变动对现金的影响,也可不必逐笔计算而采用简化的计算方法,即通过现金流量表补充资料中"现金及现金等价物净增加额"金额与现金流量表正表中"经营活动产生的现金流量净额""投资活动产生的现金流量净额""筹资活动产生的现金流量净额"三项之和比较,其差额即为"汇率变动对现金及现金等价物的影响"项目的金额。

（五）现金流量表补充资料项目的填列

1.将净利润调节为经营活动现金流量

（1）"资产减值准备"项目。反映企业本期实际计提的各项资产减值准备,包括坏账准备、存货跌价准备、长期股权投资减值准备、持有至到期投资减值准备、投资性房地产减值准备、固定资产减值准备、在建工程减值准备、无形资产减值准备、商誉减值准备、生产性生物资产减值准备、油气资产减值准备等。本项目可以根据"资产减值损失"账户的借方发生额分析填列。

（2）"固定资产折旧、油气资产折耗、生产性生物资产折旧"项目。反映企业本期累计计提的固定资产折旧、油气资产折耗、生产性生物资产折旧。本项目可根据"累计折旧""累计折耗"等账户的贷方发生额分析填列。

（3）"无形资产摊销"项目。反映企业本期累计摊入成本费用的无形资产价值。本项目可根据"累计摊销"账户上的贷方发生额分析填列。

（4）"长期待摊费用摊销"项目。反映企业本期累计摊入成本费用的长期待摊费用。本项目可根据"长期待摊费用"账户的贷方发生额分析填列。

（5）"处置固定资产、无形资产和其他长期资产的损失"项目。反映企业本期处置固定资产、无形资产和其他长期资产发生的净损失（或净收益）。如为净收益以"－"号填列。本项目可根据"营业外支出""营业外收入"等账户所属有关明细账户的发生额分析填列。

（6）"固定资产报废损失"项目。反映企业本期发生的固定资产盘亏净损失。本项目可根据"营业外支出""营业外收入"等账户所属有关明细账户的发生额分析填列。

（7）"公允价值变动损失"项目。反映企业持有的交易性金融资产、交易性金融负债、采用公允价值模式计量的投资性房地产等公允价值变动形成的净损失。如为净收益以"－"号填列。本项目可根据"公允价值变动损益"账户所属明细账户的发生额分析填列。

（8）"财务费用"项目。反映企业本期实际发生的属于投资活动或筹资活动的财务费用。如为收益，以"－"号填列。本项目可根据"财务费用"账户的本期借方发生额分析填列。

（9）"投资损失"项目。反映企业对外投资实际发生的投资损失减去收益后的净损失。如为投资收益，以"－"号填列。本项目可根据利润表"投资收益"项目的数字填列。

（10）"递延所得税资产减少"项目。反映企业资产负债表中"递延所得税资产"项目的期初余额与期末余额的差额。本项目可根据"递延所得税资产"账户发生额分析填列。

（11）"递延所得税负债增加"项目。反映企业资产负债表中"递延所得税负债"项目的期初余额与期末余额的差额。本项目可根据"递延所得税负债"账户发生额分析填列。

（12）"存货的减少"项目。反映企业资产负债表中"存货"项目的期初余额与期末余额的差额。如期末数大于期初数，以"－"号填列。

（13）"经营性应收项目的减少"项目。反映企业本期经营性应收项目（包括应收票据、应收账款、预付账款、其他应收款和长期应收款等经营性应收项目中与经营活动有关的部分及应收的增值税销项税额等）的期初余额与期末余额的差额。如期末数大于期初数，以"－"号填列。

（14）"经营性应付项目的增加"项目。反映企业本期经营性应付项目（包括应付票据、应付账款、预付账款、应付职工薪酬、应交税费和其他应付款等经营性应付项目中与经营活动有关的部分及应付的增值税进项税额等）的期初余额与期末余额的差额。如期末数小于期初数，以"－"号填列。

2. 不涉及现金收支的重大投资和筹资活动

该项目反映企业一定期间内影响资产或负债但不形成该期现金收支的所有投资和筹资活动的信息。这些投资和筹资活动虽然不涉及当期现金收支，但对以后各期的现金流量有重大影响。例如，企业融资租入设备，将形成的负债计入"长期应付款"账户，当期并不支付设备款及租金，但以后各期必须为此支付现金，从而在一定期间内形成了一项固定的现金支出。

因此，现金流量表准则规定，企业应当在附注中披露不涉及当期现金收支但影响企业财务状况或在未来可能影响企业现金流量的重大投资和筹资活动，主要包括：

（1）"债务转为资本"项目，反映企业本期转为资本的债务金额。

（2）"一年内到期的可转换公司债券"项目，反映企业一年内到期的可转换公司债券的本息。

（3）"融资租入固定资产"项目，反映企业本期融资租入固定资产的最低租赁付款额扣除未确认融资费用后的净额。

3. 现金及现金等价物净变动情况

该项目反映企业一定会计期间现金及现金等价物的期末余额减去期初余额后的净增加额（或净减少额）。该项目是对现金流量表正表中"现金及现金等价物净增加额"项目的补充说明，该项目的金额应与现金流量表"现金及现金等价物净增加额"项目的金额核对相符。

六、现金流量表的具体编制方法

在具体编制现金流量表时，企业可以根据业务量的大小及复杂程度，采用工作底稿法、T形账户法或分析填列法。

（一）工作底稿法

采用工作底稿法是以工作底稿为手段，以利润表和资产负债表数据为基础，结合有关账户记录，对现金流量表每一项目进行分析并编制调整分录，从而编制出现金流量表的一种方法。

1. 工作底稿的格式

整个工作底稿纵向分成三段，第一段是资产负债表项目，其中又分为借方项目和贷方项目两部分；第二段是利润表项目；第三段是现金流量表项目。工作底稿横向分为五栏，在资产负债表部分，第一栏是项目栏，填列资产负债表各项目名称；第二栏是期初数，用来填列资产负债表项目的期初数；第三栏是调整分录的借方；第四栏是调整分录的贷方；第五栏是期末数，用来填列资产负债表各项目的期末数。在利润表和现金流量表部分，第一栏也是项目栏，用来填列利润表和现金流量表项目名称；第二栏空置不填；第三、第四栏分别是调整分录的借方和贷方；第五栏是本期数，利润表部分这一栏数字应和本期利润表数字核对相符，现金流量表部分这一栏的数字可直接用来编制正式的现金流量表。工作底稿法的具体格式如表 11-9 所示。

表 11-9

现金流量表工作底稿

项　　目	期初数	调整分录		期末数
		借方	贷方	
资产负债表项目				
…				
利润表项目	—			本期数
…				
现金流量表项目	—			本期数
…				
调整分录借贷方合计				

2. 工作底稿法的程序

采用工作底稿法编制现金流量表的具体步骤：

第一步，将资产负债表的期初数和期末数过入工作底稿的期初数栏和期末数栏。

第二步，对当期业务进行分析并编制调整分录。调整分录大体有这样几类：第一类涉及利润表中的收入、成本和费用项目以及资产负债表中的资产、负债及所有者权益项目，通过调整，将权责发生制下的收入费用转换为现金基础；第二类是涉及资产负债表和现金流量表中的投资、筹资项目，反映投资和筹资活动的现金流量；第三类是涉及利润表和现金流量表中的投资和筹资项目，目的是将利润表中有关投资和筹资方面的收入和费用列入现金流量表投资、筹资现金流量中去。此外，还有一些调整分录并不涉及现金收支，只是为了核对资产负债表项目的期末期初变动。

在调整分录中，有关现金和现金等价物的事项，并不直接借记或贷记现金，而是分别记入"经营活动产生的现金流量""投资活动产生的现金流量""筹资活动产生的现金流量"有关项目，借记表示现金流入，贷记表示现金流出。

第三步，将调整分录过入工作底稿中的相应部分。

第四步，核对调整分录，借贷合计应当相等，资产负债表项目期初数加减调整分录中的借贷金额以后，应当等于期末数。

第五步，根据工作底稿中的现金流量表项目部分编制正式的现金流量表。

（二）T 形账户法

采用 T 形账户法是以利润表和资产负债表数据为基础，结合相关账户记录，对现金流量表每一项目进行分析并编制调整分录，从而编制出现金流量表的一种方法。

采用 T 形账户法编制现金流量表的具体步骤：

第一步，为所有的非现金项目（包括资产负债表项目和利润表项目）分别开设 T 形账户，并将各自的期末期初变动数过入各该账户。

第二步，开设一个大的"现金及现金等价物"T 形账户，每边分为经营活动、投资活动和筹资活动三个部分，左边记现金流入，右边记现金流出。与其他账户一样，过入期末期初变动数。

第三步，以利润表项目为基础，结合资产负债表分析每一个非现金项目的增减变动，并据此编制调整分录。

第四步，将调整分录过入各 T 形账户，并进行核对，该账户借贷相抵后的余额与原先过入的期末期初变动数应当一致。

第五步，根据大的"现金及现金等价物"T 形账户编制正式的现金流量表。

（三）分析填列法

分析填列法是直接根据资产负债表、利润表和有关账户明细账的记录，以及账户之间的对应关系，分析计算出现金流量表各项目的金额，并据以编制现金流量表的一种方法。

以下以"销售商品、提供劳务收到的现金"项目和"购买商品、接受劳务支付的现金"

项目为例,说明现金流量表编制的分析填列法。

1."销售商品、提供劳务收到的现金"

该项目反映企业销售商品、提供劳务实际收到的现金,包括销售收入和应向购买者收到的增值税销项税额,具体包括:本期销售商品、提供劳务收到的现金,以及前期销售商品、提供劳务本期收到的现金和本期预收的款项,减去本期销售本期退回的商品和前期销售本期退回的商品支付的现金。企业销售材料和代购代销业务收到的现金,也在本项目反映。本项目可以根据"库存现金""银行存款""应收账款""应收票据""预收账款""应缴税费""主营业务收入""其他业务收入"等账户的记录分析填列。

该项目的有关账户对应关系分析如图 11-1 所示。

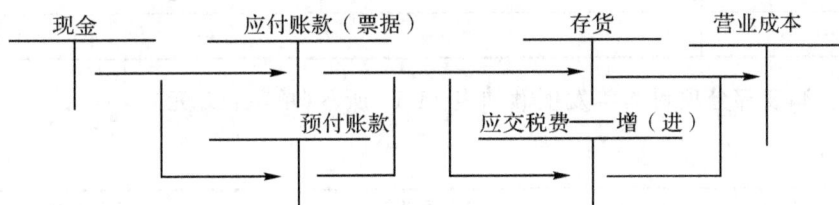

图 11-1

根据上述分析,我们得出:

$$
\begin{array}{c}\text{"销售商品、提供劳务}\\\text{收到的现金"}\end{array} = \begin{array}{c}\text{"应收账款(票据)"}\\\text{贷方发生额}\end{array} + \begin{array}{c}\text{"预收账款"}\\\text{贷方发生额}\end{array}
$$

其中,

$$
\begin{array}{c}\text{"应收账款(票据)"}\\\text{贷方发生额}\end{array} = \begin{array}{c}\text{"应收账款(票据)"}\\\text{期初余额}\end{array} + \begin{array}{c}\text{"应收账款(票据)"}\\\text{借方发生额}\end{array} - \begin{array}{c}\text{"应收账款(票据)"}\\\text{期末余额}\end{array}
$$

$$
= \begin{array}{c}\text{"应收账款(票据)"}\\\text{减少数}\end{array} + \begin{array}{c}\text{"应收账款(票据)"}\\\text{借方发生额}\end{array}
$$

$$
\begin{array}{c}\text{"预收账款"}\\\text{贷方发生额}\end{array} = \begin{array}{c}\text{"预收账款"}\\\text{期末余额}\end{array} - \begin{array}{c}\text{"预收账款"}\\\text{期初余额}\end{array} + \begin{array}{c}\text{"预收账款"}\\\text{借方发生额}\end{array}
$$

$$
= \begin{array}{c}\text{"预收账款"}\\\text{增加数}\end{array} + \begin{array}{c}\text{"预收账款"}\\\text{借方发生额}\end{array}
$$

由账户对应关系可知:

$$
\begin{array}{c}\text{"应收账款(票据)"}\\\text{借方发生额}\end{array} + \begin{array}{c}\text{"预收账款"}\\\text{借方发生额}\end{array} = \text{"营业收入"} + \text{"销项税额"}
$$

所以,

$$
\begin{array}{c}\text{"销售商品、提供劳}\\\text{务收到的现金"}\end{array} = \begin{array}{c}\text{"营业}\\\text{收入"}\end{array} + \begin{array}{c}\text{"销项}\\\text{税额"}\end{array} + \begin{array}{c}\text{"应收账款(票}\\\text{据)"减少数}\end{array} + \begin{array}{c}\text{"预收账款"}\\\text{增加数}\end{array}
$$

【例 11-6】 甲公司为一家商业企业,适用的增值税率为 17%,20×1 年有关资料如下:

(1)资产负债表有关项目年初、年末余额和部分项目发生额如表 11-10 所示(单位:万元)。

表 11-10

项目名称	年初数	本年增加数	本年减少数	年末数
应收账款	2 340			4 680
应收票据	585			351
存货	2 500			2 400
…	…		…	…
应付账款	1 755			2 340
应交税费				
应交增值税	250	510(销)	308(已交) 272(进)	180
…	…	…	…	…

（2）利润表部分项目本年发生额如表 11-11 所示（单位：万元）。

表 11-11

项目名称	借方发生额	贷方发生额
营业收入		3 000
营业成本	1 700	
…	…	…

根据上述资料计算可得：

"销售商品、提供劳务收到的现金"＝3 000＋510＋（2 340－4 680）＋（585－351）

＝1 404（万元）

值得注意的是，应收账款（票据）的减少有时并不使现金增加，如计提坏账、票据贴现息等，企业如发生类似经济业务，在填列"销售商品、提供劳务收到的现金"时还应准备所计提的坏账准备、票据贴现息等。

2．"购买商品、接受劳务支付的现金"

该项目反映企业购买材料、商品、接受劳务实际支付的现金，包括支付的货款以及与货款一并支付的增值税进项税额，具体包括：本期购买商品、接受劳务支付的现金，以及本期支付前期购入商品、接受劳务的未付款项和本期预付款项，减去本期发生的购货退回收到的现金。本项目可以根据"库存现金""银行存款""应付账款""应付票据""主营业务成本""其他业务成本"等账户的记录分析填列。

该项目的有关账户对应关系分析如图 11-2 所示。

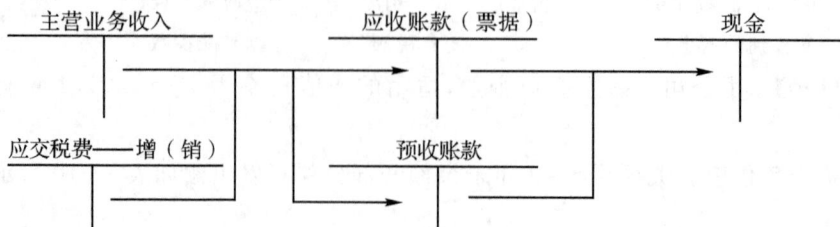

图 11-2

根据上述分析,我们得出:

$$\begin{matrix}\text{"购买商品、接受劳} \\ \text{务支付的现金"}\end{matrix} = \begin{matrix}\text{"应付账款(票据)"} \\ \text{借方发生额}\end{matrix} + \begin{matrix}\text{"预付账款"} \\ \text{借方发生额}\end{matrix}$$

其中,

$$\begin{matrix}\text{"应付账款(票据)"} \\ \text{借方发生额}\end{matrix} = \begin{matrix}\text{"应付账款(票据)"} \\ \text{期初余额}\end{matrix} - \begin{matrix}\text{"应付账款(票据)"} \\ \text{期末余额}\end{matrix} + \begin{matrix}\text{"应付账款(票据)"} \\ \text{贷方发生额}\end{matrix}$$

$$= \text{"应付账款减少数"} + \begin{matrix}\text{"应付账款(票据)"} \\ \text{贷方发生额}\end{matrix}$$

$$\begin{matrix}\text{"预付账款"} \\ \text{借方发生额}\end{matrix} = \begin{matrix}\text{"预付账款"} \\ \text{期末余额}\end{matrix} - \begin{matrix}\text{"预付账款"} \\ \text{期初余额}\end{matrix} + \begin{matrix}\text{"预付账款"} \\ \text{贷方发生额}\end{matrix}$$

$$= \begin{matrix}\text{"预付账款"} \\ \text{增加数}\end{matrix} + \begin{matrix}\text{"预付账款"} \\ \text{贷方发生额}\end{matrix}$$

由账户对应关系可知:

$$\begin{matrix}\text{"应付账款(票据)"} \\ \text{贷方发生额}\end{matrix} + \begin{matrix}\text{"预付账款"} \\ \text{贷方发生额}\end{matrix} = \begin{matrix}\text{"存货"借方} \\ \text{发生额}\end{matrix} + \text{"进项税额"}$$

$$= \begin{matrix}\text{"存货"} \\ \text{增加数}\end{matrix} + \text{"营业成本"}$$

所以,

$$\begin{matrix}\text{"购买商品、接受劳} \\ \text{务支付的现金"}\end{matrix} = \text{"营业成本"} + \text{"进项税额"} + \begin{matrix}\text{"应付账款(票据)"} \\ \text{减少数}\end{matrix}$$

$$+ \begin{matrix}\text{"预付账款"} \\ \text{增加数}\end{matrix} + \begin{matrix}\text{"存货"} \\ \text{增加数}\end{matrix}$$

【例 11-7】 沿用【例 11-6】的资料。

"购买商品、接受劳务支付的现金"=1 700+272+(1 755-2 340)+(2 400-2 500)

= 1 287(万元)

值得注意的是,"营业成本"和"存货"增加数中有一部分现金流出不能作为"购买商品、接受劳务支付的现金",如:支付的生产工人、车间管理人员工资计入生产成本,之后在完工产品和在产品之间分摊,最终反映在"主营业务成本"和"存货增加数"中,但是,这部分现金流出属于"支付给职工和为职工支付的现金"而不属于"购买商品、接受劳务支付的现金"。

第五节 所有者权益变动表

一、所有者权益变动表的概念和作用

(一)所有者权益变动表的概念

所有者权益变动表是指反映构成所有者权益各组成部分当期增减变动情况的报表。

（二）所有者权益变动表的作用

所有者权益变动表能全面反映一定时期所有者权益变动的情况，不仅包括所有者权益总量的增减变动，还包括所有者权益增减变动的重要结构性信息，特别是要反映直接计入所有者权益的利得和损失，让报表使用者准确理解所有者权益增减变动的根源。

二、所有者权益变动表的内容与格式

（一）所有者权益变动表的内容

所有者权益变动表至少应当单独列示反映下列信息的项目：

（1）净利润；

（2）直接计入所有者权益的利得和损失项目及其总额；

（3）会计政策变更和差错更正的累积影响金额；

（4）所有者投入资本和向所有者分配利润等；

（5）按照规定提取的盈余公积；

（6）实收资本（或股本）、资本公积、盈余公积、未分配利润的期初和期末余额及其调节情况。

（二）所有者权益变动表格式

所有者权益变动表纵向分为四部分：第一部分是"上年年末余额"；第二部分是"本年年初余额"，它等于"上年年末余额"加上"会计政策变更"和"前期差错更正"；第三部分是本年增减变动金额，它由"净利润""直接计入所有者权益的利得和损失""所有者投入和减少资本""利润分配"和"所有者权益内部结转"五小部分组成；第四部分是"本年年末余额"，它是本年年初余额，加上或减去本年变动金额后的数额。

所有者权益变动表横向分为"本年金额"和"上年金额"两部分。"本年金额"栏和"上年金额"栏均采用多栏式，分别为"实收资本""资本公积""库存股""盈余公积""未分配利润"和"所有者权益合计"六栏。所有者权益变动表具体格式如表 11-12 所示。

三、所有者权益变动表各项目的编制方法

（一）上年金额栏的填列

所有者权益变动表"上年金额"栏内各项数字，应根据上年度所有者权益变动表"本年金额"栏内所列数字填列。如果上年度所有者权益变动表规定的各个项目的名称和内容同本年度不相一致，应对上年度所有者权益变动表各项目的名称和数字按本年度的规定进行调整，填入所有者权益变动表"上年金额"栏内。

（二）本年金额栏的填列

所有者权益变动表"本年金额"栏内各项数字一般应根据"实收资本（或股本）""资本公积""盈余公积""利润分配""库存股""以前年度损益调整"等账户的发生额分析填列。各项目的列示说明如下：

表 11-12

所有者权益变动表

编制单位：华兴股份有限公司　　　　　20×1年

会企 01 表

单位：元

项　目	本年金额						上年金额（略）					
	实收资本（或股本）	资本公积	减：库存股	盈余公积	未分配利润	所有者权益合计	实收资本（或股本）	资本公积	减：库存股	盈余公积	未分配利润	所有者权益合计
一、上年年末余额	5 000 000	2 880 000		100 000	50 000	8 030 000						
加：会计政策变更												
前期差错更正												
二、本年年初余额	5 000 000	2 880 000		100 000	50 000	8 030 000						
三、本年增减变动金额（减少以"—"号填列）												
（一）净利润					800 000	800 000						
（二）其他综合收益		20 000				20 000						
上述（一）和（二）小计		20 000			800 000	820 000						
（三）所有者投入和减少资本												
1. 所有者投入资本												
2. 股份支付计入所有者权益的金额												
3. 其他												
（四）利润分配												
1. 提取盈余公积				80 000	−80 000	0						
2. 对所有者（或股东）的分配					−160 000	−160 000						
3. 其他												
（五）所有者权益内部结转												
1. 资本公积转增资本（或股本）												
2. 盈余公积转增资本（或股本）												
3. 盈余公积弥补亏损												
4. 其他												
四、本年年末余额	5 000 000	2 900 000		180 000	610 000	8 690 000						

1. "上年年末余额"项目

该项目反映企业上年资产负债表中实收资本（或股本）、资本公积、盈余公积、未分配利润的年末余额。

2. "会计政策变更"和"前期差错更正"项目

这两个项目分别反映企业采用追溯调整法处理的会计政策变更的累积影响金额和采用追溯重述法处理的会计差错更正的累积影响金额。

3. "本年增减变动额"项目

该项目详细反映企业本年所有者权益的增减变动情况，具体由以下子项目组成：

（1）"净利润"项目，反映企业当年实现的净利润（或净亏损）金额，并对应列在"未分配利润"栏。

（2）"其他综合收益"项目，反映企业当年发生的其他综合收益的增减变动情况，包括可供出售金融资产公允价值变动净额、权益法下被投资单位其他所有者权益变动的影响以及与计入所有者权益项目相关的所得税影响。

（3）"净利润"和"其他综合收益"小计项目，反映企业当年实现的净利润（或净亏损）金额和当年直接计入所有者权益的利得和损失金额的合计额。

（4）"所有者投入和减少资本"各项目，反映企业当年所有者投入的资本和减少的资本。其中：

①"所有者投入资本"项目，反映企业接受投资者投入形成的实收资本（或股本）和资本溢价或股本溢价，并对应列在"实收资本"和"资本公积"栏。

②"股份支付计入所有者权益的金额"项目，反映企业处于等待期中的权益结算的股份支付当年计入资本公积的金额，并对应列在"资本公积"栏。

（5）"利润分配"各项目，反映企业当年对所有者（或股东）分配的利润（或股利）金额和按照规定提取的盈余公积金额，并对应列在"未分配利润"和"盈余公积"栏。其中：

①"提取盈余公积"项目，反映企业按照规定提取的盈余公积。

②"对所有者（或股东）的分配"项目，反映对所有者（或股东）分配的利润（或股利）金额。

（6）"所有者权益内部结转"各项目，反映不影响当年所有者权益总额的所有者权益各组成部分之间当年的增减变动，包括资本公积转增资本（或股本）、盈余公积转增资本（或股本）、盈余公积弥补亏损等项金额。为了全面反映所有者权益各组成部分的增减变动情况，所有者权益内部结转也是所有者权益变动表的重要组成部分，主要指不影响所有者权益总额、所有者权益的各组成部分当期的增减变动。其中：

①"资本公积转增资本（或股本）"项目，反映企业以资本公积转增资本或股本的金额。

②"盈余公积转增资本（或股本）"项目，反映企业以盈余公积转增资本或股本的金额。

③"盈余公积弥补亏损"项目，反映企业以盈余公积弥补亏损的金额。

第六节　财务报表附注

一、财务会计附注的概念与作用

（一）财务会计附注的概念

附注是财务报表的重要组成部分，是对资产负债表、利润表、现金流量表和所有者权益变动表等报表中列示项目的文字描述或明细资料，以及对未能在这些项目中列示项目的进一步说明。附注与资产负债表、利润表、现金流量表和所有者权益变动表等报表具有同等的重要性，是财务会计的重要组成部分。

（二）财务会计附注的作用

财务报表附注是财务报表的重要组成部分，是对财务报表本身无法或难以充分表达的内容和项目所做的补充说明和详细解释。具体来说，附注具有以下作用：

（1）它拓展了企业财务信息的内容，打破了三张主要报表内容必须符合会计要素的定义，又必须同时满足相关性和可靠性的限制。

（2）它突破了揭示项目必须用货币加以计量的局限性。

（3）它充分满足了企业财务报告是为其使用者提供有助于经济决策的信息的要求，增进了会计信息的可理解性。

（4）它还能提高会计信息的可比性。通过揭示会计政策的变更原因及事后的影响，可以使不同行业或同一行业不同企业的会计信息的差异更具可比性，从而便于进行对比分析。

二、企业财务报表附注的主要内容

按照《企业会计准则第 30 号——财务报表列报》的要求，在财务报表附注中至少应当披露下列内容：

（一）企业的基本情况

企业应在附注中披露其基本情况：（1）企业注册地组织形式和总部地址；（2）企业的业务性质和主要经营活动；（3）母公司以及集团最终母公司的名称；（4）财务报告的批准报出者和财务报告批准报出日。

（二）财务报表的编制基础

一般企业编制的财务报表都应该以会计主体、会计分期、持续经营和货币计量这四项会计基本假设为基础。但有些情况下（如企业处于清算阶段），企业无法满足上述四项基本假设中的一项或几项，此时，企业必须在附注中对财务报表的编制基础进行说明。

（三）遵循企业会计准则的声明

企业应当声明编制的财务报表符合企业会计准则的要求，真实、完整地反映了企业的财务状况、经营成果和现金流量等有关信息。

（四）重要会计政策和会计估计

企业应当披露采用的重要会计政策和会计估计，不重要的会计政策和会计估计可以不披露。在披露重要会计政策和会计估计时，应当披露重要会计政策的确定依据和财务报表项目的计量基础,以及会计估计中所采用的关键假设和不确定因素。

(五) 会计政策和会计估计变更以及差错更正的说明

企业应当按照《企业会计准则第 28 号——会计政策、会计估计变更和差错更正》及其应用指南的规定,披露会计政策和会计估计变更以及差错更正的有关情况。

(六) 报表重要项目的说明

企业对报表重要项目的说明,应当按照资产负债表、利润表、现金流量表、所有者权益变动表及其项目列示的顺序,采用文字和数字描述相结合的方式进行披露。报表重要项目的明细金额合计,应当与报表项目金额相衔接。

(七) 其他需要说明的重要事项

其他需要说明的重要事项主要有:或有和承诺事项、资产负债表日后非调整事项、关联方关系及其交易等需要说明的事项,具体的披露要求须遵循相关准则的规定,分别参见相关章节的内容。

【引导案例解析】

主要是贾淼没有搞清楚账面金额和账户余额的关系。账面价值等于账户余额减去备抵后的金额的值。具体到应收账款账面价值的计算是应收账款余额减去坏账准备后的值。根据《企业会计准则》规定,资产负债表中的应收账款项目是根据"应收账款"和"预收账款"账户所属明细账户的期末借方余额合计数,减去"坏账准备"账户中有关应收账款计提的坏账准备期末余额后的金额填列。

【案例分析题 1】

西安达尔曼是我国珠宝首饰业首家股份上市企业,曾被誉为"中华珠宝第一股"。公司于 1993 年以定向募集方式设立,主要从事珠宝、玉器的加工和销售。1996 年 12 月,公司在上交所挂牌上市,并于 1998—2001 年两次配股,在股市募集资金共 7.17 亿元,西安翠宝首饰集团公司一直是达尔曼第一大股东,翠宝集团名为集体企业,实际上完全由许宗林一手控制。

从公司报表数据看,1997—2003 年,达尔曼销售收入合计 18 亿元,净利润合计 4.12 亿元,资产总额比上市时增长 5 倍,达到 22 亿元。净资产增长 4 倍,达到 12 亿元。在 2003 年之前,公司各项财务数据呈现均衡增长。然而,2003 年公司首次出现净亏损,主营业务收入由 2002 年的 3.16 亿元下降到 2.14 亿元,亏损达 1.04 亿元,每股收益 -0.49 元,同时,公司的重大违规担保事项浮出水面,涉及 3.45 亿元人民币、133.5 万美元;还有重大质押事项,涉及 5.18 亿元人民币。

2004 年 5 月 10 日,达尔曼被上交所实行特别处理,变更为"ST 达尔曼",同时证监会对公司涉嫌虚假陈述行为立案调查。2004 年 8 月,因众多法律诉讼公司资产已被法院查封,银行账户被冻结,生产经营已经停滞,不再具备持续经营能力,编制会计报表的持续经营假设不再合理。由于所掌握的财务资料有限,公司董事会、监事会及经营层不能保证半年度财务报表的公允性,公司 2004 年半年报无法在法定期限披露。2004 年 9 月,公司发布重大事项公告,称有大额贷款担保和质押贷款,而后公布了公司主要财务指标,截至2004年6月30日,净利润由2003年12月31日的1 608万元减少到-144 443万元,每股收益由0.056元减少到-0.54元,经营活动产生的现金流量净额由14 494万元减少到-78 835万元。该公告显示,截至2004年6月30日,公司总资产锐减为13亿元,净资产-3.46亿元,仅半年时间,亏损额高达14亿元,不仅抵消了上市以来大部分业绩,而且濒临破产退市。此后,达尔曼股价一路狂跌,2004年12月30日跌破1元面值。因未依法披露2004年半年度年度报表,公司股票于2005年1月10日起被暂停上市,成为中国第一个因无法披露定期报表而遭退市的上市公司。

2005年5月17日,证监会公示了对达尔曼及相关人员的行政处罚决定书(证监罚字〔2005〕10号),指控达尔曼虚构销售收入,虚增利润,通过虚签建设施工合同和设备采购合同、虚假付款、虚增工程设备价款等方式虚增在建工程,重大信息(主要涉及公司对外担保,重大资产的抵押和质押、重大事项)未披露或未及时披露。同时,证监会还处罚了担任达尔曼审计工作的三名注册会计师,理由是注册会计师在对货币资金、存货项目的审计过程中,未能充分勤勉尽责,未能揭示4.27亿元的大额定期存单质押情况和未能识别1.06亿元虚假钻石毛坯。

调查表明,达尔曼从上市到退市,在长达八年的时间里,极尽造假之能事,通过一系列精心策划的系统性舞弊手段,从股市和银行骗取资金高达30多亿元,给投资者和债权人造成严重损失。

问题讨论:分析达尔曼为何会遭退市?为什么上市公式需要定期披露其财务报告?

(案例来源:姚晖,张巍.财务会计学习指导与案例实训[M].北京:科学出版社,2012.)

【案例分析题2】

2006年6月20日至9月11日,财务部驻湖南省财政监察专员办事处对湖南浏阳花炮股份有限公司(＊ST花炮)及其下属8家子公司2005年度会计信息质量进行了现场检查。2006年10月19日,财政部对湖南浏阳花炮股份有限公司下发了《关于湖南浏阳花炮股份有限公司会计信息质量检查结论和处理决定的通知》,指出湖南浏阳花炮股份有限公司在会计核算、会计信息披露及会计基础性工作等方面都存在重要的问题。2007年7月9日,上证所发布了公开谴责＊ST花炮的通知,指出,＊ST花炮主要存在三项违规事实:信息披露不及时、披露虚假会计信息和业绩预告滞后。

2007年10月31日财政部发布第十三号会计信息质量检查公告,对＊ST花炮的会计违规行为予以披露。根据十三号公告,＊ST花炮虚列多列业务收入29 609.5万元,隐瞒少记业务收入13 187.39万元,少列补贴收入1 072.78万元,账外账隐瞒收入2 710.19万元,虚列多列投资损失482.38万元,不列少列投资损失24.41万元,虚列多列期间费用5 894.02万元,不列少列期间费用3 028.63万元,虚列多列业务成本28 300.95万元。不列少列业务成本10 390.87万元。＊ST花炮通过这些手段虚增2002—2004年的利润,避免786万元推迟记入2005年度等方法增加2005年度亏损,人为调节各年度盈利数据,披露虚假财务信息。

鉴于 ST 花炮的上述行为,财政部已对 *ST 花炮进行了罚款、补税、调账等处理处罚,对相关企业的法定代表人和财务负责人予以罚款、吊销会计从业资格证书等处罚,对应予追究刑事责任的责任人依法移送司法机关处理。

问题讨论:会计造假手段主要有哪些?又是如何影响会计报告的?

(案例来源:姚晖,张巍.财务会计学习指导与案例实训[M].北京:科学出版社,2012.)

【案例分析题 3】

甲公司 20×4 年 12 月 31 日资产负债表部分数据如下(单位:元):

表 11-13

资产	年末数	负债和所有者权益	年末数
流动资产		流动负债	
货币资金	74 585	短期借款	26 730
交易性金融资产	1 200	交易性金融负债	0
应收票据	2 100	应付票据	4 500
应收账款		应付账款	
预付款项		预收款项	
存货		其他应付款	345
一年内到期的非流动资产	0	应付职工薪酬	3 000
其他非流动资产	0	应交税费	2 025
流动资产合计		一年内到期的非流动负债	
非流动资产		流动负债合计	38 490
可供出售金融资产	0	非流动负债	
长期应收款	0	长期借款	57 000
持有至到期投资	51 000	应付债券	30 000
固定资产	103 050	长期应付款	0
在建工程	39 900	专项应付款	0
工程物资	0	预计负债	0
固定资产清理	900	递延所得税负债	0
生产性生物资产	0	其他非流动负债	0
油气资产	0	非流动负债合计	117 000
无形资产	9 000	负债合计	155 490
开发支出	0	所有者权益	
商誉	0	实收资本	255 000
长期待摊费用	3 000	资本公积	20 500
递延所得税资产		盈余公积	
其他长期资产	0	未分配利润	
非流动资产合计		所有者权益合计	
资产总计		负债和所有者权益总计	

20×4 年 12 月 31 日部分账户余额如下：

(1)"应收账款"明细账借方余额 87 000 元，"应收账款"明细账贷方余额 500 元。

(2)年初"坏账准备"账户借方余额 87 元，本年坏账准备计提比例为 4‰。

(3)"原材料"账户借方余额 40 000 元(计划成本)，"包装物"账户借方余额 6 150 元(计划成本)，"库存商品"账户借方余额 30 000 元(实际成本)。

(4)"材料成本差异——原材料"明细账借方余额 2 500 元，"材料成本差异——包装物"明细账贷方余额 500 元。

(5)"持有至到期投资"账户借方余额 61 000 元。

(6)"应付账款"明细账借方余额 1 425 元，"应付账款"明细账贷方余额 750 元。

(7)"利润分配"账户借方余额 1 000 元。

问题讨论：

1. 根据上述资料完成资产负债表的编制。

2. 假定在 20×4 年财务报告批准报出前，发现 20×4 年度一项"销售商品、售价 100 万元，销项税额 17 万元，销售成本 90 万元，货款未收"的业务尚未入账。问该项业务需对资产负债表和利润表的哪些项目进行调整？

【思考题】

1. 财务报表列报的基本要求如何？

2. 什么是资产负债表？它的作用是什么？

3. 什么是利润表？它的作用是什么？

4. 稀释性潜在普通股对每股收益有何影响？稀释每股收益如何计算？

5. 综合收益的含义是什么？为何在利润表中要提供综合收益信息？

6. 如何采用分析填列法编制现金流量表？

7. 附注在财务报表中地位和作用如何？附注应披露哪些内容？

第十二章 财务报告分析

【学习目标】

☆ 了解财务报告分析的方法和评价标准

☆ 掌握盈利能力、偿债能力、营运能力指标的计算方法

☆ 掌握主要财务报表的分析方法

【引导案例】

某公司在 20×4 年 6 月 30 日资产负债表中流动资产披露如下：

表 12-1

20×4 年 6 月 30 日

单位：元

项　　目	期末数	期初数
流动资产：		
货币资金	20 981 859 110.76	18 254 690 162.04
其中：现金	96 153.12	499 626.22
银行存款	20 979 297 951.99	18 251 730 205.06
其他货币资金	2 465 005.65	2 460 330.76
交易性金融资产		
应收票据	3 668 585 851.11	2 387 824 465.53
存货	7 773 834 492.67	7 187 117 552.86
流动资产合计	32 424 279 454.54	27 829 632 180.43

问题讨论：根据上述报表数据，分析某公司的货币资金的控制上是否存在问题，为什么？

第一节 财务报告分析的意义与方法

一、财务报告分析的意义

财务报告分析是以会计报表及其他相关资料为主要依据，采用专门方法，对企业的财务状况、经营成果及现金流量等方面进行剖析、评价和预测，旨在帮助投资者、债权人及管理者等报表信息使用者综合评价公司过去的经营业绩，衡量目前的财务状况，预测未来的发展趋势而做出合理决策的一种科学方法。通过财务报告分析，可以将大量的

报表数据转换成企业业绩的图像,形成对特定决策有用的信息,从而避免决策者进行盲目决策。所以财务报告分析是会计核算工作的延续,构成会计工作的重要组成部分。

财务报告分析的目的主要评价企业过去的经营业绩,衡量企业现在的财务状况和预测企业未来的发展能力。所以进行财务报告的分析首先要满足投资者以及潜在的投资者了解被投资企业的业绩和其资产的保值和增值情况;其次,满足外部的债权人了解企业的资产、债务状况及偿还能力;最后,满足企业内部管理者了解自己受托履行责任的情况,帮助他们根据以往的经营情况扬长避短,调整和改善未来期间的经营策略。因此,财务报告分析很重要。

(一)可以帮助投资者或潜在的投资者做出正确的投资决策

投资者要投资必然关心投资的回报和投资资金的安全。而通过财务报告分析,投资者能够了解被投资企业的盈利能力、偿债能力、企业现有的资本结构和资产的质量水平,从而预期企业是否存在财务风险,据此做出可靠科学的投资决策。

(二)可以帮助债权人规避金融风险

债权人借款给债务人主要关心其是否具备偿债能力。因此,债权人可以通过财务报告分析,判断债务人资产结构、债务结构是否合理,盈利能力是否能保证企业不存在偿债违约风险,从而做出借贷的方式、抵押方式及决定是否继续提供贷款或是否对该企业赊销的决策。

(三)可以帮助管理者改善企业内部管理提供决策依据

企业管理者经营了一段时间需要了解企业的经营业绩及资产的状况和未来的发展趋势。通过将财务报告进行分析,可以充分了解公司目前管理现状及存在的问题,从而促使他们及时采取有效措施改进,避免浪费和损失,提高经济效益。

当然,对财务报告的分析还可以满足政府部门进行宏观调控、税收部门进行合法的征管及企业外部其他监督部门的监督做出正确的决策。

二、财务报告分析的主要内容

财务报告分析主要围绕企业的盈利能力、企业的资产营运状况、偿债能力以及企业的发展趋势。

(一)企业的盈利能力

盈利能力是企业在一定时期内赚取利润的能力,是企业经营的目的所在。只有企业有利润,企业才能持续经营、才能按期还本付息,保证债权人的利益,才能合法经营依法纳税,税后才会有盈余,从而保证企业资产能够保值、增值,保障投资人的利益。所以,企业既要结合企业的利润表分析企业利润的构成、盈利的来源,也要结合现金流量表考察利润的可靠性和稳定性,以便保证企业利润良好高速发展的同时,不会被利润冲昏头脑,进行盲目扩张,造成资金链危机,造成企业存续的问题。所以,企业盈利能力的分析是财务报告分析的主要内容之一。

(二)企业的资产营运状况

企业的盈利能力往往和一个企业的资产营运状况也是相关的。企业的资产营运状况能力是指企业运用资金的效率和资金的周转速度。在同样的资金投资额下,一家企业利润率高但资产营运能力弱,另一家企业利润率虽然不高,但其资产营运状况能力强。相比前者,对于后者来说会表现为企业产品出现薄利多销,市场占有率高,产品适销,存货周转快,应收账款回款快,债务风险也较小,而且在同一期间内大家的利润总额是一致的或后者超过前者的利润。所以,企业要结合报表数据进行指标分析,了解企业的资产营运状况。

(三) 企业的偿债能力

企业的投资者、管理者和债权人都会非常关心企业的偿债能力。若企业偿债能力发生问题会引起企业连锁反应,解决不当会造成致命的后果。首先,企业债权人一旦知道企业出现资金周转困难,就不会再贷款给企业,并会加速要求企业偿还本金和利息;企业的供应商就会及时停止赊账供货,要求企业现购,给企业的资金造成更大短缺,致使企业经营困难加剧。若再加上企业外部又出现其他意外风险,企业又没有其他途径取得股权资金,就有可能会造成企业资金链断裂,无法存续下去。所以,进行企业偿债能力的分析是财务报告分析必不可少的内容。

(四) 企业成长发展能力分析

企业的投资人、债权人及管理者不仅关心企业当期的盈利能力,更关心企业稳定经营、长远发展的趋势。如果企业为了达到短期利益最大化而采用掠夺式经营,可能采用比较短期的经营策略,减少对未来发展的投入,从而削弱公司的长远发展能力。经营不稳定、发展能力下降,必然影响所有者、债权人及管理者的长远利益。因此,企业的投资人、债权人及管理者出于对自身经济利益的关注,需要了解有关公司成长发展能力状况的信息。因此,财务报告分析为了满足企业的投资人、债权人及管理者的需要,必须进行企业成长发展能力分析。

三、财务报告分析的主要方法和评价标准

(一) 财务报告分析的基本方法

按报表的内容分为单个报表分析和整体财务报告分析。按技术方法分析包括:

1. 比较分析法

比较分析法是指对两个或几个有关的可比数据进行比较,以数量差异揭示和评价公司财务状况的一种分析方法。如在 20×4 年甲企业资产总额与 20×4 年乙企业资产总额进行比较,可以了解哪家企业的规模大。

2. 比率分析法

比率分析法是指将财务报表中的具有内在联系的相关项目数据加以对比,得出一系列财务比率,以此揭示企业财务状况的分析方法。企业一般使用较多的是结构比率、效率比率和相关比率三类。

(1)结构比率,是指某项经济指标的各个组成部分与其总体之间的比率,反映部分与总体的关系,如股东权益比率。利用结构比率可以考察总体中某个部分的形成或安排是否合理,从而查找出具体的财务问题。其计算公式为:

结构比率＝某个组成部分数额÷总体数额

（2）效率比率，是指经济活动中所费与所得的比率，以反映投入与产出的关系，如销售净利率、资产报酬率等。利用效率比率指标可以考核企业的经营成果，评价其获利能力。

（3）相关比率，是指以某项经济指标和与其相关具有内在联系的经济指标进行对比所得的比率，以反映有关经济活动的相互关系，如速动比率、产权比率等。相关比率可以帮助判断和预警企业的偿债能力，对内可以提醒企业内部注意资金的安排使用，保障企业自身营运活动能够顺畅进行；对外可以帮助债权人了解要进行赊账和贷款的债务企业的资金状况，从而帮助他们进行决策。

3．因素分析法

因素分析法是指依据指标与其影响因素之间的关系，从数量上确定各因素对指标影响程度的一种分析方法。因素分析法是财务指标变动受多因素影响时，顺序确定某一个因素单独变化，而假定其各个因素都无变化，从数量上测定各变化因素变动对分析指标的影响程度。该方法便于抓主要矛盾，更有说服力地评价公司财务状况。

4．趋势分析法

趋势分析法是指根据企业连续数期的财务报表比较各期有关项目的金额，以揭示企业财务状况变动趋势，并预测公司未来发展趋势的一种分析方法。

（二）财务报告分析优劣评价标准

财务报告分析采用上述方法计算出结果，以什么标准和依据来判别结果的优劣呢？

（1）以经验数据为标准。以长期以来得出的经验为标准来判定。如流动比率一般在 1.5～2.0 之间，速动比率在 0.8～1 之间都属于短期偿债能力尚好。

（2）以历史数据为标准。以本企业上年实际数据、上年同期数据、历史最好水平项目的数据为历史数据进行比较。通过同企业不同期间的纵向比较，可以了解财务指标的发展变化情况，有助于合理评价企业的现状、预测未来的发展趋势。

（3）以本企业预定数据为标准。预定数据是指事先确定的目标、计划、预算、定额、标准。将本期实际完成的财务指标与其计划或预定数据作比较，说明该指标的计划执行情况或完成程度，以便企业正确合理制订和下达下一期间的目标、计划、预算、定额、标准。

（4）以同行业数据为标准。将本企业的主要财务指标与其所在行业的平均水平或竞争对手的水平进行比较，可以发现企业与同行业其他企业之间存在的差异和差距，了解自身企业在同行业所处的地位，根据自身企业的特点进行正确定位，找到自身企业的经营目标和发展方向。一般同行业数据可以选用同行业平均数据、本国同行业先进企业数据、国际同行业先进企业数据。

第二节　比率分析

比率分析法是在各类分析方法中最简捷、并且揭示现象最明显的一种方法。其他分析方法是在比率分析的量化基础上结合其他方法所做的分析、归纳、预测。比率分析包括企业的盈利能力、企业的偿债能力和资产营运状况能力的分析。

一、企业的盈利能力

企业的盈利能力是指企业获取利润的能力,是企业内外利益相关者关注的核心问题。反映企业盈利能力的指标主要包括毛利率、营业利润率、总资产报酬率、净资产收益率、每股收益和每股盈余等。

表 12-2

资产负债表

会企 01 表

编制单位:GM 股份有限公司　　　20×4 年 12 月 31 日　　　单位:元

资　产	期末余额	年初余额	负债和所有者权益 (或股东权益)	期末余额	年初余额
流动资产:			流动负债:		
货币资金	1 107 300	1 128 700	短期借款	300 000	500 000
交易性金融资产	640 000	0	交易性金融负债	0	0
应收票据	0	50 000	应付票据	600 000	120 000
应收账款	549 100	399 400	应付账款	400 300	300 000
预付款项	100 500	120 000	预收款项	230 000	140 000
应收利息	0	0	应付职工薪酬	134 800	120 000
应收股利	0	0	应交税费	10 700	101 873
其他应收款	3 000	4 000	应付利息	13 000	54 600
存货	1 527 000	1 580 000	应付股利	44 000	0
一年内到期的非流动资产	0	0	其他应付款	104 600	304 000
其他流动资产	0	0	一年内到期的非流动负债	500 000	0
流动资产合计	3 926 900	3 282 100	其他流动负债	0	0
非流动资产:			流动负债合计	1 797 400	1 640 473
可供出售金融资产	0	0	非流动负债:		
持有至到期投资	0	0	长期借款	2 100 000	1 200 000
长期应收款	0	0	应付债券	0	0
长期股权投资	1 200 000	1 200 000	长期应付款	0	0
投资性房地产	0	0	专项应付款	0	0
固定资产	3 483 077	3 200 000	预计负债	0	0

续 表

资 产	期末余额	年初余额	负债和所有者权益 （或股东权益）	期末余额	年初余额
在建工程	423 000	0	递延所得税负债	0	0
工程物资	0	0	其他非流动负债	0	0
固定资产清理	0	0	非流动负债合计	2 100 000	1 200 000
生产性生物资产	0	0	负债合计	3 897 400	2 840 473
油气资产	0	0	股东权益：		
无形资产	436 225	400 000	股本	5 000 000	5 000 000
开发支出	0	0	资本公积	0	0
商誉	0	0	减：库存股	0	0
长期待摊费用	0	0	盈余公积	258 018	54 000
递延所得税资产	0	0	未分配利润	313 784	187 627
其他非流动资产	0	0	股东权益合计	5 571 802	5 241 627
非流动资产合计	5 542 302	4 800 000			
资产总计	9 469 202	8 082 100	负债和股东权益总计	9 469 202	8 082 100

表 12-3

利 润 表

会企 02 表

编制单位：GM 股份有限公司　　　　　　20×4 年　　　　　　单位：元

项　目	本期金额	上期金额
一、营业收入	12 400 000	9 406 000
减：营业成本	8 504 000	6 503 000
税金及附加	402 000	382 000
销售费用	530 000	350 000
管理费用	852 000	904 015
财务费用	160 000	113 000
资产减值损失	52 300	25 000
加：公允价值变动收益（损失以"－"号填列）	2 300	
投资收益（损失以"－"号填列）	25 000	20 000
其中：对联营企业和合营企业的投资收益	20 000	18 000
二、营业利润（亏损以"－"号填列）	1 927 000	1 148 985
加：营业外收入	15 000	

续　表

项　　目	本期金额	上期金额
减：营业外支出	12 000	23 000
其中：非流动资产处置损失	0	
三、利润总额（亏损总额以"－"号填列）	1 930 000	1 125 985
减：所得税费用	482 500	281 496.25
四、净利润（净亏损以"－"号填列）	1 447 500	844 488.75
五、每股收益	（略）	（略）
（一）基本每股收益	0.35	0.32
（二）稀释每股收益		

（一）毛利率

毛利率反映企业经营的产品或劳务的直接盈利能力，即每百元销售收入能带来多少毛利。其计算公式如下：

毛利率＝毛利÷营业收入×100%

根据表 12-3 所示，

20×4 年毛利率＝毛利÷销售收入×100%＝(12 400 000－ 8 504 000)÷12 400 000×100%
　　　　　　＝31.42%

一般来说，毛利是指该行业产品或劳务的售价与成本之差。毛利率越高，说明该行业产品售价比成本定得较高，但不能推断企业的利润就一定高。

（二）销售利润率

销售利润率是企业的净利润与营业收入净额的比率，反映营业收入的收益水平。其计算公式为：

销售利润率＝净利润÷营业收入×100%

销售利润率是反映企业活力的一项重要指标。这项指标越高说明企业从营业收入中获取利润的能力越强。

根据表 12-3 所示，

20×4 年销售利润率＝（净利润÷营业收入）×100%
　　　　　　　　＝1 447 500÷12 400 000×100%＝11.67%

（三）总资产报酬率

总资产报酬是企业实现的净利润与平均资产总额的比率。它反映企业全部资产获取利润的能力，同时也说明企业总资产的利用效果。其计算公式为：

总资产报酬率＝（净利润÷平均资产总额）×100%

平均资产总额＝（期初资产总额＋期末资产总额）÷2

总资产报酬率指标越高，表明资产的利用效率越高，说明企业在现有资产情况下回报高。

根据表 12-2,12-3 所示,

$$总资产报酬率=1\ 447\ 500÷[(8\ 082\ 100+9\ 469\ 202)÷2]×100\%=16.49\%$$

总资产报酬率是一个综合指标,净利润的多少与企业资产的结构、规模及企业经营业绩密切有关。一般会将该项指标与企业不同期间、预算及本行业平均水平和本行业内先进水平进行对比,以了解自身企业的状况和寻找差异的原因。

(四) 净资产收益率

净资产收益率亦称所有者权益报酬率,是净利润与所有者权益的比率,以反映企业所有者对其投资部分的获利能力。其计算公式为:

$$净资产收益率=净利润÷所有者权益平均余额×100\%$$

$$所有者权益平均余额=(期初所有者权益余额+期末所有者权益余额)÷2$$

净资产收益率越高,说明企业为所有者权益带来的收益越高。该指标是用来反映企业所有者或股东得到的投资回报情况的,所以备受所有者关注。

根据表 12-2,12-3 所示,

$$净资产收益率=1\ 447\ 500÷[(5\ 241\ 627+5\ 571\ 802)÷2]×100\%=26.77\%$$

(五) 每股收益

每股收益是上市公司净收益与发行在外普通股股数的比率。它反映某会计年度内上市公司普通股获得的收益,用于评价普通股持有者获得报酬的程度。每股收益是评价上市公司盈利能力的基本和核心指标,它反映了公司的盈利能力,决定了股东的收益,成为确定公司股票价格的主要参考指标。其计算公式为:

$$每股收益=(净利润-优先股股利)÷发行在外普通股股数$$

根据表 12-3 所示,该公司每股收益由上期的 0.32 元提高到 20×4 年的 0.35 元,说明公司每股收益能力在提高。说明上市公司股本收益在提高,可能会影响到二级市场股票的价格,投资者应予关注。

(六) 市盈率

市盈率是普通股每股市价与每股利润之比。其计算公式为:

$$市盈率=普通股每股市价÷普通股每股利润$$

市盈率可以解释为市场投资者对每 1 元利润所愿意支付的价格。市盈率会随股票价格的上升而提高,会随股票价格的下跌而降低。市盈率高通常表明投资者对该公司业绩有较好的预期,市盈率低通常表明投资者对该公司的前景预期不佳。但市盈率过高、过低则预示可能有投资风险。当然,公司业绩较好,但市盈率偏低,说明股票价格低估,当投资者发现其股票的内在价值,其股票就会受到市场追捧。

二、企业偿债能力

偿债能力是指企业偿还到期债务(包括本息)的能力。偿债能力的强弱是判断企业财务状况优劣的重要标志。偿债能力的分析包括短期偿债能力和长期偿债能力两个方面。

(一) 短期偿债能力

短期偿债能力是指企业偿还流动负债的能力,是衡量企业流动资产变现能力的重要标志。衡量公司短期偿债能力的指标主要有流动比率、速动比率和现金比率等。

1. 流动比率

流动比率是公司的流动资产与流动负债的比率,它表示每1元流动负债有多少流动资产作为偿还的保证。该指标反映企业可在短期内转变为现金的流动资产偿还到期流动负债的能力,是衡量公司短期偿债能力最常用的量度。一般根据经验估计流动比率在1.5～2.0之间属正常。其计算公式为:

流动比率=流动资产÷流动负债

一般情况下,流动比率越高,反映企业短期偿付能力越强,债权人的权益越有保障。但这个比率也不能过高,比率过高的则表明企业流动资金占用较多,会影响资金使用效率和企业的筹资成本,进而影响公司的获利能力。一般根据经验估计流动比率在1.5～2.0之间属正常。表明企业有足够的流动资产保证流动负债的偿还。

根据表12-2所示:

20×4年年末流动比率=流动资产÷流动负债=3 926 900÷1 797 400=2.18

计算结果表明,GM股份有限公司20×4年年末每1元流动负债有2.18元的流动资产作为偿还的保证。当然还要查看报表具体其他内容,假如企业的流动资产中包含了一定金额不容易变现的存货,则企业应将存货从流动资产中剔除后的资产与负债进行对比,即用速动比率来衡量流动负债。

2. 速动比率

速动比率是企业的速动资产与流动负债的比率。流动资产剔除了存货等变现能力较弱且不稳定的资产后的数额为速动资产。其计算公式为:

速动比率=(流动资产-存货)÷流动负债

速动比率较流动比率能够更加准确、可靠地评价公司资产的流动性及其偿还短期债务的能力。一般根据经验估计流动比率在0.8～1.0之间属正常。表明企业有足够易变现的流动资产即速动资产来保证流动负债的偿还。

根据表12-2所示:

20×4年年末速动比率=速动资产÷流动负债=(3 926 900-1 527 000)÷1 797 400=1.33

计算结果表明,GM股份有限公司20×4年年末每1元流动负债有1.33元的速动资产作为偿还的保证。通过流动比率和速动比率计算结果表明,GM股份有限公司20×4年年末短期偿债能力较好。

尽管流动负债采用流动比率和速动比率来衡量。但值得注意的是,流动资产中的应收账款、预付款项等资产的情况也会影响流动比率和速动比率的指标。当企业流动资产中预付账款占的比重很大时,会使流动比率和速动比率变高,这种情况并不能表明企业短期偿债能力强。相反,当企业流动负债中预收账款占的比重很大时,会使流动比率和速动比率变低,也不能表明企业短期偿债能力弱。

3. 现金比率

现金比率是公司现金类资产与流动负债的比率。现金类资产包括公司拥有的货币资金和随时可以变现的现金等价物,是速动资产扣除应收款项后的余额。现金比率是在速动比率的基础上的进一步分析,可以反映公司直接偿付流动负债的能力。其计算公式为:

现金比率＝现金类资产÷流动负债

现金比率只有在企业财务状况处于异常时才会使用。如企业的应收项目、存货作为抵押品不易变现,或者企业处于财务困境,应收账款和存货周转速度很慢,则使用流动比率、速动比率所反映的偿债能力的可靠性受到影响,则企业往往就会使用现金比率。

由于现金类资产的获利能力不强,通常在持续经营情况下,企业不必保留过多的现金类资产。如果现金比率过高,意味着企业流动资产未能得到合理运用,而且过多的现金类资产也将会导致企业机会成本的增加。当然,在金融不稳定时期,该指标高可以保证债权人的利益,企业不会破产。

根据表 12-1 所示:

20×4 年年末现金比率＝现金类资产÷流动负债＝(1 107 300＋640 000)÷1 797 400＝0.97

计算结果表明,GM 股份有限公司 20×4 年年末现金比率是比较高的,现金类资产基本上与流动负债持平,能保证企业偿还流动债务。企业可以适当合理调整现金类资产的有效安排利用。

（二）长期偿债能力

长期偿债能力是公司偿还长期债务的保障程度。长期债务是指偿还期在一年或者超过一年的一个营业周期以上的负债,包括长期借款、应付债券、长期应付款等。这些债务一般金额大,利息高,偿还长期债务会给企业带来一定的资金压力。企业长期偿债能力首先取决于长期资本。长期资本主要由权益资本和长期债务资本构成,而权益资本和企业实现的利润是企业承担长期债务的基础。衡量长期债务能力的指标有资产负债率、产权比率、权益乘数和利息保障倍数。

1. 资产负债率

资产负债率是企业全部负债总额与全部资产总额的比率,它表明在企业总资产中,债权人提供资金的比重及企业资产对债权人权益的保证程度。其计算公式为:

资产负债率＝负债总额÷资产总额×100%

资产负债率是衡量公司负债水平及风险程度的重要标志,它主要侧重于分析债务偿付安全性的保障程度。其比率越小,表明企业的偿债能力较强;在扩大生产经营规模时,如果经营状况良好,可以利用财务杠杆作用得到较多的投资利润。即所有者往往会利用较少的自有资金投资而形成较多的生产经营资产。但是,资产负债比率过大,则表明企业的债务负担过重,不仅对债权人不利,而且在企业突遇外在风险时,企业自身也有可能濒临倒闭。一般经验认为,资产负债率的适宜水平在 40%～60% 之间。

根据表 12-2 所示:

20×4 年年末资产负债率＝3 897 400÷9 469 202×100%＝41.15%

计算结果表明,GM 股份有限公司 20×4 年年末的资产负债率处于比较合理的水平,企业有近 60％的权益资本为偿还长期债务提供保证,其长期偿债能力较强。债权人对该企业出借资金的风险较小。

2. 产权比率

产权比率又称负债和所有者权益比率,是负债总额与所有者权益总额之间的比率,是衡量企业净资产对债权人利益的保障程度的。其计算公式为:

产权比率＝负债总额÷所有者权益总额×100％

该比率越低,表明公司的长期偿债能力越强,债权人权益的保证程度越高。该指标是衡量企业财务结构稳健与否的重要标志,预示企业自有资金对债务风险的承受能力。

根据表 12-2 所示:

20×4 年年末产权比率＝3 897 400÷5 571 802×100％＝69.95％

计算结果表明,GM 股份有限公司 20×4 年年末投资人投入 100 元,债权人只借给企业 69.94 元。所有者的净资产可以保障债权人的权益,可以保证企业的自有资金能对债务风险的承受能力。

3. 权益乘数

权益乘数是资产与所有者权益之比,表示公司资产为所有者权益的多少倍。权益乘数越大,表明所有者投入的资本在资产总额中所占比重越小,企业负债的程度越高;反之,该比率越小,表明所有者投入的资本在资产总额中所占比重越大,企业负债的程度越低,债权人权益受保护的程度越高。权益乘数,也是资产权益率(资产权益率是所有者权益除以资产的比率)的倒数。其计算公式为:

权益乘数＝平均资产总额÷平均所有者权益总额

根据表 12-2 所示:

20×4 年年末的权益乘数＝[(8 082 100 ＋9 469 202)÷2]÷[(5 571 802＋5 241 627)÷2]
＝1.623

计算结果表明,GM 股份有限公司 20×4 年年末的权益乘数为 1.623,平均资产总额是平均所有者权益的 1.6 倍,但仍在合理的范围之中。

4. 利息保障倍数

利息保障倍数又称已获利息倍数,是指企业生产经营所获得的息税前利润与利息费用的比率。其计算公式为:

利息保障倍数＝(利润总额＋利息费用)÷利息费用

该指标是衡量企业偿付负债利息能力的指标。企业生产经营所获得的息税前利润对于利息费用的倍数越多,说明企业支付利息费用的能力越强。

三、资产营运能力

营运能力是指企业运用现有资源从事生产经营活动的效率。企业的营运能力可以通过各种资产的周转率来反映。周转率高,说明资产使用效率高;周转率低,说明资产使用效率低。所以,营运能力体现企业管理者经营管理资产、合理运用资金的能力。对营运能力分析,就是对企业经营状况、管理效率和发展潜力的分析。不同的信息使用者衡量与分析企业资产营运能力的目的各不相同,所以衡量周转率可以通过各种资产的周转率和总资产的周转率来反映,从而从不同角度反映资产的使用效率,综合说明公司的营运能力。具体可以通过总资产周转率、流动资产周转率、存货周转率、应收账款周转率和不良资产比率来体现资产营运能力。

(一)总资产周转率

总资产周转率是指企业一定时期的营业收入与平均资产总额的比率,它反映企业全部资产在一定时期内创造多少周转额的情况。其计算公式为:

总资产周转率＝营业收入÷平均资产总额

其中,

平均资产总额＝(年初资产总额＋年末资产总额)÷2

总资产周转率指标越高,说明企业利用全部资产从事经营、投资等活动的效益越好;反之,比率越低,则意味着企业全部资产的使用效率较低,由此还会降低企业的偿债能力和获利能力。企业在总资产不变的情况下提高收入或在收入不变的情况下减少资产,都可以提高总资产周转率。

根据表 12-2,12-3 所示:

20×4 年数据计算 GM 股份有限公司 20×4 年总资产周转率:

总资产周转率＝12 400 000÷[(8 082 100＋9 469 202)÷2]＝1.413

计算结果表明,GM 股份有限公司 20×4 年每 1 元总资产可产生 1.413 元的营业收入。应该结合同行业平均水平及本公司历史水平,评价该公司总资产的运用效率。

(二)流动资产周转率

流动资产周转率是企业一定时期的营业收入与流动资产平均余额的比率,以反映企业流动资产运用效率。流动资产周转率可以通过流动资产周转次数和周转天数两项指标反映。

流动资产周转次数＝营业收入÷平均流动资产

其中,

平均流动资产＝(年初流动资产＋年末流动资产)÷2

流动资产周转天数＝360 天÷流动资产周转次数

流动资产周转率表明公司流动资产从货币开始,经过供产销各阶段后又重新转化为货币资金的速度。流动资产周转天数表明流动资产周转一次所需要的时间。流动资产周转率高,表明流动资产周转速度快、周转天数短,说明公司流动资产的运用效率好,企业盈利能力偿债能力得以提高;反之,流动资产周转率低,表明流动资产周转速度慢、周转天数长,说明企业流动资产的运用效率差,企业盈利能力、偿债能力将会削弱。

根据表 12-2,12-3 所示:

20×4 年数据计算 GM 股份有限公司 20×4 年流动资产周转率:

流动资产周转率＝12 400 000÷[(3 282 100＋3 926 900)÷2]＝3.44(次)

流动资产周转天数＝360÷3.44＝104.65(天)

计算结果表明,GM 股份有限公司 20×4 年的流动资产周转 3.44 次,流动资产周转一次占用时间 105 天左右。当然,对流动资产周转率还应结合企业的历史水平、同行业平均水平进行对比,才能了解本企业流动资产的运转效率。

(三)应收账款周转率

应收账款周转率是指企业一定时期的赊销收入净额与应收账款平均余额的比率。该指标用来反映企业赊销业务变现速度。其计算公式为:

应收账款周转次数＝赊销收入净额÷应收账款平均余额

其中,

平均应收账款＝(年初应收账款＋年末应收账款)÷2

应收账款周转天数＝360 天÷应收账款周转次数

应收账款周转次数越多,表明公司应收账款回款速度越快,企业赊销客户选择和管理都非常到位,产品销售良好,资产流动性好,短期偿债能力强。

根据表 12-2,12-3 所示:

假定 20×4 年赊销净额为 1 922 850 元,计算 GM 股份有限公司 20×4 年的应收账款周转率:

应收账款周转次数＝1 922 850÷[(399 400＋549 100)÷2]＝4.05

应收账款周转天数＝360÷4.05＝88.88(天)

计算结果表明,GM 股份有限公司 20×4 年的应收账款周转 4.05 次,应收账款占用时间平均为大约 89 天。

(四)存货周转率

存货周转率是主营业务成本与平均存货的比率,它是衡量和评价存货变现速度和管理状况的综合性指标。其计算公式为:

存货周转次数＝营业成本÷平均存货

其中,

平均存货＝(年初存货＋年末存货)÷2

存货周转天数＝360÷存货周转次数

存货周转次数越多,存货周转速度越快,存货的占用水平越低,说明存货的购销存管理非常到位,存货变现能力和流动性非常强。当然,存货的周转率还要结合行业特性和存货商品的特征等因素分析存货管理的情况。

根据表 12-2,12-3 所示:

计算 GM 股份有限公司 20×4 年的存货周转率:

存货周转次数＝8 504 000÷[(1 580 000＋1 527 000)÷2]＝5.47

存货周转天数＝360÷5.47＝65.81(天)

计算结果表明,GM 股份有限公司 20×4 年的存货周转 5.47 次,平均 66 天左右周转一次。仅从当年的存货周转率指标是无法进行评价的,还应结合企业前期水平及同业平均水平进一步比较分析。一般周转速度高于前期或同业平均水平的,说明存货流动顺畅;反之,说明存货流动不顺畅或积压。倘若存货周转速度慢于本企业前期水平或同业平均水平,则存货又属于冷背滞销商品,则预示企业盈利能力逆转,很有可能企业走向衰退。但存货周转过快,也有可能会因为存货储备不足而影响生产或销售业务的进一步发展,特别是那些供应较紧张的存货。

(五) 不良资产率

这个指标是用于评价企业的资产质量的。其计算公式如下:

不良资产率＝年末不良资产总额÷年末资产总额

不良资产指预期为企业带来的未来经济利益明显低于其历史成本的资产。通常包括收回可能性很低的应收账款、超储积压的存货和长期闲置的固定资产等。

第三节　财务报告主要报表的概括分析

财务报告分析可以通过比率分析考核企业的盈利能力、偿债能力和资产运营状况,但这些量化指标必须结合财务报告的基本内容才会使其展现数据背后企业的真实状况。由于财务报告主要由财务报表和报表附注构成,财务报表是其主要部分,因此,财务报告的分析还要从财务报表的主要组成部分分析其构成及其内在项目之间的钩稽关系,从性质上了解和掌握企业的基本财务状况和经营成果。

一、资产负债表的分析

资产负债表是反映企业某一时日的财务状况信息的会计报表。根据这张报表能够了解企业的资产质量、债务偿还能力和权益变动情况。

(一) 资产质量的分析

首先,主要针对资产的组成内容进行分析,包括流动资产质量分析、投资性资产质量分析、固定资产和无形资产质量分析;其次,对资产质量结构进行分析;最后,还要对影响总资产质量的一些异常因素进行分析。

1. 流动资产质量分析

主要针对应收账款和存货。即分析应收账款占流动资产的比例、账龄、周转速度以及与同行业水平指标进行比较。分析存货占流动资产的比例、周转速度、存货的构成以及与同行业水平指标进行比较。因此,企业既要采用企业自身技术指标进行前后各期纵向对比,又要在同行业之间进行相同指标横向对比分析。因此,企业应先计算出自身技术指标,如流动资产周转率、应收账款周转率和存货周转率等指标后与企业前期进行纵向比较以及与同业之间或同业平均水平之间进行横向比较;然后,通过比较分析得出企业的应收项目有否存在坏账、存货有否发生跌价或积压的风险,货币资金有否使用效率不高等导致流动资产周转不快等现象,或者得出流动资产运转情况非常良好,流动资产质量非常好等结果。(具体分析见后面【案例分析题1】)

2. 长期资产的质量分析

主要关注长期股权投资、可供出售的金融资产、投资性房地产、固定资产和无形资产等。

长期资产包括可供出售的金融资产、持有至到期投资、长期股权投资、投资性房地产、固定资产和无形资产等。分析要点主要包括：

首先，要衡量长期资产的适合率（所有者权益＋长期负债）÷长期资产）指标，理论上该指标一般要大于1。即长期资本应该不小于长期资产，长期资产的资金应该由长期资本解决，不能由营运资本来提供。

其次，固定资产分析要关注其更新速度、折旧政策以及固定资产周转率。无形资产要结合其研发费用的支出、企业的技术储备与市场保持能力等进行分析。

最后，要注意交易性金融资产及其他金融资产在报表的分析。在对交易性金融资产进行质量分析时：（1）需要考察财务报表附注中所披露的投资明细。债券类投资风险较小，收益不高但是比较稳定；股票类投资的风险较大，可能有较高的收益也可能会发生较大的亏损，对企业经营成果的影响较大。因此，在分析这类资产的质量时，尤其要结合对资本市场的预期来判断，资本市场的上涨或下降预期直接预示着交易性金融资产价值的变动。（2）重点分析公司是否对交易性金融资产进行了恰当的分类。由于对金融资产的分类主要根据公司的投资意图，所以同一项投资可能既可以划分为交易性金融资产，也可以划分为可供出售金融资产或持有至到期投资。由于不同类别金融资产的计量，尤其是后续计量，存在显著的差别，分类的差异将对公司资产质量及收益产生非常大的影响。如果该项投资被认为是交易性金融资产，股市年末处于牛市时，报表的资产和收益均会增加；年末处于熊市时，报表的资产和收益均会减少。如果该项投资被认为是可供出售金融资产，则这种变化仅仅反映在资产负债表中；收益表没有影响。而该项投资如果被认定为持有至到期投资，则这种变化对资产负债表及损益表都没有影响。

3．资产质量的其他评价

企业在比较分析总资产增长情况时，尤其对总资产中已经被抵押或担保的资产所占的比重以及对企业的异常资产（包括虚拟资产、不良资产和贬值资产）要给予特别关注。一般异常资产就不良资产的区域而言，主要集中在其他应收款、周转缓慢的存货、权益法确认的投资收益引起的长期股权投资规模增加、因巨额亏损而严重贬值的各项投资性资产、利用率不高且难以产生效益的固定资产、无明确对应关系的无形资产、长期待摊费用等。分析者应该在对上述项目的质量逐项分析的基础上，结合企业规模以及投资变化方向，判别出主要的不良资产区域，并进一步分析问题产生的根源，透视企业的资产管理质量。

4．资产结构的质量分析

企业一般要比较总资产增长率，同时还要比较资产的结构。比较包括总资产中流动资产和固定资产所占的比重；流动资产中应收账款等结算资产和存货资产所占的比重；存货资产中适销对路、冷背呆滞、残损变质等部分各自所占的比例。这些结构均要结合具体的行业特性来比较，进行趋势分析才能得出结论。

（二）权益的分析

首先要分析负债和所有者权益的结构比例，一般来说，企业负债总额小于所有者权益总额才是正常的。倘若一个企业负债总额大于所有者权益总额,对于债权人来讲,企业的经营风险都由债权人承担容易引发偿债风险;对于所有者或股东来说,假如企业一旦经营不善或由于外来突发事件的产生导致债务危机,就有可能会引发债权人成为企业的新所有者或新控股股东,使原有的所有者或股东的控股权受影响,被新所有者或新控股股东控制。当然,也可能会产生最坏的结局导致企业破产。

1. 负债的分析

负债的分析主要体现在债务指标的衡量、债务结构合理性的衡量和对影响企业偿债能力的特别项目的关注。

(1)债务指标的衡量一般是根据前节内容介绍的衡量流动负债和长期负债的指标来分析,但在分析这些指标过程中,还要结合报表的具体项目内容来分析,如流动比率和速动比率计算出来的结果比同行业平均数低,但该企业预收账款占流动负债比率比同行业高出许多,这种情况表明该企业的流动比率、速动比率偏低是预收账款的影响导致的,则不一定显示短期偿债能力较差。因为企业预收账款是反映企业预收购买客户的定金,是企业一种无成本的资金来源,企业利用该资金可以节约大量的利息支出。而且只要该企业生产能力上没有问题,企业的预收账款就会随着产品的产出转化成企业的收入款。所以,这种情况的企业反而可能是偿债能力较强的。又如企业资产负债率的指标,在进行同行业不同企业的横向比较分析时,还要关注被比较企业的资产特征。如果一家被比较的企业有大量的隐蔽性的资产(如大量按实际成本计价购置的早年土地、有许多低价的可供出售的金融资产等),而另一家没有这些类似资产,两家的负债情况只是通过该指标的简单比较,那就有可能得出错误的结论。

(2)债务结构合理性的衡量,作为企业的债务结构主要是流动负债和长期负债的比例。一般来说,流动负债占负债总额比重越大,其所面临的财务风险就越高。如果该指标高,而且又没有充分的现金流量来保障必要的支付能力,企业就有可能面临财务危机。因为企业在短期内要偿还巨额的流动负债,企业又没有闲置的现金流,就必然要抽走企业的经营资金偿还债务,而企业的供应商及债权人一旦知道企业资金周转困难,马上就会断供及催款,企业想再进行债务筹资将会异常艰难,只有转让股权或出售优质资产,当然还要企业有优质的资产和有人受让股权,否则,企业就将破产。倘若企业是因长期负债占负债总额比率高的话,财务安全性会更好一些。因为企业要在将来较长时间偿还债务,只要企业发展良好,保持较好的盈利能力和筹资能力,企业就有足够的经营现金流量维持经营并能偿还债务,则这种潜在的财务危机就不会演变成现实。一般合理的债务结构是企业根据自身的行业特点和规模大小及长期实践得出,但总的来说,企业债务的合理结构是:"长债长投"即持有更多的长期资产的企业在债务筹资应该使用更多的长期负债;"短债短投"即持有更多的流动资产的企业在债务筹资时应该使用更多的短期负债,而不是长期负债。因为如果实行"短债长投",即债务期限比资产期限短,一旦企业发生债务危机,长期资产无法很快变现,资产可能产生不了足够的现金流来偿还债务。

（3）关注影响企业偿债能力的特别项目。有些项目虽然在表内没看出异常，但却暗藏风险，会影响企业的盈利或引发企业的债务危机。例如：①预计负债是反映企业确认的对外提供担保、未决诉讼、产品质量保证、亏损性合同等可能产生的负债。随着时间的推移，这些预计负债的偿还会引发企业货币资金的支付。倘若企业现金流不充足，容易引发债务危机。②报表附注中的或有负债，它是过去的交易或事项形成的潜在义务，其存在必须通过未来不确定事项的是否发生予以证实。因此，或有负债未来可能形成企业的负债也可能不形成企业的负债。分析负债项目则必须关注大额的已贴现的商业票据形成的或有负债、大额的未决诉讼仲裁形成的预计负债及为其他单位提供债务担保形成的大额预计负债。

2. 所有者权益（股东权益）的分析

所有者权益属于企业的所有者或股东的资本，是企业永久性的资金来源项目。所有者或股东要求经营者进行合法经营，对其投入的资金进行保值和增值。因此，对所有者权益分析，首先是分析所有者权益的总额，即一方面将企业所有者权益的现有指标与企业本身前期指标进行纵向比较，了解企业所有者权益是增长还是缩减；另一方面将企业所有者权益的现有指标与同行业其他企业的相同指标进行横向比较，了解企业在同行业中所有者投资的规模。其次，进行所有者权益具体项目的分析。一般来讲，企业的实收资本或股本相对稳定，变化不大，主要关注其所有者或大股东的资质、背景等，了解其资本实力、投资所好和风险喜好态度；资本公积一般属于企业的资本溢价和股本溢价，变化不大；留存收益是所有者权益中最不稳定的部分，包括盈余公积和未分配利润。企业有盈余公积尤其是拥有较多的未分配利润，表明企业盈余不错，若有足够的现金流，说明企业有支付现金股利的能力等。反之，企业未分配利润为负数，表明企业经营亏损。

二、利润表的分析

企业分析利润表除了使用盈利指标分析外，还必须重点分析利润的构成，了解其利润的稳定性和长久性。由于企业的利润总额由营业利润和营业外收益组成。因此，必须结合营业利润和营业外收益对利润形成的稳定性和持久性进行分析。首先，应剖析营业利润的构成和了解营业利润的长期性来源项目。营业利润是由经营利润（营业收入扣除营业成本、期间费用和税金及附加后再加上投资收益得到的）加上账面浮盈或浮亏（公允价值变动净收益减去资产减值损失得到的）构成。因此，经营利润才是营业利润的主要来源，是企业真正赚到的收益。账面浮盈或浮亏是由于市场情况变化带来的账面盈亏，不是企业真正实现的，企业若有投资性资产，在股市楼市处于牛市，企业必然会出现账面浮盈。反之，在股市楼市处于熊市，企业必然会出现账面浮亏。因此，对于企业的营业利润必须将经营利润与账面浮盈或浮亏分开来分析。其次，了解营业外收益的偶然性。营业外收益是企业营业之外所获取的利得，其发生是偶然性和一次性的，不会长久稳定地给企业带来收益，因此，影响企业的收益只能是一个会计报告期的收益。所以，企业在进行盈利指标分析时，尤其在比较营业利润、净资产收益率及每股收益指标时，一定要结合企业这些具体的利润结构特征来分析。

三、现金流量表的分析

现金流量表作为一种动态报表,是对企业某一段时间内现金流信息的集中反映,具体来讲,是从经营活动产生的现金流、投资活动产生的现金流、筹资活动产生的现金流三个角度反映企业现金流入和流出的数量。一般分析方法是:首先,分析现金流量各个组成部分对整体现金流的影响。其次,各个组成部分现金流入或现金流出占整体的构成比例的影响。最后,与其他报表相结合进行分析。

(一)分析现金流量各个组成部分对整体现金流的影响

现金流量表的现金流是由经营活动产生的净现金流、投资活动产生的净现金流和筹资活动产生的净现金流构成。因此,要具体分析其每个组成项目对现金净流量的影响。

1. 经营活动产生的现金流分析

经营活动产生的净现金流是企业现金流的主要来源,也可以讲是企业生存和持久发展的根本的资金来源。所以,经营活动所产生的现金流量可以说最能体现企业持续经营能力和未来发展前景。对其进行分析一般会采用以下方式:

(1)结构分析:以经营活动现金净流量、流入或流出的现金总额为分母,将其构成项目与之相比,可以分别得到经营活动现金流量净流量结构、现金流入结构或现金流出结构。

如将销售商品、提供劳务收到的现金与经营活动流入的现金总额比较,可大致说明企业产品销售回款占经营活动流入的现金的比重,比重大,说明企业主营业务突出,营销状况良好;反之,如果来自其他经营活动的现金流量比重过高,或者逐年增大,则说明企业的现金流状况值得警惕。

(2)趋势分析:比较经营活动现金流量各构成前后期的变化,如可以将本期经营活动现金净流量与上期比较,增长率越高,说明企业成长性越好。有些趋势的变化则具有特别的含义,如支付的其他与经营活动有关的现金比重显著上升,并远远高于同行业水平,就有可能形成了一种不正常的现象。如表 12-4 所示,GM 企业在某一报告期内(2012 年)突然购买商品接受劳务支付的现金(56.19%)比同行业(83.07%)大幅减少,而支付其他与经营活动有关的现金(17.78%)却比同行业(1.73%)大幅增加,则表明企业在该年度经营活动出现异常情况。

表 12-4

GM 经营活动现金流量的结构分析

单位:%

项 目＼年 份	2008	2009	2010	2011	2012	2012
销售商品、提供劳务收到的现金	97.58	97.15	97.05	97.73	97.06	97.51
收到其他与经营活动有关的现金	2.42	2.85	2.95	2.27	2.94	2.49

续 表

项 目 \ 年 份	2008	2009	2010	2011	2012	2012
经营活动现金流入小计	100.00	100.00	100.00	100.00	100.00	100.00
购买商品接受劳务支付的现金	80.83	80.93	65.60	60.14	56.19	83.07
支付给职工及为职工支付的现金	7.36	6.42	8.56	11.36	11.32	7.66
支付的各项税费	10.88	12.06	12.00	6.51	14.71	6.82
支付其他与经营活动有关的现金	0.93	0.59	13.85	21.99	17.78	1.73
经营活动现金流出小计	100.00	100.00	100.00	100.00	100.00	100.00

2. 投资活动产生的现金流量分析

当企业刚建立或后来扩大生产规模或对外进行投资、收购时,往往需要大量的现金投入,投资活动产生的现金流出大于现金流入,此时,投资活动产生的现金净流量往往为负数,但如果企业投资有效,将来的投资回报收益产生的现金流入会弥补前期投资的现金流出。因此,随着投资项目本金和收益的收回会逐步改善企业未来的现金净流量。故分析投资活动现金流量,不能简单地以某一期间的现金净流量正负数来评价,而是应以企业的投资项目的性质、投资可能的回报及投资的成败来进行评价。投资项目效果好,将来产生的回报收益一定会弥补现有的投资支出并且还会有盈余,最终会产生正数现金净流量;反之,投资项目失败,现有的投资支出无法弥补,自然会产生负数的现金净流量。企业在分析投资活动现金流量时特别要关注多元化投资的企业,尤其与主业相距较远的投资项目要格外关注,许多企业由于跨行业进行投资,造成企业主业运营资金不足,辅业成效不佳,最后拖垮企业。如山西最大的民营钢铁企业海鑫集团。

3. 筹资活动产生的现金流量分析

对于筹资活动产生的现金流量来说,最主要分析筹资的来源。企业筹资通过所有者投入和外部借入两种渠道。企业债务资金是有偿还期限和付息代价的,而权益资金往往不需偿还,没有还款期限的压力。如果企业筹资活动产生的现金流入主要来源于债务资金尤其是短期债务资金,而企业经营效益不佳或企业又遭遇国家银根缩紧等外来风险,企业就会面临较大的偿债压力甚至造成资金链断裂。反之,如果企业筹资活动产生的现金净流量的现金流入主要来自吸收企业所有者或股东的权益性资本,就不会产生债务危机。但如果企业效益很好,投资回报率远远高于资金成本率,许多企业会使用财务杠杆效应,高负债经营就会给企业带来高额的回报。而若扩大股东使用权益资本筹资却会稀释原有股东的股权。但高负债经营,效益好风险也很大。因此,分析这类企业的现金流要特别注意结合经营活动的现金流情况。此外,对一些企业潜在的表外债务风险也要予以关注。

（二）各个组成部分的现金流入或现金流出占现金总流入和现金总流出的构成比例的影响

各个组成部分现金流入或现金流出占现金总流入和现金总流出的构成比例的影响的分析，主要包括两个方面：（1）计算经营活动现金流入、投资活动现金流入和筹资活动现金流入占现金总流入的比重，了解现金的来源构成。（2）计算经营活动现金支出、投资活动现金支出和筹资活动现金支出占现金总流出的比重，它能具体反映企业的现金用于哪些方面。一般来说，经营活动现金流入占现金总流入比重大的企业，经营状况较好，财务风险较低，现金流入结构较为合理。经营活动现金支出比重大的企业，其生产经营状况正常，现金支出结构较为合理。倘若企业的现金流入中筹资活动的现金流入比重很大，而且筹资的资金主要依靠银行借款，并且经营活动的现金流入占现金总流入比重在大幅下降，说明企业主要依靠银行借款来维持经营，企业很有可能会陷入债务危机。

此外，企业经营活动现金净流量、投资活动现金净流量和筹资活动现金净流量还要和企业的发展阶段结合起来，在不同的发展阶段会产生不同情形的现金流量类型。

表 12-5

不同发展阶段现金流量的结构类型

现金流量结构 ＼ 类　型	第一种	第二种	第三种	第四种	第五种
经营活动现金净流量	负	正	正	负	负
投资活动现金净流量	负	负	正	正	负
筹资活动现金净流量	正	正	负	负	负

第一种类型：经营活动和投资活动的现金流量均为负值，筹资活动的现金流量为正值。这表明企业可能处于两种发展阶段：（1）企业刚成立初创阶段，企业需要购置设备、建造厂房、购买原材料，投资活动大量现金流出，形成生产能力，而产品处于刚进入市场，市场占有率不高，经营活动现金流入不多。企业主要依赖权益资本或债务资金来维持企业的经营与投资活动。（2）企业盲目投资，摊子铺得很大，但投资的项目效益回报不佳，企业完全依靠筹资来维持经营活动和进行投资活动，资金成本增加，可能面临着较大的财务风险。

第二种类型：经营活动和筹资活动的现金流量均为正值，投资活动的现金流量为负值。这表明企业可能处于扩大再生产时期，可能通过各种筹资进行再投资。但应该注意分析各项投资的回报率。

第三种类型：经营活动和投资活动的现金流量均为正值。这表明企业两项经营业务运转良好，均产生了新现金流量的净增加值。筹资活动的现金净流量为负值，说明企业可能是进入了偿还期，但是财务状况仍比较安全。

第四种类型：经营活动和筹资活动的现金流量均为负值，而投资活动的现金流量为正值。这种情况表明,企业经营活动也不稳定,而且面临着偿债的压力。企业可能因市场饱和、销售量下降,企业只好大幅度地收回投资。此时企业可能处于衰退时期。

第五种类型:经营活动、投资活动和筹资活动的现金流量均为负值。此种情况表明,企业的财务状况已发出了危险的信号。企业处理不善很有可能资金链断裂导致破产。

(三)结合其他报表进行分析

现金流量的分析,还要结合资产负债表、利润表进行分析。与资产负债表结合可以了解企业的现金流出用在哪些方面,是用在不易变现的固定资产、积压滞销的存货还是旺销的产品上。如一个企业应收账款、存货比同行业增速快,但周转速度却比同行业慢许多,负债资金也迅猛增长,则该企业很有可能出现经营问题。与利润表的结合分析可以形成一些新的财务指标,如经营活动产生的现金净增加额与净利润之比,它反映被投资单位年度内每1元净利润中包含多少经营活动现金净流量,该比值越大,意味着企业利润中潜在的水分越少。反之,则说明企业获取利润可能主要依赖于非经常性收益等。

【引导案例解析】

某公司在20×4年6月30日企业货币资金控制上没有考虑资金的回报率,为公司的经济利益最大化着想。由于现金类资产的获利能力不强,过多的现金类资产将会导致企业机会成本的增加。所以,通常在持续经营情况下,企业不必保留过多的现金类资产。如果现金比率过高,则意味着企业流动资产未能得到合理运用。而该公司20×4年半年度报表中货币资金占流动资产比重达到64.71%(即20 981 859 110.76÷32 424 279 454.54=64.71%),而且银行存款占货币资金比重达到99.98%(即20 979 297 951.99÷20 981 859 110.76=99.98%)。可见,该公司的流动资产60%以上是货币资金,并且绝大部分是以银行存款的货币形态存在。即该公司在20×4年半年度报表中货币非常充裕,并且都存在银行里,公司没有购买任何短期有价证券,也没有进行任何短期投资。对于资金利用率来讲回报不高,没有考虑企业的经济利益最大化。

【案例分析题1】

四川长虹的存货和应收账款质量分析:

1. 背 景

四川长虹是国内最大的彩电厂家,截至2002年6月,彩电销售量超过5 000万台,平均每6个家庭就有1台长虹彩电。"长虹"品牌也闻名遐迩,2001年年末的品牌估值达261亿元。相应地,四川长虹也曾是中国股市耀眼夺目的绩优股(股票代码:600839)。但是,自从1998年以来,四川长虹的业绩大幅滑坡,净利润由鼎盛时期(1997年)的26.12亿元锐减至2001年的不足1亿元。

2. 四川长虹的存货质量分析

以表12-6数据为基础,可以对四川长虹的存货质量进行分析:

　　（1）通过纵向比较可以看出，长虹的存货居高不下，主要是 1998 年的存货余额比 1997 年增加了 117%，此后存货余额就一直徘徊在 60 亿～70 亿元；

　　（2）与竞争对手相比，存货跌价准备的比例适中，但存货周转率最低，意味着存货积压可能较为严重，积压存货的清理也落后于竞争对手；

　　（3）对长虹存货质量分析的初步结论是：长虹的存货积压较为严重，存货比率明显偏高，周转天数远高于其主要竞争对手，以前年度积压的库存尚未及时清理，风险仍未释放。

表 12-6

四川长虹有关存货指标的趋势纵比数据和同行业横比数据

项　目 ＼ 年份	1997	1998	1999	2000	2001	2002	2001 年同行业横向比较		
							康佳	海信	厦华
存货余额（亿元）	35.54	77.05	69.49	67.08	62.14	71.93	29.25	13.07	7.28
跌价准备（亿元）	0.16	2.67	1.87	2.51	2.73	2.77	0.99	0.52	0.77
存货比例（%）	21	41	41	41	34	39	41	33	23
跌价比例（%）	0.47	3.47	2.70	3.74	4.39	3.85	3.39	3.96	10.67
存货周转率（次）	——	——	1.14	1.38	1.34	1.7	1.57	2.4	2.35

　　3. 四川长虹的应收账款质量分析

　　以表 12-7 数据为基础，可以对四川长虹的应收账款质量进行分析：

　　（1）与主要竞争对手相比，长虹的应收账款占资产总额的比重较高，且 2000 年起呈上升趋势。

　　（2）应收账款的增幅大于收入的增幅。2001 年，主营业务收入同比下降 11%，但应收账款余额却增长了 58%（预警信号），之后仍然继续增加。

　　（3）上述情况的出现，是放宽信用条件，还是应收账款催收力度不足？

　　（4）总的来看，四川长虹的坏账准备计提比例太低，远低于其主要竞争对手，可能夸大盈利能力：在 4 家比较对象中，长虹应收账款占资产总额的比例最高，且货款回收期最长（2001 年 4 家家电上市公司的应收账款收款天数从 18～89 天不等，平均为 56 天，而长虹为 89 天；1999—2001 年，长虹平均为 84 天），但坏账准备的计提比例却最低。

　　（5）通过更细致地考察财务报表附注（此处从略），我们可以发现，长虹坏账准备计提不足的原因主要有：对账龄在一年之内的应收账款没有计提坏账准备（其他 3 家主要竞争对手对一年内应收账款的计提比例为 3.33%）；对应收票据和关联方应收账款（主要是长虹集团占款）未计提任何坏账准备。

　　对长虹应收账款质量分析的初步结论是：应收账款占资产总额的比例偏高，坏账准备计提比例明显低于其主要竞争对手的平均水平，大股东占用资金的现象较为突出，应收账款余额逐年上升，平均收款时间越来越长，形成大量的资金沉淀。

表 12-7

四川长虹有关应收账款指标的趋势纵比数据和同行业横比数据

项 目 \ 年 份	1999	2000	2001	2002	2001 年同行业横向比较		
					康佳	海信	厦华
应收账款/总资产（%）	16.03	10.96	16.33	22.60	8.00	3.00	13.00
计提比例（%）	0.03	0.12	0.21	0.30	10.39	6.38	2.30
主营收入（亿元）	99.17	107.07	95.14	125.85	—	—	—
应收账款（亿元）	26.91	18.21	28.82	42.2	—	—	—
应收账款周转率（次）	5.09	4.75	4.05	3.70	9.13	20.2	4.68
周转天数	71.7	76.84	90.12	98.64	39.97	18.06	77.99

4. 初步总结

前述分析表明，长虹的存货和应收账款资产管理指标明显逊色于其主要竞争对手，资产质量不高、运用效率低下，隐含风险较大，而且会计政策不够稳健，存在财务报表粉饰行为。

（案例来源：黄世忠.信息失真与报表分析新思维——哈佛分析框架[EB/OL]. http://www.cenet.org.cn.2007.）

【案例分析题 2】

根据巨潮资讯网或其他证券网址可以查到贵州茅台（股票代码：600519）的财务报告数据和主要指标。试计算和分析：

（1）分别计算贵州茅台在 2011 年 12 月 31 日、2012 年 12 月 31 日和 2013 年 12 月 31 日的应收账款周转率、存货周转率、资产负债率、产权比率、流动比率、速动比率、销售利润率和每股收益指标。

（2）根据上述指标简单分析该公司的偿债能力、资产营运能力和盈利能力情况。

（3）对于 2013 年年初贵州茅台酒股份有限公司的保价营销政策以及 2013 年年中大幅降价销售政策谈谈你的看法。

（4）对 2013 年年底茅台镇中小酒企纷纷倒闭谈谈你的看法。

【思考题】

1. 简述财务报告分析的意义。

2. 简述财务报告分析的基本方法。

3. 衡量公司获利能力的指标有哪些？如何评价？

4. 衡量公司营运能力的指标有哪些？如何评价？

5. 衡量公司偿债能力的指标有哪些？如何评价？

6. 财务报告的比率分析如何与财务主要报表结合进行概括分析？

主要参考书目

[1] 财政部会计司编写组.企业会计准则讲解[M].北京：人民出版社,2010.

[2] 葛家澍,杜兴强.中级财务会计(上、下)[M].北京：中国人民大学出版社,2007.

[3] 娄尔行.中级财务会计[M].上海：上海三联书店,1994.

[4] 吴晖,涂必玉.中级财务会计[M].杭州：浙江工商大学出版社,2010.

[5] 杨金观,宗文龙.中级财务会计[M].北京：中国财经出版社,2007.

[6] 李绍敬,贾建军.中级财务会计[M].上海：上海财经大学出版社,2010.

[7] 徐金仙,陈引.基础会计[M].2版.上海：立信会计出版社,2007.

[8] 罗金明,祝锡萍.新编会计学[M].杭州：浙江大学出版社,2007.

[9] 杜兴强.会计学[M].大连：东北财经大学出版社,2009.

[10] 陈晓园,杨丛.会计学[M].北京：电子工业出版社,2009.

[11] 陆正飞,黄慧馨,李琦.会计学[M].2版.北京：北京大学出版社,2012.

[12] 夏冬林.会计学[M].北京：清华大学出版社,2011.

[13] 王跃堂.会计学[M].南京：南京大学出版社,2008.

[14] 周晓苏.会计学[M].北京：清华大学出版社,2007.

[15] 何志毅.北大案例经典[M].北京：中信出版社,2008.

[16] 殷枫.会计学案例[M].上海：上海财经大学出版社,2010.

[17] 姚晖,张巍.财务会计学习指导与案例实训[M].北京：科学出版社,2012.